本书是教育部人文社科规划基金项目"刑事被害人的社会救助问题"的结项成果，项目号：17YJA820016。

刑事被害人社会救助研究

Social Assistance of Criminal Victim

刘晓兵◎著

中国政法大学出版社

2021·北京

图书在版编目（ＣＩＰ）数据

刑事被害人社会救助研究/刘晓兵著. —北京：中国政法大学出版社，2021.11
ISBN 978-7-5764-0259-9

Ⅰ.①刑… Ⅱ.①刘… Ⅲ.①被害人－社会救济－研究 Ⅳ.①D917.9

中国版本图书馆 CIP 数据核字(2021)第 281514 号

出 版 者　　中国政法大学出版社

地　　址　　北京市海淀区西土城路 25 号

邮寄地址　　北京 100088 信箱 8034 分箱　邮编 100088

网　　址　　http://www.cuplpress.com (网络实名：中国政法大学出版社)

电　　话　　010-58908285(总编室) 58908433 （编辑部） 58908334(邮购部)

承　　印　　固安华明印业有限公司

开　　本　　720mm×960mm　1/16

印　　张　　14.25

字　　数　　235 千字

版　　次　　2021 年 11 月第 1 版

印　　次　　2021 年 11 月第 1 次印刷

定　　价　　75.00 元

　　刑事被害人社会救助兼具刑事司法性和社会保障性，对于促进刑事司法公正、维护社会的公平正义以及维护社会的和谐稳定具有重要意义，可以集中反映一个国家的人权保障水平。长期以来，被害人权利保护的立法配置较之于犯罪嫌疑人或被告人权利保护一直存在失衡现象，致使刑事被害人在许多个案中沦为"躲在黑暗中哭泣的人"。这种失衡现象的一个显著标志，就是包括沉默权制度、无罪推定制度、辩诉交易制度、非法证据排除制度、未成年人犯罪司法制度在内的绝大部分现行刑事司法人权保护制度都是为犯罪嫌疑人或被告人量身定制的。而在被害人的权利保护问题上，立法至今仍止步于如何保障其应有的诉讼地位这样一个陈旧的话题，以至于在被害人社会救助问题上一直没有取得应有的实质性的进展，被害人权利保护制度在这个意义上一直处于亏欠状态。这种现状是促使笔者写作本书的众多原因之一。

　　对"刑事被害人社会救助"可以从下述两个层面进行理解：一方面，"社会救助"可以被理解为主谓结构，"社会"是主语，"救助"是谓语，"社会救助"即指以"社会"为主体的"救助"。另一方面，"社会救助"也可以被理解为动宾结构，"救助"是谓语，"社会"是前置的宾语，"社会救助"即指以"社会"为对象的救助。在这种情况下，主语是谁？主语只能是国家——只有国家才有可能为社会提供救助。如果把"社会救助"理解为主谓结构，则"刑事被害人"是"社会救助"的宾语，"刑事被害人社会救助"即指社会（通过具体的社会力量）对刑事被害人的救助。相反，如果把其中的"社会救助"理解为动宾结构，"刑事被害人"当属国家向社会提供救助的对象之一。在内容上，本书主要研究上述第一种意义的刑事被害人社会救助，同时也会不可避免地在相应部分兼顾第二种意义的刑事被害人社会救助。

刑事被害人社会救助的基本要素涵盖救助主体、救助对象、救助方式、救助资源和相关保障机构等五个方面。在国家补偿制度尚未建立起来的情况下，被害人可以在司法程序外通过司法救助或社会救助得到救济或帮助。但是，司法救助在被害人救助方面存在一定不足，主要体现为救助功能单一、救助范围狭窄、救助额度偏低、救助效果异化等方面。相对于司法救助而言，社会救助具有方式灵活、覆盖面广、资金筹集多元化和救助目标非功利性的优势，故可以从以上多个方面对司法救助进行补充。

根据救助内容的不同，被害人社会救助可被分为物质救助、精神救助和发展救助。物质救助主要是相对于精神救助而言的，是刑事被害人社会救助的重要方面，其在功能上可以全部或部分弥补被害人因受犯罪侵害而致的物质损失。精神救助是针对刑事被害人因受犯罪侵害而致的精神损害的救助。在现行立法排斥犯罪人对被害人进行精神损害赔偿的情况下，精神救助是平复被害人精神损害的唯一可行之道。精神救助的实施在于"走心"，即倾听和理解被害人的精神需求，尽可能与之保持语言和心灵的沟通，然后在此基础上提供有针对性的救助。我国现行刑事诉讼制度在被害人精神损害救济方面存在立法上的外在局限和功能上的内在局限，发展和完善刑事被害人社会救助制度可以有效弥补现行刑事诉讼制度在刑事被害人精神损害救济上的局限。根据刑事被害人发展需求的不同，这种救助形式大体上可以涵盖医疗救助、庇护救助、就业救助和法律救助，这些都是刑事被害人恢复自我并获得自立的重要条件。

获得社会救助是被害人的权利而非福利。主要欧美国家以及亚洲的日本、韩国先后以立法的形式把社会救助纳入被害人的权利体系，欧盟和联合国等国际组织也确认被害人享有获得社会救助的权利。在我国，"社会福利说"把被害人获得社会救助的权利混同于针对一般贫困人口的社会福利，主张用针对一般社会贫困人口的社会救助制度解决被害人的社会救助问题，在很大程度上忽视了被害人社会救助的特殊性。从被害人保护的视角来看，我国应当把对被害人的社会救助和对贫困人口的社会救助区别开来，并把它纳入被害人的权利体系之中，使之成为被害人的权利。为了在司法程序之外维护被害人的合法权益并实现社会的公平和正义，理论界和实务界的当务之急是充分认识被害人社会救助立法的必要性和急迫性，尽快制定专门的被害人社会救助法律或法规，从而使被害人获得社会救助的权利得到立法保障。

对被害人的社会救助具有一定的道义性，但作为法治社会的要求，它不能一直停留于道义层面，而应实现从道义责任到法定责任的转变。这种转变是人权保护观念的要求，符合世界各国法治发展的趋势，既有助于维护被害人的主体地位，也有助于社会正义的实现。尽管如此，被害人救助的社会责任在我国当前并未实现法定化，这种状况不利于对社会主体参与被害人救助依法进行必要的引导和督促，从而阻碍被害人社会救助事业的发展。为了实现被害人救助社会责任从道义性到法定化的转变，在立法构建上可以以《中华人民共和国残疾人保障法》（以下简称《残疾人保障法》）为立法模式，廓清其中的权利义务关系，并为之设置所需的救济途径和保障机构。

最后，本书对其他国家或地区的刑事被害人社会救助制度和相关实践作了比较研究，其中有益的经验值得中国借鉴。本书的写作既有理论意义，也有实践意义。在理论意义方面，本书将在一定程度上弥补学界在律师社会责任评价理论研究领域的缺憾和不足，其中提出的一些观点、问题以及针对问题作出的分析将为后来者提供可资参考的研究素材。在实践意义方面，本书将为建立或完善我国的律师社会责任评价体系提供可资参考的模式，并为律师协会、律师行业主管部门评价律师社会责任，以及律师个人、律师事务所对自身践行社会责任的情况进行自我评价提供可资参考的指引。

由于成书匆促，本书错漏在所难免。特别是，由于写作时间和检索手段所限，许多内容未能得到深入研究，国外的研究成果亦未得到充分全面的综述。对于此中的种种不足，唯有敬请读者诸君不吝赐教。作者的电子邮箱是：xiaobingliu@ cupl. edu. cn。

刘晓兵

2021 年 8 月

目 录

CONTENTS

第一章

刑事被害人社会救助概述

在对刑事被害人社会救助予以探讨之前，有必要厘清"社会救助"一词的涵义。一方面，"社会救助"可以被理解为主谓结构，"社会"是主语，"救助"是谓语，"社会救助"即指以"社会"为主体的救助。另一方面，"社会救助"也可以被理解为动宾结构，"救助"是谓语，"社会"是前置的宾语，此种意义上的"社会救助"即指以"社会"为对象的救助。在这种情况下，主语是谁？主语显然不是个人或社会本身，它只能是国家——只有国家才有可能为社会提供救助。

相应地，我们对"刑事被害人社会救助"也可以从上述两个层面进行理解。如果把其中的"社会救助"理解为主谓结构，则"刑事被害人"是"社会救助"的宾语，"刑事被害人社会救助"即指社会（通过具体的社会力量）对刑事被害人的救助。相反，如果把其中的"社会救助"理解为动宾结构，"刑事被害人"当属国家向社会提供救助的对象之一。目前，国家向社会提供救助的法律文件主要是国务院于 2019 年修订的《社会救助暂行办法》［以下简称《办法（2019 修订）》］。据此，在上述"动宾结构"的语境下，"刑事被害人社会救助"是指国家向社会提供的救助中与刑事被害人有关的部分。换言之，如果刑事被害人符合《办法（2019 修订）》规定的救助条件，可以根据该《办法（2019 修订）》接受社会救助。

在内容上，本书主要研究上述第一种意义的刑事被害人社会救助，同时也会不可避免地在相应部分涉及第二种意义的刑事被害人社会救助。

刑事被害人社会救助研究

一、刑事被害人社会救助的历史发展

在我国古代的社会救助制度中，刑事被害人并没有被单列出来作为一类特殊的社会救助对象，而是和其他社会弱势群体一样接受社会救助。

早在春秋战国时期，孟子提出的"以不忍人之心，行不忍人之政"的思想就蕴含了一定的社会救助观念。[1]这句话表明：统治阶级需要考虑到被统治阶级的利益，对于包括刑事被害人在内的遭受苦难的社会弱势群体，统治阶级应当在社会救助上有所作为，不能只顾自身的享乐，要时刻以仁者之心行爱人之事。

宋代的社会救助制度比较发达，其标志是进一步强调儒家"鳏、寡、孤、独、废疾者皆有所养"的社会救助观念，并鼓励民间的宗族之间相互帮扶。[2]民间宗族之间的相互帮扶属于社会救助的古代朴素形态，对"鳏、寡、孤、独、废疾者"提供社会救助无疑体现了当时社会的道义责任。[3]不仅如此，宋代还在医药方面专门出台了《庆历善救方》，由朝廷承担这些人的就医费用。徽宗时期甚至还考虑到这些被救助者的住宿问题，专门设立"居养院"由寺庙的僧侣负责管理，既将佛家普度众生的观念加以普及，也使弱势群体得到很好的保护。[4]显然，在逻辑上，如果被害人因为遭受犯罪侵害而成为"鳏、寡、孤、独、废疾"之类的社会弱势群体，当然可以获得社会救助。

我国古代的保辜制度也体现了对刑事被害人进行社会救助的思想。所谓保辜，是我国古代法律要求加害人在法律明确规定的合理期限内主动救助被害人的制度，即只有保证严重后果不再出现时，其刑事责任才能得到一定的减轻。保辜制度在春秋时期形成雏形，在汉武帝时期发展壮大，在唐太宗时期达到鼎盛。隋唐以后，这一制度从内容到形式都更加完善。到了宋代，被

---

〔1〕 参见《孟子》，万丽华、蓝旭译注，中华书局2006年版，第70页。
〔2〕 参见李锋敏："中国历史上的社会保障思想与实践"，载《甘肃社会科学》2007年第3期。
〔3〕 按照宋代文化的语义来分析，"鳏"是指年老丧妻或无妻的男子；"寡"与"鳏"相对，形容年老丧夫或无夫的女子；"孤"是指年幼丧父的孩子；"独"表示年老却膝下无子。这个群体都存在无依无靠的共同特点。参见李锋敏："中国历史上的社会保障思想与实践"，载《甘肃社会科学》2007年第3期。
〔4〕 参见李锋敏："中国历史上的社会保障思想与实践"，载《甘肃社会科学》2007年第3期。

害人的经济补偿制度得到了进一步的完善。斗殴杀人的，应当向加害人收取钱财；如果加害人因家庭贫困而不能支付，并且也无亲属可以代为支付的，由官府支出。在元代对被害人的社会救助主要体现为延医调治和民事赔偿两个方面，明代则对其作了更为细致的规定。清代的保辜制度规定，凡是符合保辜的，先验受害人伤势轻重，而后根据导致伤害的物品、拳脚、他物、金刃，分别确定保辜期限，责令加害人在保辜期限内对被害人进行救治。[1]

　　新中国成立以后，直到 1979 年才制定《中华人民共和国刑法》（以下简称《刑法》），刑事被害人社会救助的理论研究和制度建设长期处于空白状态。这种状况反映到实践中就是被害人社会救助的缺失，致使刑事案件被害人在遭受犯罪行为侵害后，损害难以得到及时有效的弥补，从而带来一系列的法治问题和社会问题。21 世纪以来，《刑法》和《中华人民共和国刑事诉讼法》（以下简称《刑事诉讼法》）业已经过二十几年的适用，人们的法治观念和救助意识得到一定的提升，各地的司法机关和相关部门开始在实践中探索刑事被害人的救助问题。2004 年 2 月，山东省淄博市政法委和淄博市中级人民法院联合发布《关于建立刑事被害人经济困难救助制度的实施意见》，开始在当地为经济困难的被害人提供司法救助，同时也倡导社会力量参与对被害人的司法救助，从而在全国范围内开启刑事被害人社会救助之先河。同年 11 月，山东省青岛市政法委和青岛市中级人民法院、青岛市财政局联合发布《青岛市刑事案件受害人生活困难救济金管理办法》，规定生活困难的刑事被害人可以向受理案件的法院、检察院申请发放救助金，救助金的数额一般在 3000 元至 3 万元之间，救济金的来源以当地财政拨付为主，以社会捐助为辅。随后，全国不少地区的人民法院、人民检察院或单独发布，或共同发布，或在党委政法委的主导下与财政、社保、公安等部门联合发布被害人救助文件。其中较具代表性的主要有（以发布时间先后顺序）：福建省福州市的《关于对刑事案件被害人实施司法救助的若干规定》（2006）、河南省的《关于刑事案件被害人特别困难救助的实施办法》（2007）和《关于刑事案件被害人特别困难救助发放办法》（2008）、江苏省无锡市的《无锡市刑事被害人特困救助

---

〔1〕　参见谢军、钱一一："论被害人救助语境下的保辜制度"，载《政法学刊》2015 年第 2 期。

条例》（2009）、上海市的《关于开展刑事被害人救助工作的若干意见》、宁夏回族自治区的《宁夏回族自治区刑事被害人困难救助条例》（2010）。总体而言，上述地区的刑事被害人救助文件在性质上虽以司法救助为主，但也包含了刑事被害人社会救助的内容。

在各地经过近十年的试点探索之后，中央层面也开始重视刑事被害人的社会救助问题。2009年，中央政法委员会、最高人民法院、最高人民检察院、公安部、民政部、司法部、财政部、人力资源和社会保障部等八部门联合发布《关于开展刑事被害人救助工作的若干意见》（以下简称《意见》）。该文件指出，刑事被害人救助不同于国家赔偿，也有别于现行其他社会救助；各地要将开展刑事被害人救助工作与落实其他社会保障制度结合起来；对于暂时未纳入救助范围的或者实施救助后仍然面临生活困难的刑事被害人，要通过"社会救助"途径解决其生活困难。

相对而言，西方国家在刑事被害人社会救助方面的立法和实践要早于我国。新西兰早在1963年就颁布了《刑事损害救助法》，成为世界上第一个以法律形式保障刑事被害人获得社会救助的国家。[1]在美国，第一个全国性的刑事被害人社会救助组织成立于1972年，该组织名为"全美被害人援助组织（National Organization of Victim Assistance，NOVA）"。在此之前，美国已有三个地方成立刑事被害人社会救助组织，它们分别在旧金山、圣路易斯和华盛顿特区。在此之后的20多年里，美国的刑事被害人社会救助活动蓬勃发展，期间里根总统还宣布每年的4月8日~4月14日为"刑事被害人周"。[2]在英国，第一个民间的刑事被害人社会救助团体成立于1974年，即布里斯托尔的"被害人支援协会（Victim Support，VS）"。[3]及至20世纪70年代末，类似于"被害人支援协会"的民间刑事被害人社会救助团体已达60多个，由此联合组成一个全国性的刑事被害人社会救助组织——"全英被害人支持协会（the

〔1〕 参见秦颖慧："刑事被害人国家救助制度研究"，载《西部法学评论》2010年第3期。

〔2〕 及至1994年，全美已有1000多个刑事被害人社会救助组织。参见麻国安：《被害人援助论》，上海财经大学出版社2002年版，第111页。

〔3〕 参见田思源：《犯罪被害人的权利与救济》，法律出版社2008年版，第112页。

National Association of Victims Support Schemes，NAVSS）"。[1]在英国和美国的影响下，欧洲的德国、法国、瑞士和奥地利等国家的民间也相继成立了名为"白环（Weisser Ring，也译为'白圈'）"的刑事被害人社会救助组织，意指刑事被害人是无辜的，号召社会力量为这一群体提供力所能及的救助。[2]

在亚洲，日本和韩国的刑事被害人社会救助服务起步较早，发展相对成熟。日本于 20 世纪 80 年代开始在各地成立的"强奸犯罪被害人救助中心"以及"被害人咨询室"属于比较典型的社会救助机构。[3]2001 年以后，受"池田惨案"[4]的影响，日本开始加快被害人社会救助制度的建立和完善。仅仅用了三年左右的时间，截止到 2004 年 6 月 1 日，日本全国就有 34 个都道府县设立以志愿者为中心的、与"全国被害人支援网"有关系的民间被害人援助团体。[5]韩国也于 20 世纪开启现代法治意义上的刑事被害人社会救助，其特色是注重被害人商谈所的建设。商谈所除为被害人提供咨询、临时保护、帮助被害人诉请赔偿等服务之外，还可以为被害人提供身体康复、精神安抚以及复归社会和家庭的帮助。[6]

在国际上，联合国于 1985 年在第七届预防犯罪和罪犯待遇大会上通过的《为罪行和滥用权力行为受害者取得公理的基本原则宣言》（Declaration of Basic Principles for Victims of Crime and Abuse of power，以下简称《宣言》）为各个国家和地区刑事被害人救助提出基本要求，是刑事被害人救助发展史上的一座里程碑，被誉为"被害人的大宪章"。[7]此后，为了便于各个国家和地区

---

〔1〕　参见赵国玲、徐然等：《社会救助视野下的犯罪被害人救助实证研究》，北京大学出版社 2016 年版，第 49 页。

〔2〕　参见赵国玲、徐然等：《社会救助视野下的犯罪被害人救助实证研究》，北京大学出版社 2016 年版，第 49 页。

〔3〕　参见赵国玲、徐然等：《社会救助视野下的犯罪被害人救助实证研究》，北京大学出版社 2016 年版，第 50 页。

〔4〕　2001 年 6 月 8 日，一名罪犯闯入大阪教育大学附属池田小学，在教室里杀死 8 名、刺伤 23 名一二年级小学生。参见田思源：《犯罪被害人的权利与救济》，法律出版社 2008 年版，第 202 页。

〔5〕　参见田思源：《犯罪被害人的权利与救济》，法律出版社 2008 年版，第 116 页。

〔6〕　参见田思源：《犯罪被害人的权利与救济》，法律出版社 2008 年版，第 121 页。

〔7〕　参见赵国玲、徐然等：《社会救助视野下的犯罪被害人救助实证研究》，北京大学出版社 2016 年版，第 51 页。

刑事被害人社会救助研究

更好地执行该《宣言》，联合国又于 1998 年颁布《执行〈宣言〉的决策人员指南》和《使用和适用〈宣言〉手册》。[1]

二、刑事被害人社会救助的主要内容

根据刑事被害人对社会救助需求内容的不同，大体上可以把刑事被害人社会救助分为物质救助、精神救助和发展救助。

（一）物质救助

物质救助是可以满足刑事被害人物质需求的救助形式。根据物质救助的表现形式的不同，这种救助形式可以进一步分为经济救助和物资救助。

经济救助是指以货币形式提供的救助，代表一定额度货币的购物卡也可以视为经济救助的范畴。就重要性而言，经济救助以解决刑事被害人的经济需求为目标。无论罪犯导致的是人身伤害、精神损害还是物质损失，它们都可以通过经济救助得到一定程度的解决。经济救助的额度越高，遭受物质损失的被害人获得弥补的程度越高，遭受身心创伤的被害人获得医疗救治的希望越大。对于因受暴力犯罪伤害而失去生命的被害人而言，经济救助虽然不能为之挽回生命，但社会救助主体支付的精神抚慰金、死亡补偿金或丧葬费可以在一定程度上缓解其受养人或近亲属的精神伤痛和经济压力。就必要性而言，经济救助在诸多的被害人权利救济途径中具有不可替代性。一方面，在我国的刑事司法实践中，被害人从加害人那里获得赔偿的概率不高。即使判处加害人赔偿或加害人愿意赔偿，也可能因为赔偿数额太低而难以弥补被害人的损失。在更多情况下，加害人往往以承担刑事责任为由而拒绝向被害人承担民事赔偿责任，甚至为了逃避赔偿责任而有预谋地隐匿财产。在这种情况下，即使法院判处加害人向被害人承担赔偿责任，其良好目的最终也可能落空。另一方面，我国目前尚未设立类似于交通事故保险或责任事故保险那样的刑事犯罪保险赔付制度。即使设立这样的保险制度，由于刑事犯罪的偶发性不高，人们也很难有意愿购买这种保险。因此，一旦被害人因受犯罪

---

[1] 参见赵国玲、徐然等：《社会救助视野下的犯罪被害人救助实证研究》，北京大学出版社 2016 年版，第 51 页。

— 006 —

侵害而导致人身伤害、精神损害、物质损失，经济救助可谓被害人医治身心创伤和解决生活困难的唯一途径。此外，经济救助的功能并不限于为被害人解决医疗和生活支出的问题。如果被害人有生产或恢复生产的需求，也可以为其提供一定的经济救助，这种救助在形式上可以是现金给付，也可以是贷款支持。对于那些因受犯罪侵害而死亡或丧失劳动能力的被害人而言，其受养人或近亲属也应有权从社会获得经济救助，以解决医疗或生活之需。其中，被害人的在学子女应当有权从社会获得助学金或奖学金的救助。

对于一时难以从市场上获得的物资，救助主体可以向被害人提供所需的物资救助。物资救助可以体现为被害人所需的食品、衣物、家具以及其他日常用品，也可以体现为肢体辅助器具、体能恢复器具以及其他相关设备设施，等等。对于有特定物资需求而不能通过经济救助解决的被害人，社会救助主体理应像对待自然灾害受害者那样，向被害人提供所需的物资救助。此外，物资救助还有一个好处，即对于年老、体弱或行动不便的"孤、寡"被害人，为其提供食品、衣物、家具以及其他日常用品之类的物资救助还意味着省去其难以承受的体力劳动。

（二）精神救助

犯罪对被害人造成的不只是经济损失，也有精神损害。精神损害可以是直接的。所有暴力犯罪都会在一定程度上给被害人造成惊恐、焦虑、沮丧、绝望、愤怒、抑郁、仇恨之类的精神痛苦，严重的还可能导致自闭症、焦虑症、适应性抑郁症等适应性心理障碍，以及躁狂症、恐惧症、反应性抑郁症、极端的反社会心理，其中性犯罪还会导致性厌恶等反应性心理障碍。某些非暴力犯罪也会给被害人造成焦虑、绝望和抑郁之类的精神痛苦。例如，在一时引起广泛关注的山东临沂女生徐玉玉被诈骗案中，被害人徐玉玉甚至因为感到极端绝望而猝死。[1]精神损害也可以是间接的。暴力犯罪引发的严重身体伤痛往往会给被害人带来精神痛苦；如果犯罪导致其肢体残疾，或者身体伤痛久治不愈，还会进一步引发自闭症、抑郁症、躁狂症、恐惧症或极端的

---

〔1〕　参见该案判决书，载于中国裁判文书网。网址为：http://wenshu. court. gov. cn，最后访问日期：2021 年 7 月 31 日。

反社会心理。

犯罪导致的精神损害不只危害被害人本身。如果被害人的精神损害不能得到及时救助，其引发的躁狂症、仇恨情绪或极端的反社会心理还会导致报复性犯罪，从而危及社会的和谐稳定。因此，对于被害人遭受的精神损害，社会救助主体也应尽可能为之提供精神救助，这和经济救助是一样的道理。不过，精神救助不像经济救助那样可以简单地通过给付一定数额的货币或票据而完成，其在具体救助手段上更为复杂。对于一般的情绪异常的救助，主要采用心理疏解和心理抚慰的方式。对于心理障碍的救助，则应采用心理咨询、心理辅导或心理治疗的方式。对于意识不到自身存在心理障碍的被害人，可由专业人员帮助被害人调适心理异常状况。对于有的心理障碍，比如因性侵害导致的性厌恶，心理咨询和心理辅导往往难以发挥救助作用，可以为被害人提供有针对性的心理治疗，借助于认知疗法、行为疗法、生物反馈疗法、精神分析疗法等心理治疗方法对被害人进行救助。对于与心理有关的功能性精神疾患，主要采用精神医学治疗方式进行救助。所谓精神医学治疗，是由专业的精神科医师实施的治疗。接受精神医学治疗的被害人往往需要服用一定的药物，如心境稳定剂、精神振奋药物及改善神经细胞代谢的脑代谢药物，等等。特别是在未成年人犯罪中，犯罪人往往由于未满法定刑事责任年龄而不被追究刑事责任或不被判处特定刑罚，被害人在心理上难以借由犯罪人受到刑罚制裁而得到抚慰，因而尤其需要从社会获得精神救助。

（三）发展救助

发展救助是刑事被害人恢复自我并获得自立的重要条件。所谓发展救助，是旨在促进被害人在物质上和精神上实现自给、自立和自强的救助，其追求的效果是个人的身体得到康复，个人的理性得到提升，个人的潜能得到激发，个人的权利得到维护，从而最终摆脱对救助的需求状态。

根据刑事被害人发展需求的不同，发展救助大体上可以分为医疗救助、庇护救助、就业救助和法律救助等几个方面。

1. 医疗救助

遭到暴力犯罪侵害的被害人可能因为身体受伤而需要得到医疗救助，这是经济救助或物资救助难以替代的。

通过获得医疗救助而实现身心康复是被害人实现自我发展的基本条件。医疗救助主要是为被害人提供所需的医疗机构、专业医师等医疗资源以及身心康复所需的诊疗服务。提供医疗救助的主体并不限于医疗机构或其工作人员，个人（含志愿者）、企业、非政府组织（NGO，含社会团体）以及处理案件的警察也可以帮助被害人寻求医疗救助。对于身体受到伤害需要紧急送医的被害人，上述相关救助主体应将被害人快速送医；对于身体受伤危及生命的被害人，应当提供急救服务；对于受到性犯罪侵害的女性被害人，实施医疗救助的人员不但要告知其被传染性病或怀孕的可能性，而且还要尽快采取相关的医疗救助措施。

2. 庇护救助

庇护救助也是发展救助的一个重要方面。这是因为，庇护救助可以帮助刑事被害人获得安全感，这是刑事被害人安心生活或专心工作的重要条件。

为了避免再次受到侵害，被害人总是希望自己的人身安全能够得到庇护，这样才能摆脱恐惧心理。庇护救助旨在帮助被害人免受犯罪人的再次伤害并使之获得必要的安全感。通常，在寻衅滋事和家庭暴力之类的犯罪中，由于被害人受到持续的暴力或软暴力的侵扰，被害人的这种需求更为强烈而迫切。庇护救助需要一定的场所和设施，各地可以参考 2016 年《中华人民共和国反家庭暴力法》（以下简称《反家庭暴力法》）实施以后一些地方建立"家庭暴力受害者庇护中心"的做法，为被害人建立庇护中心，或把"家庭暴力受害者庇护中心"改造为综合性的庇护中心，为包括刑事被害人在内的各类受害人提供庇护服务。庇护中心不能仅提供食宿等基本救助服务，还要提供法律援助、医疗救助、心理帮助等专业性的救助服务。这些专业性的庇护服务可由律师、心理咨询师以及社区志愿者提供，高等院校的专业师生也可以参与其中。同时，庇护救助还需要治安警察的参与和帮助，因为治安警察往往是被害人最初接触的专业人员，对被害人的受害情况以及庇护需求比较了解。

3. 就业救助

就业救助旨在帮助刑事被害人自立于社会，这是刑事被害人实现自我发展的必要条件。就业救助的一项重要任务是为刑事被害人提供合适的工作岗位或帮助刑事被害人寻找合适的就业岗位。如果被害人能够借由就业救助而解决就业问题，不但能够实现经济上的自给或自足，而且能为社会减轻负担。例如，在 2012 年发生于安徽的陶汝坤故意伤害案中，被害人周岩惨遭毁容，当地的社会救助力量不但为她提供精神救助，使之摆脱心理障碍，而且帮助她开办网店，使之重启社会生活。经济上的自给自足和为社会减轻负担使之重拾自信，进一步彰显被害人的自我价值。[1] 就业救助的另一重要任务是为刑事被害人提供必要的培训，使之获得必要的就业技能。培训应当因人而异，注重针对性，并由专业人员负责。对于因受犯罪侵害而导致下肢残疾的被害人，主要培训其从事上肢操作类的工作。对于因受犯罪侵害而导致上肢残疾的被害人，则应培训其从事下肢操作类的工作。对于听觉或视觉受损的被害人，还要对其进行盲文或哑语的教育。

此外，观念的培养也很重要，这样可以使被害人更重视"工作"的价值和"自立"的精神，从而实现由消极救助到积极救助的转向。对于就业心态消极的被害人，甚至可以采取"胡萝卜加大棒"的方式。[2] 所谓"胡萝卜"政策，就是对被害人进行激励，为其外出工作的积极表现提供额外的奖励或报酬。对于准备工作和已经开始工作的被害人，救助机构还可以为其提供儿童照顾和其他支持性的服务。所谓"大棒"政策，就是对符合一定条件的被害人增加压力，把被害人"赶出"家门，让其自觉寻找工作。[3]

4. 法律救助

法律救助有异于传统意义上的法律援助。传统意义上的法律援助主要是指从法律上对犯罪嫌疑人、被告人进行帮助，而法律救助主要是指在法律上对被害人的帮助。同时，法律救助也不限于传统意义上的法律援助，也包括其他相关的法律帮助。法律救助旨在帮助被害人维护合法权益，这也是被害人实现自我发展的重要内容。

律师是为被害人提供法律救助的主要社会力量，高等法学院校的专业师生

---

〔1〕 参见杨璐："青春不能承受之痛：周岩毁容事件"，载《三联生活周刊》2012 年第 10 期；胡广、袁星红："心理专家谈'少女毁容案'：周岩康复后再医心理"，载《新安晚报》2012 年 3 月 1 日，第 A8 版。

〔2〕 参见钟玉英："当代国外社会救助改革及其借鉴"，载《中国行政管理》2012 年第 12 期。

〔3〕 参见钟玉英："当代国外社会救助改革及其借鉴"，载《中国行政管理》2012 年第 12 期。

以及退休的法官、检察官也可以成为实施法律救助的专业社会力量。就诉讼前而言，法律救助的主要内容在于向被害人提供法律咨询，告知其依法享有的各种权利。就诉讼中而言，法律救助的主要内容在于为被害人提供及时而准确的诉讼信息，帮助被害人提起刑事附带民事诉讼。就诉讼后而言，法律救助更多地体现为与法律相关的人文关怀，既包括告知被害人如何保护自身的安全，也包括协助或代理被害人申请司法救助或寻求社会救助，还包括向被害人提供有关其权利、相关救助机构以及能够帮助被害人身心恢复的各种法律信息资源。

三、刑事被害人社会救助对相关制度的补充

与刑事被害人社会救助相关的制度主要包括刑事诉讼制度、司法救助制度和现行《办法（2019 修订）》规定的针对低收入者或贫困人口的一般社会救助制度。对于这些相关制度的不足，刑事被害人社会救助均有一定的补充功能。

（一）弥补刑事诉讼制度的不足

在我国刑事诉讼中，至少存在三种有待通过刑事被害人社会救助弥补的不足。一是立法上的不足。现行《刑事诉讼法》第 101 条第 1 款规定，被害人由于被告人的犯罪行为而遭受物质损失的，在刑事诉讼过程中，有权提起附带民事诉讼。被害人死亡或者丧失行为能力的，被害人的法定代理人、近亲属有权提起附带民事诉讼。因此，对于加害人给被害人造成的物质损失，被害人可以根据该条款规定在刑事诉讼过程中提起附带民事诉讼。然而，尽管该条规定对被害人向加害人主张物质损失赔偿的权利提供立法保障，但也在其他方面作了不必要的限制：其一，被害人在刑事附带民事诉讼中可以主张的赔偿范围仅限于物质损失，精神损害被排除在外，这与普通的民事诉讼有着很大差距。[1]其二，如果加害人的犯罪行为给被害人造成物质损失，只能由加害人本人赔偿，被害人不能要求其家属赔偿。如果加害人的近亲属或

---

〔1〕　在普通民事诉讼中，根据《最高人民法院关于审理人身损害赔偿案件适用法律若干问题的解释》第 1 条第 1 款规定，因生命、身体、健康遭受侵害，赔偿权利人起诉请求赔偿义务人赔偿物质损害和精神损害的，人民法院应予受理。但在刑事附带民事诉讼中，生命、健康、身体遭受侵害的，只能要求赔偿医药费、护理费、误工费等物质损失，而不能要求赔偿精神损失费。

其他亲友自愿替加害人赔偿，还需经过法院认可。其三，被害人死亡的，其近亲属只能要求加害人赔偿丧葬费，而不能主张赔偿死亡赔偿金。二是实践中的不足。在刑事诉讼中，并非所有刑事案件中的被害人都有机会向加害人主张赔偿或获得赔偿。一方面，有的刑事案件中的被害人并未选择报案并进而参与诉讼程序，因而不可能有机会向加害人主张赔偿。另一方面，即便有的被害人选择报案，并且公安司法机关予以立案，仍有大量的案件难以得到侦破并得到审理，或是由于其他主客观原因导致即便报案也无法获得有效救济，结果导致被害人无从向加害人主张赔偿。再者，刑事被害人在刑事诉讼中的"能见度"太低，这也在一定程度上限制其向加害人主张赔偿。根据我国学者的归纳，刑事被害人在刑事诉讼中缺乏"能见度"的表现主要在于以下几个方面：其一，被害人对案件实体和程序进展的知情权受到很大限制。在案件的侦查和审查起诉阶段，侦办人员很少主动向被害人说明案件办理的情况和处理的结果。在审判阶段，除非被害人提起附带民事诉讼，法院并不会通知被害人到庭参加诉讼。其二，被害人在代理和辩护权的行使上受到很大限制。由于刑事被害人在现行立法中并无诉讼主体地位，其聘请的代理律师并不拥有辩护律师拥有的阅卷权、量刑建议权。其三，被害人在庭审中充分发表意见的权利也受到一定限制。在庭审中，除非公诉机关要求被害人当庭陈述的，被害人基本上没有发言权。其四，被害人没有独立、直接的上诉权，不能及时、有效地向上级法院行使诉请加害人赔偿的权利。[1]三是加害人主客观原因导致的不足。在有的案件中，即便案件得以侦破并进入审判程序，被害人获得赔偿的可能性也可能因为加害人的主客观原因受到限制。例如，对于被告人已经受到刑事处罚而没有财产可供执行的，法院只能裁定终止执行，这也是为何刑事附带民事赔偿的判决书大部分不能真正得到执行的原因。再如，有的加害人虽有赔偿能力，但在主观上并不愿意向被害人履行赔偿义务。在这种主观意识的支配下，加害人完全可能预先或在刑事诉讼过程中为了逃避赔偿义务而隐匿财产。

〔1〕 参见石时态、张坤世："刑事被害人权利保护机制之反思与完善"，载《中国刑事法杂志》2010 年第 12 期。

鉴于上述刑事诉讼立法或司法实践的不足，要使被害人遭受的物质损失或精神损害得到基本的弥补，一个重要的途径就是对刑事被害人提供社会救助，即对在刑事诉讼中未能从加害人那里获得赔偿的被害人，社会救助主体可以为之提供一定的物质救助或精神救助，以弥补其遭受的物质损失或精神损害。对于直接被害人死亡的，刑事被害人社会救助主体也可以向其近亲属提供一定的丧葬费或死亡救助金。

（二）弥补司法救助制度的不足

如前所述，针对无法通过刑事诉讼从加害人那里获得赔偿而导致生活困难的被害人，我国已初步建立起司法救助制度。目前，被害人司法救助制度已经得到理论界和司法界的充分肯定，并且自 2009 年以来在全国范围内已经实施 10 余年，不少被害人因为获得这种救助而在一定程度上解决或减轻了生活困难，社会矛盾也得到了一定程度的缓和。不过，尽管这一制度可以和刑事被害人社会救助一样起到弥补刑事诉讼不足的作用，但也在实施过程中暴露了一些问题。首先，目前的司法救助制度仍处于一种各自为战的试验状态，就整个国家来说还缺乏一个大体平衡的救助标准，各地救助的标准和力度差异悬殊，从而导致被害人救助的区域失衡。[1]其次，司法救助以经济补偿为主，但金额非常有限。以经济发达的广东省茂名市为例，该市茂南区规定被害人可获得的司法救助金额最高不超过 2 万元。[2]尽管为数不多的经济救助金额有助于减轻被害人的生活困难，但难以达到帮助被害人摆脱因受犯罪侵害而导致的经济困境。再其次，刑事被害人在受害后的救助需求实际上是多元化而非单一化的，但司法救助的手段较为单一。然而，仅凭经济上的救助终究无法解决所有问题，被害人所需的精神救助以及包括庇护救助、医疗救

---

〔1〕 尽管中国的刑事被害人司法救助制度具有中央顶层设计的优势，但刑事被害人司法救助所需的资金并非统一由国家财政支出，而是由地方政府量力而为，由此导致刑事被害人司法救助制度地域发展不均衡的问题。

〔2〕 参见广东省茂名市茂南区发布的《刑事案件被害人司法救助基金管理办法》（2014）。该文件规定，茂南刑事案件被害人救助基金的设立与管理坚持政法委牵头、法院主导和财政专管，构建多部门协作的司法救助联动机制。救助基金筹措措来源于两个渠道：一是由财政拨款 20 万元作为启动资金，解决了刑事案件被害人救助制度中的资金"瓶颈"问题。基金用于解决受助困难群众面临的基本生产、生活、医疗等迫切性难题，及时化解社会矛盾，一次性救助金额一般在 1 万元以内，特殊情况可适当提高金额，但最高不超过 2 万元。

助、就业救助和法律救助在内的发展救助同样需要得到重视，其中发展救助尤其难以通过发放救助金得到有效解决。最后，现行司法救助制度的限制性条件过苛。根据 2014 年中央政法委、财政部、最高人民法院等 6 部门印发的《关于建立完善国家司法救助制度的意见（试行）》〔下称《意见（试行）》〕第 2 条的规定，申请司法救助的刑事被害人还要受到多重不必要的限制："因案件无法侦破造成生活困难的""加害人死亡或没有赔偿能力"和"无法经过诉讼获得赔偿"，否则不能申请司法救助。在如此苛刻的限制条件下，大量原本可以申请司法救助的被害人被人为排除在外。

相对而言，刑事被害人社会救助在以下几个方面具有被害人司法救助所不具有的天然优势。首先，被害人社会救助制度具有司法救助制度所不具备的持续性，可以针对同一救助对象长期适用，故与它的衔接可以在一定程度上克服现行刑事被害人司法救助制度在适用条件上的局限。其次，被害人社会救助制度具有司法救助制度所不具备的多功能性，它可以单独或在经济救助基础上给予救助对象一定的精神救助，如心理疏导、心理抚慰等，故与它的衔接可以在一定程度上克服现行司法救助制度因单一功能导致的局限性。再其次，被害人社会救助制度还具有司法救助所不具备的高覆盖性，它不仅可以把未被提供司法救助的刑事被害人或者对其实施救助后仍然面临生活困难的刑事被害人全部纳入救助范围，而且可以通过业已形成的相对成熟的救助体系把符合城乡低保、农村五保条件的刑事被害人纳入城乡低保、农村五保的范围，从而缓和社会矛盾并降低"缠讼缠访"的发生，最终克服现行司法救助制度在功利性目的上的局限。最后，刑事被害人社会救助的资金来源于社会，我国民间的财富积累已经初步奠定刑事被害人社会救助所需的经济基础，只要社会救助主体的救助积极性得到发挥，完全不必设定类似于司法救助那样苛刻的限制条件。综上可见，正因为被害人社会救助制度具备上述优势，刑事被害人司法救助制度不仅有必要与之衔接，而且可以借此进一步走出自身困境。

（三）弥补针对低收入者或贫困人口的一般社会救助制度的不足

刑事被害人社会救助与现已实行的弥补针对低收入者或贫困人口的一般社会救助制度是两种不同的救助制度，二者具有较大区别。首先，二者针对的群体完全不同。刑事被害人社会救助的对象仅限于刑事被害人，这是它的唯一救助对象。社会救助的对象是贫困人口，具体包括低收入者、特困人员、受灾人员以及生活无着的流浪、乞讨人员，等等。其次，二者在救助标准方面有所不同。就救助条件而言，社会救助的申请者一般应符合当地的低收入标准或其他相关标准，如"五保户""贫困户"等。相对而言，刑事被害人社会救助并不以贫困或低收入作为唯一的标准，即使刑事被害人并不符合《办法（2019 修订）》规定的救助条件，也可以获得补偿性的社会救助。再其次，二者在运行机制方面也有所不同。就救助程序而言，由于我国目前尚未建立专门的刑事被害人社会救助制度，所以谈不上类似于社会救助那样的救助程序。当然，如果社会主体自发向刑事被害人提供救助，则完全可以由该社会主体自行决定如何提供，因而无需任何程序规定。相对而言，社会救助的程序一般包括申请、受理、审批与发放等诸多环节，这在目前是比较严格的。最后，二者在主管机构方面也应有所不同。社会救助的主管机关是确定的，即各级政府的民政部门。各级政府的民政部门不但是社会救助的主管机关，而且也是统筹机构和具体负责救助的机构。相对而言，刑事被害人社会救助的主管机关不甚明确。不过可以确定的是，从 2009 年中央政法委主导发布的《意见》来看，刑事被害人社会救助不应也不会由各级政府的民政部门主管。那么，是否可由各级党委政法委主管呢？各级党委政法委是政法工作的领导机构，显然不宜负责刑事被害人社会救助之类的具体工作。既然如此，是否可由公安司法机关负责呢？尽管刑事被害人社会救助具有一定的司法属性，但由公安司法机关主管也是不合适的，这是由其司法专门性决定的。相较而言，各级政府的司法行政部门具有一定的社会工作属性，现行刑满释放人员的社会救助也是由其主管和负责的，因此可以成为刑事被害人社会救助的主管机构或负责机构。

刑事被害人社会救助可以填补社会救助的漏洞。在现行《办法（2019 修订）》全文中，并未涉及刑事被害人的社会救助问题，甚至也找不到任何关于"刑事被害人"的表述。究其原因，可有两种解读：一是认为刑事被害人不属于社会救助的对象；二是认为刑事被害人不具有特殊性，因而没有必要在社会救助立法中予以特别规定。[1] 然而，从 2009 年中央政法委主导发布的《意见》来看，前一种解读似乎更符合《办法（2019 修订）》的立法原意，否则中央政法委也没有必要另行对刑事被害人的社会救助问题予以强调和规定。因此，即便在社会救助实践中刑事被害人可以向民政部门申请社会救助，那只是因为其符合可予救助的低收入标准，而非因为其具备刑事被害人的身份。

四、刑事被害人社会救助的基本原则

刑事被害人社会救助应当遵守一定的原则。其中，有的原则由于能够凸显刑事被害人社会救助的本质特征并使之与司法救助或其他救助形式区别开来，属于基本原则。优先原则、简易原则、弥补原则和综合原则是此类原则的重中之重。

（一）优先原则

优先原则主要是就获得救助的及时性而言的。在经济救助上，救助主体可以先于加害人的赔偿或在确定加害人是否负有赔偿责任之前向被害人提供救助。在医疗救助上，救助主体应当克服"先付费后救助"的传统救助模式。此外，优先原则也是就救助程序的优先性而言的。具体而言，在刑事诉讼中，对加害人的刑事责任以及加害人对被害人的赔偿责任的确定需要经过一个长期的刑事诉讼程序才能完成，但对被害人的救助应当在案发时就开始。

优先原则在医疗救助方面特别重要。刑事犯罪具有一定的突发性，被害人在遭受犯罪行为侵害之后往往急需获得医疗救助，这样才能避免损害的进一步扩大。例如，一个身体受到严重伤害的刑事被害人，其对医疗救助的需求是非常急迫的；如果不能获得及时的救治，可能丧失生命。但是，在我国现行的预付费制度下，特别是在被害人处于丧失意识或部分丧失意识的情况下，谁来为医疗费用买单？如果等待法院对加害人作出赔偿判决，势必耽误

---

[1] 参见赵国玲、徐然等：《社会救助视野下的犯罪被害人救助实证研究》，北京大学出版社 2016 年版，第 58 页。

医治。如果加害人拒绝支付或不能支付医疗费用，只能由被害人自己支付。但如果被害人本身也难以承担这笔费用，怎么办？对于这个问题，欧美国家现有的应急系统中都设有一个全国范围内均可拨打的紧急求助电话。以美国的911为例，它不只是一个报警电话，也是一个求助电话。被害人可以通过拨打这个电话与警察、医护人员或其他社会救助主体取得及时联系。法国和西班牙的一些城市还创立了一种由专门接受过急救培训的医生负责的移动急救服务站，这种服务站拥有专业的设备和救治人员，它们穿行于各个案发现场，或者停靠在城市的某个角落，能为被害人提供第一时间的医疗服务。[1]

（二）简易原则

简易原则主要是就复杂的申请程序而言的。在受到犯罪侵害后，被害人通常会处于痛苦和焦虑的精神状态，这种痛苦或焦虑的精神状态还会进一步影响其情绪和心智。而在遭受暴力犯罪侵害后，被害人在承受精神痛苦之余，身体也可能受到伤害，从而导致身体不便。在这些情况下，申请程序应当尽可能简单而易于被害人操作，以便被害人快速完成社会救助申请。

简易的医疗救助申请程序对于暴力犯罪被害人的重要性不言而喻。即使被害人申请经济救助，也不宜采用类似于现行社会救助那样繁琐的申请程序。在所需填报的材料方面，应当避免不必要的文牍主义。至于手续材料可以简化到何种程度，完全可以参考美国的"全美犯罪被害人中心（National Center for Victims of Crime，NCVC）"的做法。该中心在决定是否对刑事被害人提供社会救助之前主要要求被害人完成两项工作：一是提出赔偿声明，即被害人提前准备一份书面声明，让法官知晓其要求加害人赔偿的诉求。二是提供损失证明，以证明其获得社会救助的正当性和合理性。[2]较之"全美犯罪被害人中心"，明尼苏达州的做法更为简便。该州的犯罪被害人办公室事先为被害人准备一份表单，申请社会救助的被害人只要求在该表单上填写其受到的各

---

〔1〕　参见［加］欧文·沃勒著，蒋文军译：《有效的犯罪预防——公共安全战略的科学设计》，中国人民公安大学出版社2011年版，第87页。

〔2〕　参见［加］欧文·沃勒著，蒋文军译：《有效的犯罪预防——公共安全战略的科学设计》，中国人民公安大学出版社2011年版，第113页。

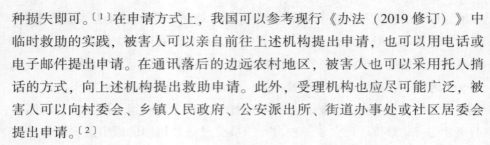

种损失即可。[1]在申请方式上，我国可以参考现行《办法（2019修订）》中临时救助的实践，被害人可以亲自前往上述机构提出申请，也可以用电话或电子邮件提出申请。在通讯落后的边远农村地区，被害人也可以采用托人捎话的方式，向上述机构提出救助申请。此外，受理机构也应尽可能广泛，被害人可以向村委会、乡镇人民政府、公安派出所、街道办事处或社区居委会提出申请。[2]

（三）弥补原则

所谓弥补原则，是指刑事被害人社会救助不以生活贫困为条件，而以被害人遭受人身伤害、精神损害或物质损失为条件。基于这一原则，在救助主体决定是否对被害人提供救助时，不宜对其收入或生活状况进行审查。换言之，只要被害人受到犯罪侵害并遭受某种损害，就可以为之提供救助。相对而言，现行司法救助坚持严格的贫困标准，被害人在实际获得这种救助之前通常需要接受严苛的资格审查，在资格审查合格之后还要经过繁复的申请程序，这些环节都可能为被害人带来"二次伤害"，甚至使其产生悲观或反社会的情绪。[3]

弥补原则并不意味着对被害人进行充分的补偿或过多的补偿。过去，我国学界曾尝试推动建立刑事被害人国家补偿制度，但事实证明这种尝试是失败的。任何国家都不可能使用财政拨款填补全体被害人的经济损失。即使在建立刑事被害人补偿制度的国家，这种补偿也是有限的，一般不超出医疗费、康复费、丧葬费和基本生活保障费的范围。[4]那么，社会力量对刑事被害人的救助是否可以达到充分补偿的效果呢？笔者认为，在具体个案中，这种可能性是存在的，但在整体上同样是难以实现的。毕竟，社会救助资源同样是有限的，其在现阶段的可调配性远远不能和国家的财力比肩。

---

〔1〕 参见［加］欧文·沃勒著，蒋文军译：《有效的犯罪预防——公共安全战略的科学设计》，中国人民公安大学出版社2011年版，第113页。

〔2〕 参见赵国玲、徐然等：《社会救助视野下的犯罪被害人救助实证研究》，北京大学出版社2016年版，第34页。

〔3〕 参见赵国玲、徐然等：《社会救助视野下的犯罪被害人救助实证研究》，北京大学出版社2016年版，第34页。

〔4〕 参见熊秋红："从刑事被害人司法救助走向国家补偿"，载《人民检察》2013年第21期。

刑事被害人是否可以同时获得司法救助、针对贫困人口的一般社会救助以及针对刑事被害人的专门救助呢？就现行政策规定而言，司法救助和社会救助肯定是不矛盾的。一方面，根据《意见》的规定，对于暂时未纳入救助范围的刑事被害人或者实施救助后仍然面临生活困难的，要通过社会救助途径解决其生活困难。另一方面，根据2014年中央政法委等六部门联合发布的《意见（试行）》的规定，对于未纳入国家司法救助范围或者实施国家司法救助后仍然面临生活困难的当事人，符合社会救助条件的，可以协调其户籍所在地有关部门，纳入社会救助范围。既然如此，在将来建立专门的刑事被害人社会救助制度以后，它们之间同样不应存在矛盾。

不过，经济救助稍有特殊。被害人通过三种救助途径获得的经济救助总额原则上不应超出其遭受的损失总额（尽管在现实中这种可能性不大），这是由救助的基本目的决定的。因此，如果被害人通过在先救助途径获得的经济救助已经达到弥补损失的效果，则不应继续申请其他救助。

（四）综合原则

对刑事被害人的社会救助不应局限于经济救助，更要注重精神救助、医疗救助和发展救助。对于遭受精神损害的刑事被害人而言，当务之急不是为之提供经济救助，而是为之提供精神救助。对于遭受严重精神损害而失去自我意识的刑事被害人而言，如果不能通过精神救助平复其精神损害，再多的经济救助也没有意义。同时，在促进个人可持续发展上，经济救助属于被动性的救助，而发展救助则属于能动性的救助。经济救助之所以无法做到能动性的救助，主要是由经济救助的补充性和有限性决定的。就我国目前的情况而言，无论司法救助还是社会救助，都是由国家给予被害人适当的经济资助，以帮助刑事被害人解决暂时的生活困难或维持最低生活保障的一种措施，仅具有"象征性、抚慰性和应急性"。[1]即使将来建立专门的刑事被害人社会救助制度，也不能从根本上解决被害人在经济上的需求。因此，即使刑事被害人可以通过经济救助解决自身的"暂时困难"或维持最低生活保障，如果不能解决自身的发展问题，在实质上仍然可能属于贫困人口的一员。

---

〔1〕　参见熊秋红："从刑事被害人司法救助走向国家补偿"，载《人民检察》2013年第21期。

总之，综合原则是由被害人对社会救助的多方面的需求决定的。经济救助虽然重要，但对于促进被害人的主体性和能动性而言，其作用终究是有限的。它既难满足被害人的经济需求，更难以帮助被害人实现个人的可持续发展。

五、刑事被害人社会救助的价值目标

刑事被害人社会救助具有多方面的价值目标，其中主要在于以下几个方面：

（一）促进司法公正

如前所述，在我国现行刑事诉讼制度下，加害人对被害人的赔偿仅限于因犯罪导致的物质损失。即便如此，由于前述各种主客观原因的限制，被害人通过刑事诉讼途径从加害人那里获得物质损失赔偿的几率也非常低。因此，在被害人不能通过刑事诉讼从加害人那里获得物质赔偿而又面临生活困难的情况下，社会救助可以在诉讼外对被害人提供有效救济，从而在一定程度上促进司法公正。

同时，在现行刑事诉讼立法排除被害人获得精神损害赔偿的情况下，刑事被害人因犯罪行为遭受精神损失而主张精神损害赔偿的，人民法院不予受理。[1] 换而言之，不管是在刑事附带民事诉讼还是单纯的民事诉讼程序中，也不管是针对刑事犯罪人还是事先为刑事犯罪人提供保险服务的保险人，只要被害人的精神损失是犯罪行为造成的，其诉请的精神损害赔偿均无法获得司法救济。立法之所以如此规定，既有传统观念的因素，也有现实考量的因素。就传统观念而言，我国刑法在传统上深受苏联的国家刑罚主义思想的影响，认为通过判处刑罚剥夺犯罪人的财产权、自由权乃至生命权，无疑是在精神上对被害人最大的抚慰，因而被害人没有必要再主张精神损害赔偿。[2] 就现

---

〔1〕 2021年3月1日起施行的《最高人民法院关于适用〈中华人民共和国刑事诉讼法〉的解释》（法释〔2021〕1号）（以下简称《刑诉解释》）第175条第2款规定得更加具体，因受到犯罪侵犯，提起附带民事诉讼或者单独提起民事诉讼要求赔偿精神损失的，人民法院一般不予受理。

〔2〕 参见童陈琛："再论刑事附带民事赔偿中精神损害赔偿制度的构建——立足被害人'权利'本身"，载《湖北文理学院学报》2018年第9期。

实考量而言，要求犯罪人对刑事被害人进行精神损害赔偿存在很大的困难。从客观上来说，国家对犯罪人处以刑罚在事实上剥夺（生命刑）或限制（自由刑和经济刑）了犯罪人对被害人的赔偿能力，包括对被害人所受精神损害的赔偿能力。从主观上而言，即使犯罪人有赔偿能力，也会由于其本人或近亲属的自利倾向或与被害人之间存在的对立情绪而蓄意隐匿、转移或无偿赠送财产，从而拒绝或逃避本应承担的对被害人的精神损害赔偿责任。相对而言，作为一种司法外的、由社会救助主体提供的补充救济手段，精神损害救助完全可以避开类似于精神损害赔偿那样的立法障碍，并且也不必考虑上述两个困扰精神损害赔偿立法的因素。因此，在精神损害赔偿面临立法障碍和现实困难的情况下，精神损害救助业已成为解决刑事被害人精神损害救济问题的唯一可行的通道。如果没有这个通道，刑事被害人精神损害救济仅存的可能将不复存在，刑事被害人就将失去平复精神创伤和摆脱精神痛苦的最后希望。

（二）实现社会正义

严格来说，通过对被害人进行社会救助而实现的社会正义在类型上属于补偿正义。关于补偿正义，罗尔斯和诺齐克都有深入的论述。罗尔斯认为，在与正义的储存原则一致的情况下，社会经济利益的分配要保证最少受惠者的最大利益，即对那些处于不利社会地位的弱势群体进行必要的补偿。[1] 在诺齐克看来，补偿正义要求政府介入资源分配过程，在正义失衡时出手保护社会中的受损群体，从而承担"守夜人"的责任。[2] 因此，根据前文论述，既然社会对犯罪现象负有责任，而被害人又无法从加害人那里得到必要的赔偿，就有权从社会得到一定的救助，这样才能符合社会正义的要求。

具体而言，刑事被害人社会救助可以在一定程度上扶正以下两个方面的失衡状态，从而实现社会正义：一是被害人相对于被告人的权利保护失衡状态。尽管我国刑事诉讼法在经过 40 多年的发展以后已经建立起比较完善的人

---

〔1〕 参见李景国、李艳磊："论制度公正在促进人的全面发展中的意义"，载《理论界》2011 年第 4 期。

〔2〕 参见李艾明："社会如何实现正义补偿——基于罗尔斯与诺齐克之争"，载《学理论》2017 年第 10 期。

权保护制度，但人权保护的关注重点一直在被告人而不是被害人，被害人的权利救济问题一直没有得到应有的重视，被害人权利保护制度在这个意义上一直处于亏欠状态。在这种情况下，通过建立被害人社会救助制度，由社会向被害人承担一定的救助义务，可以在刑事被害人权利保护问题上实现补偿正义。二是被害人在精神损害救济方面相对于经济损失救助的失衡状态。如前所述，犯罪人带给刑事被害人的消极后果既包括经济损失也包括精神损害，这些都不应由被害人独自承担。在被害人经济损失救助方面，国家先后发布过两个政策性的文件，即2009年的《意见》和2014年的《意见（试行）》，从而建立初步的经济损失救助制度。但在被害人精神损害救助方面，国家一直没有相应的制度进展，迄今为止也没有任何政策性文件出台。在这种情况下，鉴于现行制定法排斥被害人从被告人那里获得精神损害赔偿的可能，实现补偿正义的唯一途径就是在进一步加强对被害人进行经济损失救助的基础上建立精神损害救助制度，从而摆脱目前在被害人救助领域的"经济损失救助一条腿走路"的失衡状态。

（三）维护社会和谐稳定

从被害人到犯罪人的转化在犯罪学上是一种消极的转化，因而又被称为被害人的"恶逆变"。[1] 根据对象的不同，刑事被害人的"恶逆变"可以分为两种情况：一是针对犯罪人本人的"恶逆变"，这是刑事被害人基于对犯罪人本人的报复意欲而形成的犯罪转化。二是针对社会的"恶逆变"，这是刑事被害人基于对社会的报复意欲而形成的犯罪转化。此处的所谓报复意欲，是指刑事被害人因受犯罪侵害而产生的针对犯罪人或其近亲属的等量伤害甚或超量伤害的意志或欲望，在本质上是一种私力救济的冲动。[2]

通常，在过失犯罪情形下，犯罪人的主观状态相对容易得到宽宥，对被害人直接造成人身伤害、物质损失或精神痛苦的可能较小或程度较轻，被害人对加害人的愤怒或仇恨的程度相对较低。但是，在故意犯罪情形下，犯罪人的主观状态是很难得到宽宥的，被害人受到的精神刺激更大，感受的精神

---

〔1〕 参见郭建安主编：《犯罪被害人学》，北京大学出版社1997年版，第183页。
〔2〕 参见李奋飞："刑事被害人的权利保护——以复仇愿望的实现为中心"，载《政法论坛》2013年第5期。

伤痛更甚，仇恨心理或报复心理更容易产生，因而更需要通过刑罚制裁加害人以及从加害人那里获得赔偿而平息内心的愤怒和仇恨。然而，在许多情况下，尽管加害人可能受到应有的刑罚制裁，但对加害人的刑罚制裁并不能解决被害人受到的人身伤害、物质损失或精神痛苦。如果由于这些问题不能得到解决而影响被害人的生存或加剧被害人的生活困难程度，被害人完全可能在不良情绪的支配下从事反社会性犯罪行为。在这种情形下，社会救助便成为化解被害人反社会情绪的重要措施。

　　具体而言，刑事被害人社会救助对被害人反社会情绪的化解主要体现在以下几个方面：一是由公安司法机关和民政部门进行慰问。二是由被害人所在的街道办、社区居委会或乡镇、村委会进行看望、探视、抚慰、劝导或陪护。三是由民政部门给予一定数额的经济形式的救助，如精神损害救助金。四是由专业的机构或人员提供心理咨询、心理辅导或医学治疗，既可以志愿的形式提供，也可以（通过民政部门）政府购买的形式提供。无论采取上述何种形式的精神损害救助，负责救助的机构、组织或个人均可有意识地尝试导入以下几个方面的内容，以进一步消除或削弱被害人报复意欲的根源——对犯罪人的仇恨或对社会的不满：一是犯罪人业已受到的惩罚及其在实现司法公正层面上的评价，这是消除被害人的仇恨心理和不满情绪的关键所在。就此而言，公安司法机关可以及时把犯罪人受到的刑事强制措施或刑罚告知被害人，同时向被害人解释刑事强制措施和刑罚的法律依据、惩罚效果以及在何种程度上实现了司法公正。二是被害人自身的因素，这对减轻被害人的仇恨心理和不满情绪具有一定的辅助作用。比如，在因互殴引发的故意伤害案中，被害人对犯罪的发生往往具有一定的过错，公安司法人员可以就此向被害人进行必要的解释，以减轻被害人的仇恨心理和不满情绪。三是犯罪行为包含的可予宽宥的客观因素，比如精神病人犯罪，因贫困而导致的抢劫犯罪，等等。此类犯罪包含的客观因素均反映出犯罪行为的发生在一定程度上非由自由意志所致，对缓解被害人的仇恨心理和不满情绪也有一定帮助。

第二章

刑事被害人社会救助基本要素研究

　　所谓基本要素，即构成一个客观事物的存在并维持其运转的必不可少的组成部分。刑事被害人社会救助首先体现为救助行为，故救助行为应属刑事被害人社会救助的核心要素。救助行为是一定救助主体的行为，而救助主体的救助行为又必然以一定的被害人作为救助对象，二者同属于救助行为连结的两个端点，故与救助行为一样都是不可或缺的基本要素。同时，刑事被害人社会救助需要一定的人力、财力和物力条件，否则就是无米之炊，故人力、财力和物力也属于基本要素。此外，刑事被害人社会救助还需要一定的管理者、协调者和信息提供者，它们也应当被纳入基本要素的范畴。

　　探讨刑事被害人社会救助的基本要素对于从总体上了解和把握刑事被害人社会救助的内在结构与法律关系具有重要作用。和其他类型的社会救助一样，刑事被害人的社会救助也不能缺少救助的主体和对象。主体是救助的提供者，对象是救助的接受者，二者之间的关系是最基本的法律关系。刑事被害人社会救助的要素则是救助主体和救助对象之间达成一致的关键——救助主体能够提供什么样的救助？救助对象需要什么样的救助？二者之间也要达成一致，否则救助就难以达成，即使达成，其效果也值得怀疑。在此之外，刑事被害人社会救助也需要一定的辅助性保障机构，它们虽然不是救助的提供者或接受者，但可以为刑事被害人社会救助提供必要的组织、管理、监督、协调和信息沟通服务。

一、刑事被害人社会救助的主体

　　主体是刑事被害人社会救助的指导者、组织者或提供者，是在刑事被害人社会救助诸要素中处于主导地位的要素。具体而言,刑事被害人社会救助的主体包括但不限于个人、社会团体和企事业单位、集体主体、民政部门、街道或乡镇、社区或村组等代表社会行使一定社会救助职能的主体以及从事被害人社会救助的各类专业机构。

(一) 个人主体

个人主体是被害人社会救助的基本力量。个人对被害人进行社会救助的形式多种多样,可以为被害人社会救助捐资,也可以直接对被害人提供经济救助、精神救助或庇护救助。同时,个人还可以成为志愿者,以志愿者的身份为被害人提供长期的社会救助服务,包括为被害人提供日常照护或借助自身专长为被害人提供医疗救助或法律救助,等等。不仅如此,随着我国经济的发展壮大,人们的财富在总体上也得到相应的增长,个人的社会救助能力也不断提高。只要人们具有参与被害人社会救助的意识和责任感,就可以在很大程度上提高我国的被害人社会救助水平。

(二) 社会团体和企事业单位

社会团体和企事业单位是被害人社会救助的重要力量。相较而言,企业主要以其财力和物力为被害人提供社会救助,而社会团体和事业单位则主要以其专业能力为被害人提供社会救助。对于因受犯罪侵害而致残的刑事被害人,各地残联可以为之提供救助。对于遭遇犯罪侵害的妇女儿童,各地妇联可以为之提供一定的社会救助。各地妇联下属的“家庭暴力受害者庇护中心”可以对家庭暴力犯罪被害人提供庇护性的社会救助。对于需要医疗救助的被害人,医学院校可以借助自身条件为之提供相应的救助。法学院校的“法律诊所”[1]或法律援助组织可以对被害人提供法律方面的社会救助。

(三) 基金会

基金会虽然直接表现为一定的组织或一定资金的集合,但其背后是具有

---

〔1〕 法律诊所是一种可以为被告人提供法律援助或为被害人提供法律救助的法学实践教育模式。最早提出“法律诊所”(clinical legal education) 这一概念的是美国现实主义法学教育的领军人物弗兰克 (D. Franker),他在对兰德尔经院主义判例教学法的批判中率先提出了“法律诊所”的改革设想。我国于 21 世纪初开启法律诊所这一教学模式并在中国法学会之下设立专门的诊所法律教育专业委员会,云南师范大学哲学与政法学院是该委员会的第 202 名会员。参见朱景文主编:《对西方法律传统的挑战——美国批判法律研究运动》,中国检察出版社 1996 年版,第 312~316 页;中国诊所法律教育专业委员会官网,网址为:http://www.cliniclaw.cn,最后访问日期:2021 年 7 月 3 日。

共同救助意愿的个人的集合，故而堪称集体主体。目前，我国主要有"中国扶贫基金会""中华社会救助基金会""中国妇女儿童医疗卫生基金会""中国残疾人福利基金会"和"中华见义勇为基金会"等与被害人有关的基金会，分别管理"中国扶贫基金""中华社会救助基金""中国妇女儿童基金""中国残疾人福利基金"和"见义勇为基金"等具有社会救助性质的基金。尽管这些基金并非专门适用于被害人救助，但也与刑事被害人具有一定关系。比如，"中国妇女儿童基金"可以为遭受犯罪侵害（特别是性侵害和家庭暴力侵害）的妇女儿童提供一定的经济救助；"见义勇为基金"可以为因同犯罪行为作斗争而受到人身或经济损害的被害人提供经济救助；"中国扶贫基金"和"中华社会救助基金"可以为生活贫困的被害人提供经济救助。在此基础上，政府应当考虑建立全国性或地方性的被害人社会救助基金，以此从经济上对被害人提供社会救助的重要保障。就我国现阶段而言，鉴于政府在社会生活各方面居于主导地位的现实，基金的筹集应当以政府投入为主，在此基础上可以发挥社会力量的作用，鼓励社会资金的进入。在政府投入方面，我国完全可以借鉴美国的做法，在条件成熟时把刑事罚金的部分或全部投入被害人社会救助基金，使之成为被害人救助基金的一个稳定来源。

（四）被害人社会救助专业机构

既然是社会救助，就不宜由办案机关来直接承担相关的工作和职责，因此有必要成立专业的组织机构来开展救助工作。一般来说，被害人社会救助专业机构应当以民间力量为主，具有民间性、非政府性和非营利性。由于被害人社会救助专业机构以为被害人提供社会救助为主业或专业，其在向被害人提供社会救助时更为关注服务的专业性和系统性，因而也更具自觉性。在西方，由于大多数国家在社会保障方面遵从"小政府大社会"的理念，被害人社会救助专业机构不仅发展较早，而且是被害人社会救助的主要力量。在英国，1977年就于布里斯托尔成立了专业从事被害人社会救助的被害人援助组织——"被害人支援协会（Victim Support，VS）"。及至1997年，该机构在全英国共发展了470个地方分支，约900名从业人员以及经过培训的1.6万名左右的志愿者。[1] 在

---

〔1〕 参见田思源：《犯罪被害人的权利与救济》，法律出版社2008年版，第113页。

德国，"白环组织"在刑事被害人社会救助方面卓有成效。[1]在美国，"全美被害人援助组织（National Organization for Victim Association，NOVA）"是著名的被害人社会救助组织。在经历了 19 世纪末到 20 世纪初的初始阶段和 20 世纪上半叶的发展阶段后，美国的"犯罪被害人救助协会"的关注范围逐渐从为刑事被害人提供经济救助、精神救助、医疗救助，预防被害人报复性犯罪并对此进行风险评估以及未成年人保护等具体救助问题转向对各类被害人提供全方位专业服务以及提出相关立法建议和政策评估工作等更深层次的救助问题，从而形成较为系统的刑事被害人社会救助服务体系。[2]同时，美国的高等院校也承担了大量的被害人社会救助工作。例如，美国南卡罗来纳医科大学（Medical University of South Carolina）负责的刑事被害人首次精神救助项目（Psychological First Aid for Victims of Crime）在业界比较著名，其针对被害人的社会救助服务不仅包括对暴力犯罪被害人进行创伤治疗，而且包括对被害人遭受犯罪侵害以后的身心危机进行评估和早期干预。[3]相较而言，尽管"小政府大社会"并非我国目前的社会保障理念，但也应积极培育和发展被害人社会救助的专门机构，使之能为被害人提供更具专业性的社会救助服务。毕竟，政府不是万能的，政府的财力是有限的，对公民的税收也是有限的。[4]在具体操作上，鉴于此类机构在我国的发展状况比较落后，在培育初期可以考虑由政府和司法机关来进行组织和引导，同时可以通过媒体宣传引起社会的广泛关注，从而尽最大可能发动社会力量，引导民间资源加入被害人社会救助。就其工作人员而言，可以考虑一种多元化的组合：（1）要有部分专门人员负责机构的日常管理、组织、协调，包括与公安司法机关就相关救助事项进行沟通和协调。（2）要有一定数量的志愿者从事具体案件的救助工作，

---

〔1〕　参见李科："刑事被害人报复犯罪的预防与实现路径"，载《湖北警官学院学报》2014 年第 10 期。

〔2〕　参见李科："刑事被害人报复犯罪的预防与实现路径"，载《湖北警官学院学报》2014 年第 10 期。

〔3〕　详见南卡罗来纳医科大学主持的"犯罪被害人首次精神救助项目（Psychological First Aid for Victims of Crime）"文件（2014-12-01），载于"人用药品注册技术要求国际协调会议"官网，网址为：https://ichgcp.net，最后访问日期：2021 年 7 月 31 日。

〔4〕　参见周登谅："中国刑事被害人救助的社会化研究"，载《华东理工大学学报》（社会科学版）2013 年第 6 期。

志愿者当中也可招聘一些具有专门技术能力的人，如医生、心理咨询师、律师，等等。这些人员可以是兼职也可以是全职。[1]

总体而言，中国的被害人社会救助专业机构还有巨大的发展空间，其中民间救助机构尤其需要国家为之提供宽松的政策环境和严密的立法保障。

（五）民政部门

民政部门是我国主管社会救助的政府机构，可以为包括被害人在内的、符合低收入标准的个人提供社会救助。事实上，在现实中，如果被害人符合民政部门认可的低收入标准，的确可以接受相应的社会救助。就立法现状而言，2019年国务院发布的《办法（2019修订）》本身就是一部促进贫困人口福利的行政法规，被害人在事实上被涵盖于一般贫困人口之中。换言之，如果被害人因陷入贫困而需要救助，也可以和一般贫困人口一样，依据该《办法（2019修订）》向民政部门申请社会救助。同时，根据该《办法（2019修订）》第1条和第2条的规定，这种救助的目标是"保障公民的基本生活"，而在我国现行立法语境下，"保障公民的基本生活"正是社会福利的核心涵义。就管理现状而言，在目前中央和地方各级政府中，被害人社会救助在事实上未和刑满释放人员一样被纳入司法行政部门统筹管理，而是被纳入社会福利体系并由民政部门管理，而各级民政部门正是主管社会福利的政府机构。不仅包括儿童福利、老年人福利、残疾人福利和贫困人口福利在内的特殊人群福利事业由民政部门管理，各地福利彩票和残疾人福利工厂也由民政部门负责管理。根据我国民政部官方网站的描述，民政部下设社会福利中心，参与社会福利工作的政策法规、发展规划、理论研讨和各类服务机构标准评定的调研、论证工作。[2]尽管如此，从目前来看，民政部门向被害人提供的社会救助并非本书所要论述的被害人救助。本书论述的被害人社会救助是由社会力量专门向被害人提供的社会救助，这种社会救助不以是否符合低收入水平或是否陷入生活贫困状态为标准，而是以"补偿""需要"和"必要"为

---

[1] 参见周登谅："中国刑事被害人救助的社会化研究"，载《华东理工大学学报》（社会科学版）2013年第6期。

[2] 具体信息参见民政部官网，网址为：http://www.mca.gov.cn，最后访问日期：2021年7月31日。

原则。换言之，即使被害人并不符合低收入标准，甚至也未陷入生活贫困状态，也可以为之提供一定的社会救助。比如，对于一个房屋被纵火焚毁的被害人，尽管其可能并未因此而陷入贫困状态，社区居民仍然可以为之提供经济救助；对于一个独生子女被杀害的被害人，尽管其家境并不符合贫困标准，民政部门仍然可以为之提供精神抚慰金形式的精神救助；对于一个购买伪劣种子的被害人，尽管其并未达到当地的贫困线，村民仍然可以为之提供相应的（种子）物资救助。

（六）乡、镇或街道办

乡、镇和街道办略有不同。乡、镇是一级地方政府，属于基层政府。街道办是一级政府如区县或者市政府的派出机构，本身并不属于一级地方政府。尽管如此，二者均具有一定的社会救助职能，负责本行政区域内的民政工作和公益事业。在现行社会救助体制下，乡、镇人民政府、街道办事处负责有关社会救助的申请受理、调查审核以及救助对象的日常管理等工作。对于符合《办法（2019修订）》规定的贫困标准的刑事被害人，乡、镇人民政府、街道办事处可以主动或依申请提供社会救助。同时，乡、镇人民政府、街道办事处也可以倡导、宣传、指导和组织本区域内的社会主体向需要救助的刑事被害人提供救助。此外，乡、镇人民政府、街道办事处也具有重要的信息沟通功能，既可以对上级民政部门和村、组、居委会之间被害人的社会救助工作信息进行上传下达，也可以把公安司法机关提供的、需要救助的被害人信息传递给村、组、居委会以及相关的社会救助主体。

（七）社区或村组

社区或村组是基层自治组织，二者均可以向本区域内受到犯罪侵害的刑事被害人提供社会救助。一方面，对于本区域范围内受到犯罪侵害的居民，社区或村组可以使用自有资金和物资为之提供社会救助。即使被害人已经享受国家、单位及社团的社会保障待遇，仍然可以在此基础上接受社区或村组提供的社会救助。另一方面，对于在接受此种特定救助之后仍然因各种原因而陷入临时或长期的特殊困难的居民或村民，社区或村组还可以根据《办法（2019修订）》为之提供社会救助，以此解决本人和家庭的基本生活困难。在具体实施上，社区或村组一般通过居委会或村民委员会进行组织或指导，从而行使被害人社会救助职能。

二、刑事被害人社会救助行为

如前所述，救助行为是刑事被害人社会救助诸要素中连结救助主体和救助对象的关键要素。对于救助主体而言，只有实施一定的救助行为，才能谓之为向救助对象提供一定的社会救助。对救助对象而言，只有受到一定的救助行为的影响，才能谓之为接受了一定的社会救助。

刑事被害人社会救助行为的具体表现形式多种多样。在经济救助中，这种行为主要表现为向被害人提供一定数额的救助款项或资金票据。在物资救助中，这种行为主要表现为向被害人提供所需的生活资料，如食物、衣物、肢体辅助器材等，或生产资料，如种子、化肥和农具等。在精神救助中，这种行为主要表现为心理疏解、心理咨询、心理辅导、心理治疗以及相关的精神医学治疗，等等。此外，除了上述直接的救助行为，还有一些为实现救助目的而实施的辅助性救助行为，如司法机关、司法行政部门和被害人所在的乡镇、村委会或街道办、社区居委会之间的救助信息沟通行为以及救助效果通报行为，等等。

关于刑事被害人社会救助行为的性质，学界的观点颇多。有学者把它等同于狭义上的、以国家为主体的社会救助，认为这种行为属于由国家或具有行政主权之地区政府基于法律或准法律性文件规定的"恩恤义务"，以酌情给付刑事被害人或其他利益相关主体一定额度的补助费用的形式，向其"治下"社会成员提供的一种"关怀性"保护。[1]也有学者认为，被害人社会救助是一种福利行为，是政府对社会资源进行的再分配，是人道主义观念在社会资源再分配领域的体现，不仅体现国家对被害人利益的保护，而且体现国家利益与人民利益的一致性。[2]还有学者从刑事被害人社会救助的域外源头进行考察，认为这种行为是社会对被害人的人文关怀，在具体操作时应将"刑事

〔1〕 参见陈彬："由救助走向补偿——论刑事被害人救济路径的选择"，载《中国法学》2009 年第 2 期。
〔2〕 参见任克勤：《被害人学基本理论研究》，中国人民公安大学出版社 2018 年版，第 411~412 页。

被害人方”作为一个整体进行考虑，综合衡量相关人员存在的实际困难，防止被害人方的某个成员或某些成员各自、重复提出申请，从而造成重复救助或引发新的社会稳定问题。[1]而在有的学者看来，刑事被害人社会救助行为在性质上属于慈善行为，是一种慈善事业，是对陷入生活贫困状态的被害人的一种施舍和恩赐，其思想基础是人道主义精神。[2]

　　上述各种观点都有其合理性，但也各有值得商榷之处。首先，刑事被害人社会救助不应该局限为“慈善”。慈善虽然是一种善心，是一种情操，却无法持久，因为它不具有经常性、持续性和义务性，所以很难承担起被害人社会救助的责任。[3]其次，刑事被害人社会救助也不应该成为一种“福利”。从根本上来说，如果认为对被害人的社会救助是一种福利，则意味着被害人社会救助只能适用针对贫困人口的社会救助制度，从而否定被害人具有“以被害人的身份”从社会上获得不同于贫困人口的社会救助的权利。同时，既然被害人社会救助是一种福利，则被害人在实际获得这种福利之前通常需要接受严苛的资格审查，在资格审查合格之后还要经过繁复的申请程序，这些环节都可能为被害人带来“二次伤害”，甚至使其产生悲观或反社会的情绪。最后，刑事被害人社会救助也不应该被视为对被害人的“恩恤”。在法治社会，社会救助应当成为一种法定责任。只有在前法治社会，“恩恤”才是一种道义责任。如果被害人救助的社会责任仍局限于道义责任，实际上就是免除了社会的责任。[4]综上，笔者认为，刑事被害人社会救助行为既不是国家对被害人的“恩恤”，也不是社会对被害人的“慈善”，而是救助主体在诉讼外对刑事被害人提供的权利救济或权利保障。也就是说，基于犯罪社会学理论、犯罪的社会危害性理论、社会防卫理论，社会主体具有向刑事被害人提供救

---

〔1〕　参见沈志先、徐世亮：“贯彻司法为民　彰显人文关怀——关于刑事被害人救助制度若干问题研究”，载《犯罪研究》2009年第6期。

〔2〕　参见杨立雄：“社会保障：权利还是恩赐——从历史角度的分析”，载《财经科学》2003年第4期。

〔3〕　参见郑功成：“从慈悲到正义之路——社会保障的发展”，载《人大复印报刊资料》（社会保障制度）2002年第8期。

〔4〕　参见林嘉、陈文涛：“论社会救助法的价值功能及其制度构建”，载《江西社会科学》2013年第2期。

济的义务，被害人也有从社会获得救济的权利，而刑事被害人社会救助行为就是以这种权利义务关系为基础，在犯罪人作为加害者无力赔偿、无法赔偿、拒不赔偿或其赔偿根本不足以弥补被害人损失的情况下，由社会向被害人提供必要的救济，以尽可能弥补或平复被害人受到的损失或损害。

社会救助行为的主体是志愿者、社会团体、事业单位以及相关的社会救助专业机构等社会力量，故与国家补偿行为或司法救助行为也是不同的。刑事被害人国家补偿主要是指，在刑事被害人未能获得或者难以获得赔偿的情况下，由国家或具有行政主权之地区政府基于法律规定的替偿义务，以给付刑事被害人或其他法定权利人一定额度的补偿费用的形式，弥补其因刑事犯罪所遭致的经济损失。[1]尽管我国学界曾经对刑事被害人国家补偿制度作过热烈的探讨和深入的研究，但是我国至今未能建立起这一制度。司法救助则是由公安司法机关向被害人提供的救助，由于其以国家财政拨款为基础，故在本质上属于不同于社会救助的国家救助。刑事被害人司法救助的主要依据是中央政法委等八部门于2009年联合发布的《意见》以及中央政法委等六部门于2014年联合发布的《意见（试行）》。其中，后者对前者作了实质性的整合，对刑事被害人的司法救助和民事侵权案件原告的司法救助作了共同规定，并对救助标准、救助条件、救助程序、资金保障和制度衔接等各方面的内容作了一定程度的细化，从而使刑事被害人司法救助制度进入规范化和制度化的阶段。该文件印发以后，经过短短的1年时间，全国共计有20个省、自治区、直辖区的130余地出台了关于被害人司法救助的实施细则或实施办法，其中无锡市、宁夏回族自治区、包头市先后出台了地方性法规。[2]之后，法院系统和检察系统的实施规范也相继得以制定和发布。2016年，最高人民检察院颁布《人民检察院国家司法救助工作细则（试行）》〔以下简称《工作细则（试行）》〕，使全国检察机关实施被害人司法救助工作有章可循。2019年，最高人民法院连续颁布《人民法院国家司法救助案件

---

〔1〕 参见陈彬："由救助走向补偿——论刑事被害人救济路径的选择"，载《中国法学》2009年第2期。

〔2〕 参见赵国玲、徐然："中国刑事被害人国家救助的现状、突围与立法建构"，载《福建师范大学学报》（哲学社会科学版）2015年第1期。

办理程序规定（试行）》〔以下简称《程序规定（试行）》〕、《人民法院国家司法救助文书样式（试行）》〔以下简称《文书样式（试行）》〕和《最高人民法院司法救助委员会工作规则（试行）》〔以下简称《工作规则（试行）》〕，为全国法院系统实施刑事被害人司法救助工作提供明确而具体的行为规范。

救助行为可以引起一定的事实上的积极效果。事实上的积极效果主要是被害人的财产损失或身心损害在事实上得到一定程度的平复，或特定需求在事实上得到一定的满足。具体表现为：帮助被害人分担医疗费；帮助被害人解决因犯罪侵害导致的行动障碍；帮助被害人解决因犯罪导致的残疾、失业、工作变动而带来的经济上的困难；帮助被害人缓解压力或治愈精神损害；帮助被害人排除他人的不负责任的闲话以及新闻的取材、报道所带来的不快和紧张；帮助被害人在刑事诉讼或赔偿请求诉讼中获得必要的、尽可能优质的法律专业服务。救助主体在实施救助行为时应努力提高救助的积极效果，尽可能使作为被救助者的刑事被害人的人身、财产或精神损害得到弥补，从而平复其遭受的身心创伤。

救助行为可以引起一定法律上的积极效果。法律上的积极效果主要表现在两个方面：其一，帮助被害人息诉息访。在遭受犯罪侵害后，即使被害人没有因此而陷入生活困境，也会因为财产损失或身心损害没有得到救济而对社会的公平和正义产生怀疑，从而期望通过"缠讼"或"上访"解决问题。救助主体实施的救助行为可以缓解被害人的生活困境，增强刑事被害人的司法终局观念，从而使之服判息诉，减轻公安司法机关和信访接待部门的工作压力。其二，防止"恶逆变"犯罪，维护社会稳定。被害人在遭受犯罪侵害后会产生一定的报复心理，从而发生由被害人到加害人的"恶逆变"，而这种消极的角色转换极易引发犯罪并使更多的人成为被害人。[1]救助主体实施的救助行为可以为之带来人文关怀。在救助实施过程中，救助主体对刑事被害人的关心、鼓励、心理辅导和精神治疗都内含了丰富的人文关怀内容，从而可以恢复刑事被害人的健全人格，使之融入社会并在终极意义上实现自我发展。

---

〔1〕　参见康树华主编：《犯罪学通论》，北京大学出版社1992版，第548页。

为此，救助主体应注意防止"二次伤害"或"三次伤害"的发生。所谓"二次伤害"，是指被害人在受到加害人实施的犯罪行为的侵害后又受到来自其他主体的侵害。这种侵害不仅可能源自被害人的亲人、朋友、同事的抛弃、虐待等"特殊待遇"以及新闻媒体、社会舆论的错误态度，而且可能源自救助主体的不当救助行为。正如德国学者施奈德在《国际范围内的被害人》中提到的那样：被害人不仅仅通过犯罪本身而遭受精神、社会、经济和肉体的损害，而且还通过对于犯罪的正式或非正式的反应而受到损害。[1]而在遭受"二次伤害"以后，一些被害人对国家、政府、法律、正义等的理想和期待破灭了，带着对社会的不信任感而逃避现实、脱离社会，导致自身的社会存在被破坏甚至丧失，这就是"三次伤害"。[2]因此，如果救助主体对被害人救助不当，或在救助过程中怀有偏见，非但不能使被害人在心灵上、身体上得到抚慰和医治，反而可能销蚀应有的救助效果。

三、刑事被害人社会救助的对象

刑事被害人社会救助的对象是各种救助主体的救助行为指向的对象，即刑事被害人。"被害人"一词最初来源于拉丁文中的"victma"。该词主要包含两层意思：一是指宗教仪式上供奉神的祭品；二是指因他人行为而遭受损害的个人、组织、道德秩序或法律秩序。[3]尽管世界各个法系不断演变和发展，但"被害人"一词的含义最终仍可追溯到拉丁文的原意，并且在词形上也不存在太大改变。一方面，被害人与加害人具有密切联系。加害人是对被害人造成人身、物质或精神损害的人，在刑法或犯罪学上具体是指犯罪人，在刑事诉讼法上具体是指犯罪嫌疑人或被告人。另一方面，被害人不同于受害人。受害人主要是一个民法上的概念，是因他人的侵权或者违约行为而导致民事权益遭受损害的民事主体。[4]民法学意义上的被害人，即通称的受害

---

〔1〕 参见 [德] 汉斯籦约阿希姆籦施奈德著，许章润等译：《国际范围内的被害人》，中国人民公安大学出版社 1992 年版，第 68 页。

〔2〕 参见田思源主编：《犯罪被害人的权利与救济》，法律出版社 2008 年版，第 21~22 页。

〔3〕 参见康树华主编：《犯罪学——历史、现状、未来》，群众出版社 1998 年版，第 104 页。

〔4〕 参见康树华主编：《犯罪学——历史、现状、未来》，群众出版社 1998 年版，第 104 页。

人，是因他人的侵权或者违约行为而导致民事权益遭受损害的民事主体。在外延上，受害人要比被害人宽泛得多，它不但涵盖因侵权行为或违约行为而遭受损失的自然人，而且包括法人、非法人组织以及国家。受害人在受到侵权行为侵害或违约行为导致的损害后，一般可以通过民事诉讼从侵权人或违约人那里得到赔偿，不存在类似于刑事司法中以刑罚代赔偿的问题。〔1〕

在我国，现行的《刑法》《刑事诉讼法》等刑事法律并没有对"被害人"这一概念作出明确界定，学界也未形成统一观点。实际上，由于专业和研究视角各有不同，的确很难达成一致的看法。有论者早在21世纪初就发现我国学界对被害人概念的界定众说纷纭，共计达11种不同观点。〔2〕相对而言，笔者更倾向于按照法学学科对被害人进行界定。据此，学界对被害人这一概念的界定大体可以分为以下三种情况：其一，有的学者从刑法学视角入手，认为被害人是受到犯罪行为侵害的个人、组织和单位，甚至国家（例如在危害国家安全犯罪中）也可以成为被害人。〔3〕其二，有的学者从刑事诉讼法的研究视角出发，认为被害人是其合法权益直接遭受犯罪行为的侵害并因此而参加刑事诉讼活动，请求追究犯罪嫌疑人、被告人的刑事责任的个人，对被害人作狭义和广义之分：狭义的被害人仅指公诉案件的被害人；广义的被害人包括公诉案件的被害人、自诉案件的自诉人、刑事附带民事诉讼的原告人以及反诉成立部分的反诉人。〔4〕其三，有的学者从犯罪学或被害人学的视角界定被害人，认为被害人是与犯罪人（加害人）相对应的一个概念，是因遭受犯罪人（加害人）的不法侵害而受到财产损失或人身伤害的自然人。〔5〕

总体来看，上述观点和表述各有其合理性，但也各有其值得商榷之处。首先，按照以上刑法学者的观点，被害人是受到犯罪行为侵害的个人、单位、组织，国家在整体上也可以成为被害人，而犯罪行为又是依照我国法律应当受到刑罚处罚的行为，则在逻辑上可以推断出这样一个结论——如果某一危

---

〔1〕 参见王利明主编："建立和完善多元化的受害人救济机制"，载《中国法学》2009年第4期。

〔2〕 参见杜永浩、石明磊："论刑事被害人的界定"，载《湖北警官学院学报》2003年第2期。

〔3〕 参见高铭暄、马克昌主编：《刑法学》，北京大学出版社2016年版，第218页。

〔4〕 参见刘根菊："关于公诉案件被害人权利保障问题"，载《法学研究》1997年第2期。

〔5〕 参见康树华主编：《犯罪学通论》，北京大学出版社1992年版，第547页.

害行为不具有刑法上的可罚性，则行为的伤害对象就不属于"刑事被害人"。换言之，即使个人、单位、组织或国家受到依照刑事法律不予追究刑事责任但造成危害后果的行为的侵害，由于这些行为不属于刑法意义上的犯罪行为，也不应被纳入刑事被害人的范畴，故而也无权获得社会救助。[1] 其次，如果按照刑事诉讼法的"诉讼地位"标准，很多被害人也将被排除在"刑事被害人"这一概念之外。一方面，有些刑事案件的被害人因各种自身原因最终未能参与刑事诉讼程序；有的刑事案件中被害人因死亡、重伤或其他生理、心理上的原因不能参加诉讼；有的被害人因恐惧或受威胁而被迫放弃参加诉讼，等等。另一方面，有些刑事案件的被害人因各种外界原因无法参与刑事诉讼程序。例如，有的刑事案件符合《刑事诉讼法》第16条规定的不予追究刑事责任的情形，但确有被害人已因该案当事人的行为受到伤害或损失。同时，在未能发现犯罪嫌疑人或犯罪嫌疑人长期逃逸的情况下，被害人也无法参与刑事诉讼程序。最后，对于犯罪情节轻微并依照刑法规定不需要判处刑罚或者免除刑罚的，包括聋哑人或盲人犯罪、预备、从犯、胁从犯、自首、立功等在内的酌定不起诉的行为以及因证据不足不起诉的行为，其受害人似乎也不应被纳入刑事被害人的范畴。显然，在上述情况下，尽管被害人对于遭受的经济损失仍有可能通过民事诉讼程序、保险等救济方法得到救济，但对于其他方面的被害状态的恢复仍存在救济手段的缺失，故将上述被害人排除在被害人社会救助的范围之外显然不合情理。在此，把单位、组织甚至国家纳入被害人范围予以救助也是有问题的。虽然受到犯罪行为侵害的单位、组织甚至国家都可以成为被害人，但单位、组织和国家并不需要社会救助，把它们纳入被害人的范畴在社会救助视域下也没有什么实质意义。由此看来，上述第三种观点是比较合理的，即只要自然人受到犯罪人（加害人）的侵害，无论犯罪人是否应当承担刑事责任，无论犯罪人的行为是否具有刑法上的可

---

[1] 此类不属于刑法意义上的犯罪行为主要包括：《刑法》规定的不满14周岁的人作出的危害行为、经法定程序鉴定确认的精神病人在不能辨认或不能控制自己行为时作出的具有危害后果的行为、为了使国家、公共利益、本人或者他人的人身、财产和其他权利免受正在进行的不法侵害，而采取的制止不法侵害的正当防卫行为以及为了使国家、公共利益、本人或者他人的人身、财产和其他权利免受正在发生的危险而不得已采取的造成损害的紧急避险行为。

罚性，也无论受到侵害的自然人是否具备被害人的诉讼地位并据此参加刑事诉讼，都属于刑事被害人并应当获得社会救助。

不过，在此基础上，学者对具体范围仍有分歧，这种分歧主要不在于"被害人"这一概念本身的涵义，而在于被害人的具体范围。归纳起来，这种分歧集中在两个方面：其一，是否应当把间接被害人——非直接遭受犯罪行为侵害的被害人——纳入被害人的范围；其二，如果答案是肯定的，则纳入其中的间接被害人的范围多大。一般来说，把直接被害人的近亲属纳入被害人的范围不会存在太大争议。根据我国现行《刑事诉讼法》第108条的规定，此类间接被害人主要是指直接被害人（特别是因受犯罪侵害而亡故的被害人）的配偶、子女、父母，同胞兄弟姐妹，这些人员与直接被害人的亲属关系更为紧密，对被害人的生活依赖度较之于其他亲属更高。不具有血缘关系但具有法律关系的养父母、养子女或其他收养人、受养人也应依法具有拟制的近亲属关系。但是，在上述近亲属之外，直接被害人的祖父母、外祖父母、非同胞兄弟姐妹是否应被纳入被害人的范围？叔、伯、姑、姨等民法上的近亲属是否应被纳入被害人的范围？笔者认为，对被害人范围的界定应符合一定的目的。若是为了确定犯罪嫌疑人、被告人的刑事责任，应把被害人的范围局限于直接被害人，否则，如果把被害人的范围延伸至间接被害人，犯罪嫌疑人、被告人的刑事责任将会面临很大的不确定性。然而，若是为了对犯罪行为所害及的被害人进行救助，则应尽可能把受到犯罪行为侵害的人纳入被害人的范围，唯其如此才能尽可能在司法程序外消弭犯罪导致的危害性并维护社会正义。因此，在界定社会救助意义上的被害人的概念时，应当从建立刑事被害人社会救助制度的目的出发，以此为考量依据来确定被害人以及刑事被害人的外延。据此标准，在直接被害人之外，直接被害人的监护人应被纳入被害人的范围，因为监护人是具有类似于近亲属地位的人，除非存在相反情形，监护人和直接被害人之间具有类似于和近亲属一样的亲密关系和生活依赖度。在此基础上，是否应把祖父母、外祖父母、非同胞兄弟姐妹以及叔、伯、姑、姨等旁系血亲纳入其中？这需要根据以下两个标准予以判断：其一，是否与直接被害人具有亲密的亲属关系？其二，是否依赖直接被害人生活？如果两个方面的标准均能得到满足，就应被纳入被害人的范围，否则应予排除。

　　鉴于此，本书研究的"刑事被害人"采用联合国《宣言》中的定义。在涵义表述上，刑事被害人是指遭受犯罪行为导致的身心损伤、情感痛苦、经济损失或基本权利重大损害的自然人。在外延上，刑事被害人仅限于自然人，排除法人、社会组织以及整体意义上的国家。在这一概念的内涵和外延下，凡是因犯罪行为而遭受财产损失、身体伤害、精神打击或其他损害而这种被害状态又未能通过其他途径获得恢复的被害人，都应有权获得社会救助。具体包括以下三个层面：其一，直接被害的自然人——我国《刑事诉讼法》规定的直接受到犯罪行为侵害的自然人。其二，间接被害的自然人——直接被害人的近亲属、监护人或收养人、受养人。其三，处于犯罪现场的第三人，他们有的是因救助正处于被害状态的直接被害人或协助警察制止犯罪行为或逮捕犯罪嫌疑人而遭受损害的人，有的是因亲眼看见犯罪行为发生而遭受严重精神伤害的人，前者见义勇为的行为得到社会肯定评价，后者无辜受害应给予同情，理应成为社会救助的对象。

　　需要指出的是，是否只要属于刑事被害人就可以获得社会救助或社会就应对其提供救助？对此，有学者认为有必要从反向对不予救助的刑事被害人进行类型化排除。例如，虽遭受犯罪侵害但同时对犯罪的发生具有过错责任的被害人就应被排除在社会救助的范围之外。这是因为，"被害人"这一概念本身就包含一定的价值判断——如果一个人本身不是良善的或无辜的，就很难被称为被害人。在域外，美国的《犯罪被害人权利法》也是这样的态度。该法规定，被害人不包括对该犯罪或因同样的行为、犯罪情节或计划所构成的犯罪负有责任的自然人，亦不包括政府或政府的下属机构、政府性机构、政府执行部门。笔者不同意这样的观点。这是因为，被害人社会救助具有较强的人道性，即使被害人对犯罪的发生具有一定过错，其也有获得社会救助的需求，故亦应有权获得社会救助。不过，对于自愿的被害人，是否应被纳入社会救助的范围？这类被害人自发参加甚至积极参与犯罪过程，典型的有自杀、"被害人承诺"以及买卖毒品、买卖枪支、卖淫嫖娼、赌博等"无被害人犯罪"的情况。笔者认为，此类被害人与犯罪人具有同等过错并对损害自负全部责任，不属于刑事被害人的范畴。即便如此，如果其因生活困难而需要获得社会救助，也可以向民政部门申请社会救助或获得来自社会的捐助或帮助。不过，这种社会救助在性质上属于针对贫困人口的一般性社会救助而不是本书论及的刑事被害人社会救助。

　　总之，上述对被害人的界定是就应然层面而言的。在实然层面，由于各国在赔偿、补偿和救助等保护被害人的范围和力度各有不同，对刑事被害人外延的确定必然存在差异。如果一个国家的财力可以对社会救助提供支持或社会财富的积累水平较高，社会救助的范围就会广泛一些，被害人的外延也会在实质上得到扩展。反之，如果一个国家的社会财富的积累水平较低，而国家的财力又不足以对社会救助提供支持，则被害人的外延在实质上就会受到相应的限缩。最极端的情况就是，在一个根本无力建立任何社会救助制度的国家，讨论社会救助意义上的被害人的外延有何意义呢？

四、刑事被害人社会救助的资源

　　社会救助的内容和被害人的需求具有一定的关系。通常，被害人在遭受犯罪侵害后，会出现某些方面的损害或损失，并因这种损害或损失而处于一定的需求状态。正因为存在这种需求，对被害人的社会救助才显得必要，这是被害人社会救助存在和发展的最基础。

　　能使被害人救助需求得到满足并使社会主体的救助行为得以达成的关键是救助资源。依救助资源的功能不同，救助资源大体可以分为人力、财力和物力三个方面。

　　（一）人力资源

　　所谓人力资源（Human Resources，简称 HR），在广义上是指在一个国家或地区中，处于劳动年龄、未到劳动年龄和超过劳动年龄但具有劳动能力的人口之和。但本书中的人力资源是被害人社会救助的人力资源，是指一定社会区域在一定时期内所拥有的能够参与被害人社会救助或能为被害人提供社会救助的专业人员和相关辅助人员的数量以及技能、经验、体力等的总称。在各种类型的救助方式中，医疗救助、精神救助和法律救助对人力资源的依赖性较强。

　　在医疗救助方面，由于其对专业知识要求和技能水平要求较高，对人力资源的质量要求也相应地要高于一般的社会救助。但从目前来看，主要在于刑事被害人医疗救助人力资源的数量问题。近年来，由于人民群众的医疗需求增长迅速，我国的医疗人力资源总体上非常紧缺（这一点在新型冠状病毒肺炎疫情防控中可见端倪），其中可专门用于刑事被害人医疗救助的人力资源尤其缺乏。在这种情况下，刑事被害人医疗救助不可避免地会挤占其他医疗方面的人力资源，从而为普通患者就医造成不便。因此，为了提高被害人医疗救助的人力资源数量，我国当前主要应从两个方向努力：其一，充实基层医疗卫生机构及专业公共卫生机构的人力资源。如果基层医疗卫生机构的医疗专业人员得到保障，特别是全科医生、外科医生、护理医生和健康管理医生的数量充足，在满足人民群众的健康服务需求的同时，也可以满足刑事被害人的医疗救助。其二，赋予现行应急救援队伍以刑事被害人早期医疗救助的职能。例如，尽可能去除各地救护机构的商业属性，使之承担起一定的刑事被害人医疗救助任务。

在精神救助方面，对于心理障碍的救助，主要采用心理咨询、心理辅导或心理治疗的方法。心理咨询适用于心智清醒的被害人。如果被害人心智清醒，可以主动前往心理咨询机构寻求救助，提供救助的机构或人员也可以帮助其主动前往心理咨询机构寻求救助。[1]对于意识不到自身存在心理障碍的被害人，可以为之提供心理辅导，即由专业人员帮助被害人调适心理异常状况。[2]心理辅导分为适应性心理辅导、克服性心理辅导、发展性心理辅导。适应性心理辅导可以帮助被害人减轻心理压力，改善适应能力。对于有的心理障碍，比如因性侵害导致的性厌恶，由于心理咨询和心理辅导往往难以发挥救助作用，可以为被害人提供有针对性的心理治疗，借助于认知疗法、行为疗法、生物反馈疗法、精神分析疗法等心理治疗方法对被害人进行救助。最后，对于与心理有关的功能性精神疾患，主要采用精神医学治疗方式进行救助。犯罪行为的刺激是功能性精神疾患的诱因之一。比较常见的此类精神疾患主要有癔症和精神分裂症。对于此类因受犯罪侵害而导致精神损害的刑事被害人，一般的精神辅导或心理治疗尚难奏效，需要进一步借助精神医学

---

〔1〕 参见陶勑恒主编：《心理咨询与辅导（一）》，北京大学医学出版社 2007 年版，第 46 页。
〔2〕 参见陶勑恒主编：《心理咨询与辅导（一）》，北京大学医学出版社 2007 年版，第 49 页。

治疗方式进行救助。显然，上述各种精神救助方式都需要由具备专业人员实施才能胜任。

在法律救助方面，人力资源主要是律师以及高等法学院校的师生。就律师而言，在"刑事辩护全覆盖"的政策下，的确存在优先保障犯罪嫌疑人、被告人法律援助的现实问题，被害人救助在事实上受到一定的忽视。[1]同时，即便对犯罪嫌疑人、被告人的法律援助和对被害人的法律救助能够受到无差别的对待，也要受到现有律师人力资源的限制。根据司法部发布的《2020年度律师、基层法律服务工作统计分析》，截至2020年底，全国共有执业律师52.2万余人。[2]这个数字看起来不小，但相对于14亿人口来说，可用于被害人法律救助的律师人数少之又少。同时，这52.2万余名的律师队伍在地理上还存在分布不均衡的问题。据该文献统计，全国超过1万名律师的省（区、市）只有21个，其中超过3万人的省（市）只有5个，分别是北京市、上海市、江苏省、山东省、广东省。[3]也就是说，在广大西部地区，可用于被害人救助的律师人力资源尤其缺乏。

需要指出的是，人力资源与前述个人主体是不同的。个人主体是被害人社会救助的基本力量，人力资源是能为被害人提供社会救助的专业人员和相关辅助人员的数量以及技能、经验、体力等的总称。显然，个人主体属于被害人救助主体的范畴，而人力资源则属于被害人救助客体的范畴。就个体而言，人力资源是可为个人主体所用的本人的技能、经验、体力等的总称；就群体而言，人力资源是可为群体主体所用的每个成员的技能、经验、体力等

---

〔1〕 在现实中，各地法律援助机构的主要任务也是为犯罪嫌疑人、被告人提供法律援助，向法律援助机构申请法律援助的人员主要也是犯罪嫌疑人、被告人而不是刑事被害人。导致这种现状的原因是多方面的。其中最主要的原因在于两个方面：一是理论上的问题。由于我国刑事诉讼领域过去的确存在重打击轻保护的倾向，学界的研究重点自然置于如何构建一套对犯罪嫌疑人、被告人提供人权保护的制度。在经过三十多年的发展之后，这种倾向转变成一种学术惯性，即对包括犯罪嫌疑人、被告人法律援助在内的犯罪嫌疑人、被告人的人权保护的研究成果越来越多，所引起的重视程度也越来越大，而对包括被害人法律救助在内的被害人的人权保护的研究则显得越来越不足。二是现实中的问题。人们普遍认为，被害人背后有强大的国家追诉机器的支持，检察机关足以为被害人提供法律救助。

〔2〕 参见 http://www.moj.gov.cn/pub/sfbgw/zwxxgk/fdzdgknr/fdzdgknrtjxx/202106/t20210611_427394.html，最后访问日期：2021年8月8日。

〔3〕 参见 http://www.moj.gov.cn/pub/sfbgw/zwxxgk/fdzdgknr/fdzdgknrtjxx/202106/t20210611_427394.html，最后访问日期：2021年8月8日。

的总称。

（二）财力资源

财力资源有广义和狭义之分。在广义上，财力资源包括物力资源。但在狭义上，财力资源仅指经济资源，即一定数量的货币。

财力资源是一种最为广谱的救助资源。在各种被害人社会救助方式中，经济救助是对财力资源需求最大的救助方式。一方面，经济救助需要财力资源的直接支撑。对于因受犯罪侵害而遭到经济损失的被害人——无论是因此而陷入贫困状态的被害人，还是虽然没有陷入贫困状态但经济受损严重的被害人，所需的经济救助需要耗费大量的财力资源。[1]另一方面，因身体和精神受到犯罪侵害而间接受到财产损害的被害人，主要为之提供医疗救助和精神救助，但医疗救助和精神救助的背后同样需要一定数量的经济资源的投入和支撑。除此之外，精神救助、医疗救助、庇护救助、就业救助、教育救助、法律救助等各个方面都需要大量的财力资源的投入。

就目前而言，我国被害人社会救助所需的财力资源同样面临需求量大而供应有限的矛盾。从纵向来看，尽管我国的国内生产总值自改革开放以后不断增长，社会财富也经历了一个持续的积累过程，但总体而言可用于被害人社会救助的财力资源仍然不够充裕，这一点从目前被害人司法救助制度覆盖面之窄以及建立被害人国家补偿制度这一良好设想最终不了了之的结果可见端倪。从横向来看，由于各地经济发展不平衡，被害人社会救助所需的财力资源也不平衡。相对而言，东部地区可用于被害人社会救助的财力资源要充裕一些，西部地区则要短缺一些。作为这种不平衡的反映，各地对被害人的经济救助水平也各有差异。

解决被害人社会救助财力资源不足和地域分布失衡的问题需要多方面的努力。在地域分布失衡方面，国家可以适当引导社会资金由城市、东部地区向乡村、西部地区流动，或由大城市向小城市流动。在此基础上，国家对自身的财政投入还可以采取转移支付的方式，对乡村、小城镇以及西部地区倾

---

〔1〕 对刑事被害人的经济救助不同于对普通贫困人口的经济救助。对刑事被害人的经济救助不应以经济贫困或生活困难为标准，而应采用补偿标准。当然，所谓补偿标准并非充分补偿，而是适度补偿。

斜。在社会救助资金筹集方面，各地应该采取不同于现行司法救助制度的资金筹集模式。这是因为，被害人司法救助在本质上是一种国家救助，政府财政在其中起主导和决定的作用，社会资金只是对政府财政投入的一点补充。相对而言，被害人社会救助是以社会力量为主体的被害人救助形式，故在资金投入方面亦应以社会资金为主，政府财政投入是对社会资金的支持和助力。当然，这并不是说政府财政投入不重要。事实上，由于"大政府小社会"的现实背景，加之贫富差距较大，社会力量在被害人救助资金投入方面不甚自觉，其积极性也在一定程度上受到抑制，在这种情况下政府的财政投入不仅可以作为被害人救助资金的原始积累，而且可以激发和引导相当一部分处于"冬眠"状态的社会资金的参与，从而促进被害人社会救助资金的筹集。

为了筹集救助资金并为被害人社会救助提供尽可能充足的财力资源，建立被害人社会救助基金不失为一个非常有效的选择。救助金的来源可有以下方面：（1）财政拨款，分级负担，纳入地方财政预算；（2）将服刑人员服刑期间的劳动收入以一定的比例纳入这个基金中；（3）罪犯的罚金及没收的财产；（4）被救助的被害人得到赔偿后退回的救助款；（5）社会捐助。其中，在其他来源有限的情况下，社会捐助应当成为被害人社会救助基金的主要来源。为此，各地要采取切实有效的政策措施，积极拓宽救助基金来源渠道，鼓励个人、企业和社会组织捐助被害人社会救助基金。

此外，加强被害人社会救助宣传对被害人救助资金的筹集非常重要。毕竟，社会力量对被害人救助的财力投入潜力需要得到进一步的激发，社会公众对被害人救助的意愿需要得到提高。

（三）物力资源

物力资源是指刑事被害人社会救助所需的物资，具体包括被害人生活所需的物资和被害人生产所需的物资。前者如食物、衣物、生活器具等生活资料，后者如工具、化肥、农药、种子等生产资料。

一般来说，在市场供给有效的情况下，财力资源可以转化为物力资源。因此，作为物力资源的替代，社会救助主体可以向被害人提供一定的经济救助，以解决其在物资上的需求。但是，财力资源并非总是可以转化为物力资源。在许多情况下，物力资源是财力资源无法取代的，更不是人力资源可以取代的。例如，如前所述，对于一个购买伪劣种子的被害人，提供经济救助或技术培训并不能及时有效地解决问题。再如，对于受到犯罪侵害而致残的被害人，为了让其实现行动自助，不能只是为之提供经济救助或医疗救助，还应为之提供相关的残疾人辅助器具。同样地，在特定时空下，对于一个缺乏食物的被害人，应当为之提供食物而不是金钱。

五、被害人社会救助的相关机构

被害人社会救助的相关机构很多，其中与被害人救助具有密切联系的主要包括主管机构、衔接机构、统筹规划机构和立法机构。

（一）我国目前尚无专门的刑事被害人社会救助主管机构

对此，有学者认为，可以借鉴美国的做法，建立类似于美国的"全美被害人援助组织（National Organization for Victim Association，NOVA）"那样的刑事被害人社会救助主管机构。[1] 也有学者认为，对被害人的救助需要多方位、动态、统筹进行，因而有必要成立专门的"被害人事务管理委员会"，全面负责被害人救助。[2] 笔者认为，建立专门的主管机构的必要性不大，还是在现行机构设置中解决问题为宜。从目前来看，各级司法行政机关依职责分工可以为陷入生活贫困状态的刑满释放人员组织提供社会救助，但被害人的社会救助工作迄今为止并未成为司法行政机关的职责，各级司法行政机关对此亦不够重视。将来，应当考虑进一步改革和扩充司法行政机关的社会救助职能，使之同时承担为刑满释放人员和刑事被害人组织提供社会救助职能。

至于把被害人社会救助纳入司法行政机关管理的依据和理由，主要在于两个方面：一方面，就专业属性而言，被害人社会救助属于诉讼外或司法外的社会工作，是社会工作在一个国家的法治建设领域中的具体运用，故也被

---

〔1〕 参见田鹏辉："构建我国刑事被害人社会保障制度之思考"，载《法商研究》2008 年第 3 期。

〔2〕 参见李科："刑事被害人报复犯罪的预防与实现路径"，载《湖北警官学院学报》2014 年第 10 期。

称为司法社会工作（Judicial Social Work）。[1]既然如此，它在政府主管方面就不应与一般的社会救助一样被置于民政部门的主管之下，而应被置于司法行政机关的主管之下。作为参照，我国现行的刑满释放人员社会救助工作也一直由司法行政部门负责管理。[2]既然刑满释放人员社会救助能采用这种机制，对刑事被害人的救助当然也能采用这种机制，二者在专业属性上并无不同。另一方面，它有利于社会资源的调动和衔接。司法行政部门具有社会资源调动的职责与经验，与司法有关的社会事务管理一直是我国司法行政部门的职责范围，其在刑满释放人员社会救助方面业已与民政部门建立长期的合作关系，无需太多投入即可适应刑事被害人社会救助在经验、流程和信息沟通等诸多方面的要求。建立这种管理机制以后，司法机关应当把刑事被害人精神救助事务剥离出来，交由司法行政部门负责，这样不仅可以节省司法资源，而且可以更加专注于自身的司法业务。

（二）衔接机构

刑事被害人社会救助需要一定的信息来源与早期协助，这些方面主要依赖于公安司法机关。公安司法机关承担刑事诉讼的侦查工作，其最早介入刑事案件并需要尽快从被害人口中了解刑事案件的案件事实和相关证据，对被害人的被害情况具有最早的了解。检察机关承担刑事诉讼的审查起诉工作，其在审查起诉过程中应当会见刑事被害人并借此调查核实相关案情或相关证据，故而对被害人是否需要获得社会救助具有更为深入的了解。对于急需获得救助的被害人，检察机关还应在帮助其获得社会救助前及时为之提供司法救助。人民法院对被害人的被害情况具有更为客观公正的认识。对于有赔偿能力的被告人，合议庭可以在附带民事诉讼中判处被告人向被害人作出赔偿。对于无赔偿能力的被告人，合议庭可以决定为被害人提供司法救助，也可以

---

〔1〕 在国外，司法社会工作这一名称的提出最早可以追溯到1879年召开的第一届美国慈善与矫正大会，时任主席简·亚当斯（Jane Adams）回顾了社会工作在矫正系统以及犯罪人、被害人救助系统中的已有贡献，提出了以司法社会工作的称谓来代表诉讼外的、与司法具有密切联系并且关乎社会正义的重要工作领域。参见井世洁、徐昕哲："针对性侵犯被害人的司法社工介入：域外经验及启示"，载《华东理工大学学报》（社会科学版）2016年第2期。

〔2〕 参见中国法律年鉴编辑部编辑：《中国法律年鉴》（2018年），中国法律年鉴社2018年版，第213页。

协调相关社会救助机构为被害人提供救助。

同时，作为社会救助对象的刑事被害人的范围不应限制在参加到诉讼程序（尤其是审判程序）中来的被害人，还应关注那些未能参与到诉讼中的被害人，但目前的一个难点在于无法精确地知晓究竟有多少被害人存在。对此，我们建议可以从三个方面入手：一是从办案机关获取被害人的信息，可以借鉴英国的做法，由办案机关将被害人的姓名、住址及相关信息提供给救助机构，再由后者对被害人展开救助；二是由被害人或其法定代理人提出救助申请，尤其是办案机关不予立案或撤销指控的案件中的被害人，可以请求救助机构给予必要的帮助；三是被害人以外的公民、团体在知悉案件发生后，也可以为救助机构提供案件和被害人的基本信息，以便于救助机构作出判断是否需要展开救助。同时，在经过司法机关确认或提供必要证据证明后，以下被害人应当重点考虑：（1）暴力犯罪的被害人；（2）同正在发生的犯罪作斗争试图阻止犯罪，或协助办案人员抓捕犯罪人而遭受侵害的被害人；（3）在受害后生活严重困难的被害人等。[1]

（三）统筹规划机构

如前所述，刑事被害人社会救助既有社会属性，更具司法属性，并且关乎社会的稳定和长治久安，而各级政法委员会既是公安司法机关和司法行政机关的领导机构，同时又负责社会综合治理以及维护社会稳定的工作，故可以成为被害人社会救助制度的统筹规划机构。

从目前来看，中央政法委已经领导或指导建立了司法救助制度，可以为符合生活贫困标准的刑事被害人提供一定的救助。2009年，中央政法委等八部门联合发布《意见》，要求各地党委政法委把开展刑事被害人救助工作摆上重要议事日程，加强对刑事被害人救助工作的组织领导，认真部署，协调、解决工作起步以及推进过程中遇到的实际困难和重大问题。要注意建立并不断完善刑事被害人救助工作的相关程序规则，严格规范提起、审批、发放、管理、监督等各个环节，做到有章可循，有据可依。要注重总结实践中的经

---

〔1〕 参见周登谅："中国刑事被害人救助的社会化研究"，载《华东理工大学学报》（社会科学版）2013年第6期。

验和遇到的问题，及时报告。相关部门要在党委统一领导下，各司其职，相互配合，确保刑事被害人救助工作顺利开展。2014 年，中央政法委等六部门发布了《意见（试行）》。该文件第 1 条认为，开展国家司法救助是中国特色社会主义司法制度的内在要求，是改善民生、健全社会保障体系的重要组成部分。当前，我国正处于社会矛盾凸显期、刑事犯罪高发期。随着越来越多的矛盾以案件形式进入司法领域，一些刑事犯罪案件、民事侵权案件，因案件无法侦破、被告人没有赔偿能力或赔偿能力不足，致使受害人及其近亲属依法得不到有效赔偿，生活陷入困境的情况不断增多。有的由此引发当事人反复申诉上访甚至酿成极端事件，损害了当事人合法权益，损害了司法权威，影响社会和谐稳定。基于这一认识，《意见（试行）》指出，实现国家司法救助工作制度化、规范化，对受到侵害但无法获得有效赔偿的当事人，由国家给予适当经济资助，帮助他们摆脱生活困境，既彰显党和政府的民生关怀，又有利于实现社会公平正义，促进社会和谐稳定，维护司法的权威和公信。

该文件印发以后，经过短短的 1 年时间，全国共计有 20 个省、自治区、直辖市的 130 余地出台了关于被害人司法救助的实施细则或实施办法，其中无锡市、宁夏回族自治区、包头市先后出台了地方性法规。[1] 之后，法院系统和检察系统的实施规范也相继制定和发布出来。2016 年，最高人民检察院颁布《工作细则（试行）》，使全国检察机关实施被害人司法救助工作有章可循。2019 年，最高人民法院连续颁布《程序规定（试行）》《文书样式（试行）》和《工作规则（试行）》，为全国法院系统实施刑事被害人司法救助工作提供明确而具体的行为规范。

尽管中国的刑事被害人司法救助制度在 10 年的实践中取得一定成效，但同时也凸显出诸多不足，其中最为人所诟病的就是救助条件过于苛刻而救助资金过低。因此，为了弥补现行司法救助的不足并为刑事被害人提供更多的获得救助的机会，中央政法委还应在现行司法救助制度的基础之上尽快统筹建立被害人社会救助制度。

---

〔1〕 参见赵国玲、徐然：“中国刑事被害人国家救助的现状、突围与立法建构”，载《福建师范大学学报》（哲学社会科学版）2015 年第 1 期。

统筹建立被害人社会救助制度主要应考虑以下几个宏观方面的具体问题：其一，被害人社会救助制度的性质是什么？其二，如何处理被害人社会救助制度与现行针对一般贫困人口的社会救助制度的关系？其三，如何对被害人社会救助制度与现行司法救助制度进行衔接？其四，是否应当建立不同于现行司法救助制度以及现行针对一般贫困人口的社会救助制度的救助标准？换言之，是沿袭二者的贫困标准还是确立更高的救助标准——"发展标准"或"适度补偿标准"？其五，在救助理念上，是进行"有限救助"还是坚持"尽量救助"？[1]对于这些具体问题，笔者将在后续文字中进行具体阐述和论证。

（四）立法机关

统筹建立被害人社会救助制度不应停留于发布类似于上述司法救助文件的层次，还应上升到立法层面。而这正是立法机关的工作。

首先，确认被害人享有获得社会救助的权利，使被害人社会救助事业从政策上升为法律。在理论上，福利的范围更多地受制于福利提供者的意愿和财力，而权利的范围则主要受制于权利主体的需求和法律的规定。[2]一方面，被害人社会救助获得权与被害人在受犯罪侵害后产生的社会救助需求密切关联，缺乏主体需求基础的权利是没有实质意义的。因此，解析被害人在受犯罪侵害后产生的各种救助需求，是探究被害人社会救助权利范围的基础。另一方面，并非被害人对社会救助的全部需求都能够被法律认可并上升为权利，作为权利基础的社会救助需求必须是合理的、可予规制的。只有那些合理的、可予规制的社会救助需求才能被法律认可并上升为权利。

其次，使被害人社会救助的责任从道义责任上升为法定责任。在前法治社会，被害人救助的社会责任主要是一种道义性的责任，但在现代法治社会

---

[1] "有限救助"理念也可以进一步解释为什么一些地方制定的刑事被害人司法救助文件长期难以得到实施，甚至被作为"内部文件"管理。其目的无非是为了保持法规政策秘而不宣或规范效力悬而不决，这样可以在一定程度上阻隔刑事被害人乃至一般社会公众完整地知晓本地区的相关救助规定〔参见赵国玲、徐然："中国刑事被害人国家救助的现状、突围与立法建构"，载《福建师范大学学报》（哲学社会科学版）2015年第1期〕。否则，正如一位笔者接触到的负责人曾说出的实情那样——真要救助的话，恐怕救助不过来，中国需要救助的刑事被害人太多了。

[2] 参见杨立雄："社会保障：权利还是恩赐——从历史角度的分析"，载《财经科学》2003年第4期。

则有必要上升到法定化的责任，从而使之成为社会力量的义务或被害人的权利，这就是被害人救助的社会责任从道义性到法定化的转变。在具体操作上，对被害人的社会救助完全可以比照对残疾人的社会救助，后者也经历了一个从道义责任到法定责任的长期转化过程。如今，从世界范围来看，包括我国在内，已经在很大程度上实现了残疾人救助社会责任的法定化。既然对残疾人救助的社会责任可以上升到法定责任，把对被害人救助的社会责任上升到法定责任同样可以实现。

最后，一旦被害人社会救助立法得以实现，还需要地方各级立法机关制定相应的地方性法规，对包括救助标准、救助方式、救助范围、资金筹集、信息沟通以及保障措施在内的相关具体事项作出具体规定。

第三章

获得社会救助是被害人的权利

被害人是一个刑法学上的概念，指直接或间接地受到犯罪侵害的自然人。目前，我国对被害人的社会救助被视为针对贫困人口的一般福利性的社会救助的一部分，统一适用 2019 年国务院发布的《办法（2019 修订）》。在这一制度框架下，被害人获得的社会救助在实质上属于贫困人口的"福利"，是政府对贫困人口的"恩恤"。[1] 换言之，被害人之所以获得此种"福利"或"恩恤"，并非因其身份是被害人，而是因其符合贫困人口的标准。

然而，把被害人社会救助当作贫困人口福利对待是不合理的。深入分析被害人的致贫原因、救助需求以及被害人社会救助的价值目标，不难发现被害人社会救助具有很大的特殊性。这种特殊性意味着对被害人的社会救助应当不同于对一般贫困人口的社会救助。同时，鉴于这种特殊性，我国应当建立专门的被害人社会救助制度，赋予被害人获得社会救助的权利，使之不再成为"躲在黑暗中独自哭泣的人"。[2]

一、关于"福利说"的反思：社会救助是被害人的福利吗？

关于被害人社会救助的性质，学界存在多种意见，其中主要包括"利益

---

〔1〕 参见陈彬："由救助走向补偿——论刑事被害人救济路径的选择"，载《中国法学》2009 年第 2 期。

〔2〕 参见晓武、周和："救助刑事被害人需要立法"，载《四川法制报》2016 年 7 月 13 日，第 03 版。

说""社会保障说""福利说"。[1]"利益说"论及的"利益"的涵义太过宽泛，难以在最低限度上说明被害人社会救助的特殊性。"社会保障说"与社会救助的目标不符，因为社会保障并非建立被害人社会救助制度的主要目的，在实践中被害人社会救助也未被纳入社会保障部门的职责范围。总体来看，"福利说"的观点似乎受到学界更多的推崇，甚至得到无锡市、包头市和宁夏回族自治区等地方立法的认可和支持。[2]

"福利说"认为，社会福利由全体社会成员共同创造，政府负有增进社会福利和确保公民社会福利需求的职责，在被害人因受犯罪侵害而陷入贫困境地时，政府理应运用社会福利机制予以救助。[3]按照"福利说"的观点，被害人社会救助以政府的财政水平为基础，是政府以"看得见的手"对社会资源进行的再分配，是人道主义观念在社会资源再分配领域的体现，不仅体现国家对被害人利益的保护，而且体现国家利益与人民利益的一致性。[4]同时，该理论还对被害人与犯罪人的福利待遇作了比较，认为犯罪人在被囚禁的情况下都能享受权利的保障和福利的待遇——国家每年要为维持或改善犯罪人的监舍、饮食和学习条件而投入大量资金，如果被害人因受犯罪侵害而陷入贫困却不能享受社会福利的覆盖，政府也不为之增加投入并提升相应的福利水平，这既不人道，更不公平。[5]

"福利说"肯定了对被害人提供社会救助的必要性，主张对被害人的社会救助应与犯罪人的人道待遇一样受到重视，因而有其可取之处。同时，"福利说"之所以得到学界的推崇，也和它契合于当前的国家立法和管理现状具有一定关系。就立法现状而言，国务院发布的《办法（2019 修订）》本身就是一部提高贫困人口福利的行政法规，被害人在事实上被涵盖于一般贫困人口

---

〔1〕　参见任克勤：《被害人学基本理论研究》，中国人民公安大学出版社 2018 年版，第 400~409 页。

〔2〕　参见任克勤：《被害人学基本理论研究》，中国人民公安大学出版社 2018 年版，第 403 页。

〔3〕　参见陈彬："由救助走向补偿——论刑事被害人救济路径的选择"，载《中国法学》2009 年第 2 期。

〔4〕　参见任克勤：《被害人学基本理论研究》，中国人民公安大学出版社 2018 年版，第 411~412 页。

〔5〕　参见汤啸天等：《犯罪被害人学》，甘肃人民出版社 1998 年版，第 266 页。

之中。根据《办法（2019 修订）》，如果被害人因陷入贫困而需要获得社会救助，也可以和一般贫困人口一样依据《办法（2019 修订）》向民政部门申请社会救助。同时，根据《办法（2019 修订）》第 1 条和第 2 条的规定，这种救助的目标是"保障公民的基本生活"，而"保障公民的基本生活"正是我国社会福利法规、政策的核心涵义和价值目标。就管理现状而言，事实上被害人社会救助未和刑满释放人员社会救助一样被纳入司法行政部门统筹管理，而是被纳入社会福利体系并由民政部门管理，而各级民政部门正是主管社会福利的政府机构。不仅包括儿童福利、老年人福利、残疾人福利和贫困人口福利在内的特殊人群福利事业都由民政部门管理，而且各地福利彩票和残疾人福利工厂也由民政部门负责管理。根据我国民政部官方网站的描述，民政部下设社会福利中心，该中心负责"参与社会福利工作的政策法规、发展规划、理论研讨和各类服务机构标准评定的调研、论证工作"[1]。因此，从上述两个方面来说，有的学者对被害人社会救助抱持"福利说"也不是没有理由的。

尽管如此，该说也一直受到学界的质疑。归纳起来，学界对"福利说"的质疑主要在于其存在的以下几点不足：其一，对被害人的社会救助不同于对一般贫困人口的社会救助，在被害人社会救助中过多强调生活困难的要素，会模糊被害人社会救助与一般社会福利在价值目标上的区别，从而弱化被害人社会救助的重要性。[2] 其二，被害人毕竟不同于普通的贫困人口，更不同于因失业、懒惰或患病而致贫的贫困人口，将遭受犯罪侵害的被害人视为社会福利救济的对象，不太符合被害人的心理感受，甚至还可能使被救助者感到羞辱。[3] 其三，依据"福利说"，既然被害人社会救助是一种福利，则被害人在实际获得这种福利之前通常需要接受严苛的资格审查，在资格审查合格之后还要经过繁复的申请程序，这些环节都可能为被害人带来"二次伤

---

〔1〕 具体信息参见民政部官网，网址为：www.mca.gov.cn，最后访问日期：2021 年 7 月 31 日。

〔2〕 对一般贫困人口的社会救助旨在实现分配公正，对被害人的社会救助主要关注司法公正。参见赵国玲、徐然："中国刑事被害人国家救助的现状、突围与立法建构"，载《福建师范大学学报》（哲学社会科学版）2015 年第 1 期。

〔3〕 参见任克勤：《被害人学基本理论研究》，中国人民公安大学出版社 2018 年版，第 403 页。

害"，甚至使其产生悲观或反社会的情绪。[1]除此之外，如果把被害人社会救助理解为社会福利，也难以解决以下两个方面的问题：一方面，"福利说"过于狭隘地理解了被害人社会救助的主体。社会救助的主体绝非止于政府，个人（含志愿者）、企业、民间组织、非政府组织（NGO，含社会团体）都可以成为被害人社会救助的主体。另一方面，被害人社会救助不限于经济层面的救助，还包括经济层面之外的其他多种形式的救助，如物资救助、精神救助、医疗救助、庇护救助、就业救助，法律救助，但"福利说"把被害人社会救助局限于经济层面，从而排除被害人获得其他形式的社会救助的可能。[2]

事实上，"福利说"的最大问题并不在于上述诸多方面。从根本上来说，如果认为对被害人的社会救助是一种福利，则意味着被害人社会救助只能针对贫困人口，从而否定被害人以"以被害人的身份"从社会上获得不同于贫困人口的社会救助的权利。尽管从广义上来说福利也是一种权利，但它只是一般社会救助对象共同享有的权利，无法体现被害人在身份属性上的特殊性以及被害人所需社会救助在内容上的特殊性。一个明显的标志就是，被害人在申请这种救助时，其需要履行的程序性义务并非证明自己是"被害人"，而是证明自己是"贫困人口"，即被害人只有作为"贫困人口"才有资格获得这种福利。显而易见，对"福利说"的反思，目的并不是要否定福利本身的权利属性，而是要强调被害人应当享有获得不同于贫困人口的社会救助的权利。

在具体操作上，把被害人社会救助作为一般社会福利对待也会面临一定的困境。现行《办法（2019 修订）》中的社会救助以贫困人口为福利覆盖对象，完全没有明确对被害人这个特殊群体作出任何规定。以北京为例，该市民政局公开的社会救助情况分为两类：一是临时救助；二是城乡低保、城乡

---

〔1〕　参见任克勤：《被害人学基本理论研究》，中国人民公安大学出版社 2018 年版，第 403 页。

〔2〕　有时候，由被害人的救助需求所决定，其他形式的社会救助甚至比经济救助更重要。例如，在莫焕晶纵火案中，被害人林先生经济条件尚好，其所需要的社会救助主要在于精神层面。

特困人员的救助，其历年数据中没有被害人救助一项。[1] 在被害人不被作为社会福利覆盖的一个子类对待的情况下，怎么体现被害人的福利？更重要的是，由于社会福利主要是一个物质性或经济性的概念，把被害人社会救助作为福利对待是否意味着救助部门可以怠于提供包括精神救助在内的其他形式的社会救助，甚至把它们排除在外也无须受到道德上或法律上的责难？如此一来，对那些属于社会贫困阶层的被害人而言，即便其获得救助，结果也仅仅是在一定程度上弥补其受到的经济损害而已，而经济损害之外的其他救助需求则难以得到满足。同时，对于那些在福利覆盖范围之外，不属于贫困人口的被害人而言，不但无法得到经济救助，而且在事实上也被剥夺了从救助机构获得经济救助之外的其他形式救助的机会，这也容易给救助机构拒绝向被害人提供包括精神救助在内的其他形式的社会救助提供借口。由此可见，如果把被害人社会救助理解为一种福利，对被害人——无论是否属于贫困人口，获得其他形式的社会救助也是不利的。

综上所述，对被害人的社会救助相较于对贫困人口的社会救助在救助目的、救助标准、救助内容、救助方式和救助机制等诸多方面都是不同的。"福利说"把被害人社会救助和贫困人口社会救助混为一谈，不但否定了被害人不同于贫困人口的特殊性，而且否定了被害人社会救助不同于贫困人口社会救助的特殊性，从而弱化被害人社会救助制度的独特性和重要性。

二、获得社会救助应当成为被害人的权利

基于上文论述，在"福利说"的语境下，对被害人的社会救助在本质上是一种"社会福利"，而不是被害人应当享有的权利。然而，福利和权利是有差异的，二者具有本质的不同。在形式上，福利表现为被害人获得一定的物质利益，而权利则表现为被害人具备从社会获得帮助的法律资格。在依据上，权利是法定的，而福利则不一定是法定的，福利的依据可以是法律，也可以是国家政策或部门的命令、决定。换言之，作为福利的被害人社会救助不具

---

[1] 参见该局官方网站的信息公开项，网址为：http://mzj.beijing.gov.cn/col/col427/index.html，最后访问日期：2021 年 7 月 31 日。

有权利那样的稳定性，它完全可能成为一种基于当地政策的权宜之计。此外，权利的享有具有平等性，而福利的享有则不要求平等性。在"福利说"的语境下，刑事被害人难以主张获得社会救助机会的平等性，对刑事被害人的社会救助完全可能成为一种因人而异的"恩赐"。

既然如此，对"福利说"的反思应当站在被害人权利保护的视角——充分认识社会为被害人提供救助的责任，把被害人获得社会救助确立为一种法律资格，使之具备权利应当具有的法定性、稳定性和平等性。相应地，在"社会救助获得权"的语境下，社会对被害人的救助不再被视为一种"福利"，而是一种责任，其目的也不限于解决被害人的生存问题，而且还要着眼于解决被害人的发展问题。至于被害人是否因被害而面临生活困难，这不应属于救助的决定性因素。

作为一项逻辑上的任务，下文论证了确立这一权利的正当性、合理性和必要性。

（一）正当性：把获得社会救助确立为被害人之权利的法律依据何在？

关于权利的依据，我国秉持不同于西方"神权论"或"自然权论"的法定权利观。[1] 在法定权利观下，无论权利的表现形式为何，它们都来源于立法者制定的法律，并需要得到法律的维护与保障。[2] 在我国现行法律框架下，被害人获得社会救助的权利具有以下制定法的依据：

1. 宪法

宪法是权利之源。被害人获得社会救助的权利在我国具有宪法上的依据，这个依据就是《中华人民共和国宪法》（以下简称《宪法》）第 33 条关于人权保护的规定。根据我国在人权问题上的基本观点，人权保护的首要保护内容就是生存权和发展权，没有生存权、发展权，其他一切人权均无从谈起。对许多被害人而言，特别是对那些不能从犯罪人处获得赔偿或从国家获得补

---

〔1〕　神权论认为权利来源于神或上帝的授予，是神或上帝的意志的体现。文艺复兴之后，人的主体地位得到了肯定，人性也相应地得到极大的解放，这个时期的法学家不再从神或上帝那里寻找权利的外在依据，转而从自然法寻找权利的依据，认为人人生而具有生命权、安全权、财产权等自然权利。参见余海洋："权利的来源——评《你的权利从哪里来》"，载《湖北警官学院学报》2014 年第 12 期。

〔2〕　参见尹奎杰："权利发展与法律发展的关系论略"，载《河北法学》2010 年第 10 期。

偿的被害人来说，社会救助几乎成了平复其因遭受犯罪侵害而导致的经济损害和身心创伤的唯一途径。如果这些被害人不能获得社会救助，其基本人权——生存权也好，发展权也罢，都难以得到保障。

2. 立法性文件

为加强对被害人基本人权的保护，我国自 21 世纪初开始探索建立被害人救助制度。2009 年，中央政法委主导发布《意见》，该文件虽不是正式意义上的法律，但具有一定的立法性质，故也可以为被害人获得社会救助的权利提供一定依据。该文件规定，开展刑事被害人救助工作是在当前相关法律制度尚未建立的特殊时期，为解决刑事被害人特殊困难而采取的一种过渡性安排，既不同于国家赔偿，也有别于现行其他社会救助。各地要结合本地情况，就开展刑事被害人救助工作作出部署，根据本意见制定具体实施办法，并在实践中不断总结、完善，切实发挥维护稳定、促进和谐、救助急迫、有利于刑事案件依法妥善处理的积极作用。根据该条文原意，对被害人的社会救助最终将以法律的形式作出规定，使之上升为法律权利。在此之前，整个社会都要积极为被害人提供必要的救助，切实维护好刑事被害人的合法权益，在被告人及其他赔偿义务人无力赔偿的情况下，帮助刑事被害人解决基本生活方面的突出困难。

3. 地方性法规

在《意见》的要求下，全国已有多个省份开展了刑事被害人社会救助的试点工作，一些省份的地、市已专门制定了适用于本地的被害人社会救助规范性文件。例如，2011 年 12 月 27 日，包头市第十三届人民代表大会常务委员会第三十一次会议通过《包头市刑事被害人困难救助条例》。该条例于2012 年 5 月 30 日由内蒙古自治区第十一届人民代表大会常务委员会第二十九次会议批准，自 2012 年 7 月 1 日起施行。

4. 我国加入的国际法律文件

从目前来看，被害人获得社会救助的权利业已构成国际社会的共识，也得到了我国加入或签署的诸如《联合国宪章》《世界人权宣言》以及《公民权利和政治权利国际公约》等国际法律文件的确认。

（二）合理性：社会因何对被害人负有救助的责任？

合理性旨在进一步解释权利与责任之间的对应关系。从目前学界的研究成果来看，犯罪学理论、犯罪的社会危害性理论、社会防卫理论均可从不同角度诠释被害人缘何可以从社会得到救助，而社会又缘何应当为被害人提供救助。

1. 犯罪学理论的诠释

社会的救助责任与被害人获得救助的权利之间的对应关系可以在犯罪学理论中得到支持。在西方犯罪学中，社会学派认为犯罪不纯粹是犯罪者个人的问题，社会对犯罪的产生也负有一定的责任。既然如此，社会就不应对需要救助的被害人袖手旁观。我国的犯罪学理论同样承认社会在犯罪形成中的作用。一方面，从具体的犯罪行为的产生来讲，一个人走上犯罪道路当然是在他的犯罪心理支配下实施的，但犯罪人为何产生犯罪心理，为何最终在犯罪心理的支配下选择犯罪，如何确定犯罪的时间、地点和手段，如何权衡各种利害关系，都不可避免地要受到其所处的社会环境的影响。[1] 另一方面，作为辩证唯物主义与历史唯物主义的一个基本观点，犯罪本身就是一种社会现象，这种社会现象既是社会关系病态的反映，也是一定社会的物质生活条件的必然产物。失业、贫困、贫富差距、利益冲突、居住条件恶劣等社会问题尤其容易成为犯罪的催化剂。[2] 显而易见，在我国的犯罪学理论中，尽管犯罪人应当为自己的行为负责，但社会也对犯罪的产生具有一定的影响。既然如此，在犯罪人作为加害者无法赔偿被害人的情况下，由社会向被害人提供必要的救助在逻辑上和法理上都是合理的。

2. 犯罪的社会危害性理论的诠释

任何犯罪都有不同程度的社会危害性。有的犯罪的社会危害性是间接的，比如人身伤害型犯罪。有的犯罪的社会危害性是直接的，比如反社会型的犯罪以及危害公共安全犯罪或妨害社会管理秩序犯罪。社会的救助责任与被害人获得救助的权利之间的对应关系，同样可以在犯罪的社会危害性理论中得

---

〔1〕 参见张玉："论犯罪心理形成的相关因素"，载《求实》2009 年第 C2 期。

〔2〕 参见邱国樑："我国犯罪学理论的几个问题"，载《刑侦研究》1999 年第 1 期。

到诠释。就反社会型犯罪而言，犯罪者意图侵害的对象是社会，犯罪行为实际侵害的对象却是个人。在此类犯罪中，犯罪者意图侵害的对象与犯罪行为实际侵害的对象发生分离，犯罪行为导致的损害或伤害的结果并非由社会直接承担，而是由被害人直接承担。[1] 危害公共安全犯罪或妨害社会管理秩序犯罪同样如此。在此类犯罪中，犯罪者意图侵害的对象也不一定是被害人，甚至被害人对犯罪的发生也没有任何过错，但犯罪行为实际侵害的对象却是个人，犯罪行为导致的损害或伤害的结果往往也由被害人直接承担。在危害社会主义市场经济秩序罪中，以电信诈骗犯罪、集资诈骗犯罪和非法吸收公众存款犯罪为例，尽管被害人具有一定过错，但其在为自身过错付出代价的同时也在为某些社会问题买单。社会应当对被害人予以适当救助，这样才符合正义原则。

3. 社会防卫理论的诠释

社会防卫理论的目标是维护社会安定与构建和谐社会。为此，这一理论主要关注三个方面的任务，即打击既有犯罪、防止增量犯罪和培养守法观念，这三个方面均可诠释社会的救助责任与被害人获得救助的权利之间的对应关系。首先，把社会救助纳入被害人权利体系是打击犯罪和激励社会同犯罪作斗争的需要。根据社会防卫理论，打击犯罪是对公民和社会的保护，但它不能代替对被害人的保护。相反，保护被害人的权利却具有打击犯罪和预防犯罪的双重功能。国家和社会通过制定保护被害人的法律政策以及建立被害人社会救助体系，可以使人们更多地了解被害人的境遇和心灵创伤，增强正义感和与犯罪作斗争的责任感，使之认识到包括自己在内的每一个社会成员都可能成为犯罪的牺牲品，成为无辜的被害人。[2] 同时，根据社会防卫理论，为了提高刑事案件的破案率，应当鼓励被害人主动报案，揭露犯罪人，积极配合警方逮捕犯罪人，从而形成强有力的社会防卫体系，增强社会防卫功能。相反，如果漠视被害人的被害状态，疏于对被害人进行社会救助，势必在追诉犯罪过程中失去被害人的配合。[3] 其次，把社会救助纳入被害人权利体系

---

〔1〕 参见王圆圆："报复社会型犯罪的概念及特征分析"，载《法制与社会》2014年第35期。

〔2〕 参见田思源：《犯罪被害人的权利与救济》，法律出版社2008年版，第131页。

〔3〕 参见任克勤：《被害人学基本理论研究》，中国人民公安大学出版社2018年版，第406页。

也是防止犯罪增量的需要。被害人遭受犯罪侵害后有惩罚犯罪、赔偿损失等的心理需求。当这两个愿望不能得到满足时，被害人的挫败感就会增强，物质资源日益紧张、精神状态每况愈下，此时无论在物质上还是在精神上都急需来自社会的帮助和救济。当穷尽了公力救济和合法的私力救济之后，又缺乏来自社会的支持力量时，被害人走投无路，只能铤而走险了。[1] 更为严重的是，社会救助的缺乏还容易导致被害人与国家、社会之间的紧张关系，造成被害人对社会正义的扭曲理解，从而使其为了自身的被害恢复而走向报复社会的道路。[2] 许多反社会型的犯罪就是这样形成的。最后，把社会救助纳入被害人权利体系还能促进守法观念的形成。美国犯罪学家弗兰西斯·卡伦曾经指出，社会救助具有缓冲器的功能，它能培养一个人利他的观念或行为——在被害人得到足够的社会支持时，这种获得感对减少其心理创伤和增强其守法意识具有重要作用，从而可以将刑事被害人带入守法的良性循环。[3] 总之，关于社会防卫和赋予被害人社会救助权利之间的关系，卡伦曾经有过实证研究结论，即社会救助权利的实现程度与被害人犯罪的可能性成反比——在一个给予被害人社会救助越多的社会，其犯罪的可能性就越低；而在一个给予被害人社会救助越少的社会，其犯罪的可能性就越高。[4]

（三）必要性：促进被害人与犯罪嫌疑人或被告人在权利保护上的平衡

长期以来，在被害人权利保护的立法配置上，一直存在较之于犯罪嫌疑人或被告人权利保护的失衡现象。[5] 这种失衡现象的一个显著标志，就是包括沉默权制度、无罪推定制度、辩诉交易制度、非法证据排除制度、未成年

---

〔1〕　参见兰跃军、廖建灵："作为一种犯罪现象的被害人'恶逆变'"，载《上海法学研究》（集刊）2019 年第 3 卷。

〔2〕　参见田思源：《犯罪被害人的权利与救济》，法律出版社 2008 年版，第 130 页。

〔3〕　参见曹立群、任昕主编：《犯罪学》，中国人民大学出版社 2008 年版，第 94 页。

〔4〕　参见曹立群、任昕主编：《犯罪学》，中国人民大学出版社 2008 年版，第 92 页。

〔5〕　对于这种失衡现象，法学界难辞其咎。长期以来，基于刑事被告人面对强大的国家追诉机器所反衬出来的弱势，法学界（特别是刑法和刑事诉讼法学界）主要关注犯罪嫌疑人或刑事被告人的人权保护问题，结果导致对被害人权利保护问题的研究反而不及对犯罪嫌疑人、被告人或犯罪人权利保护问题的研究。这种学术现象在未成年司法领域尤为突出，整个未成年司法领域的学者们都在反复讨论和不断强调如何加强对未成年犯罪人的权利保护，而对未成年人犯罪被害人的权利保护问题却采取视而不见的态度。显然，这种失衡的学术研究必然在一定程度上导致被害人权利体系在立法上的不足，从而加剧被害人权利保护较之于犯罪嫌疑人、被告人或犯罪人权利保护之间的失衡。

人犯罪司法制度在内的现行刑事司法人权保护制度绝大部分都是为犯罪嫌疑人或被告人量身定制的。而在被害人的权利保护问题上，立法至今仍止步于如何保障其应有的诉讼地位这样一个陈旧的话题，以至于在被害人社会救助问题上一直没有取得应有的实质性的进展。[1]2012 年《刑事诉讼法》修改时，无论理论界还是实务界都期望该法的修改能对被害人权利保护作出更多规定，但其实该法修改的重点是犯罪嫌疑人和被告人的权利保护，最终在被害人权利保护方面没有加入任何有实质意义的条款，更谈不上涉及被害人社会救助权利的规定。不仅如此，此后最高人民检察院于 2014 年发布的《最高人民检察院关于依法保障律师执业权利的规定》（以下简称《规定》）反而对被害人权利作了不必要的限缩。例如，该《规定》第 6 条对辩护人的阅卷权规定为"应当允许"，而对被害人代理人的阅卷权则作了"经人民检察院许可"和"也可以"的限定。

在实践中同样如此。司法行政部门每年都对刑满释放人员进行社会救助并纳入统计数据，但对被害人的社会救助情况没有任何统计。[2]在民政部门针对一般社会贫困人口的社会救助名目中以及在各地政府民政部门信息公开的数据中，被害人的社会救助情况同样没有得到任何反映。[3]不仅如此，国家每年在被害人权利保障方面的投入也远逊于在犯罪人权利保障方面的投入。以 2017 年为例，全国监狱系统经费支出共计 861 亿元，而全国城乡最低生活保障支出只有 640.1 亿元（农村 0.105 亿元，城市 640 亿元），二者相差 220多亿元。[4]在上述 640.1 亿元的最低生活保障支出中，扣除特困人员救助、

---

〔1〕　当然，这个问题并非中国独有。美国学者雷格尼里（A. S. Regnery）早在 20 世纪 70 年代也指出过美国刑事司法领域的这个问题。其在"1979 年美国国会的被害人立法情况"（1979 Victim Legislation in the US Congress）中写道，在美国刑事司法制度中，每一个可想到有援助和支持作用的方面，都给予了被告人，刑事被害人成了被遗忘的角落。See A. S. Regnery, 1979 Victim Legislation in the US Congress：From Victim in International Perspective, *National Criminal Justice Reference Service*, *Hans Joachim Schneidered*, 1982, pp. 375-380.

〔2〕　这一点可以从《中国法律年鉴》的统计空白得到反映。参见中国法律年鉴编辑部编辑：《中国法律年鉴》（2018 年），中国法律年鉴社 2018 年版，第 213 页。

〔3〕　参见该局官方网站的信息公开项，网址为：http://mzj. beijing. gov. cn/col/col427/index. html，最后访问日期：2021 年 2 月 1 日。

〔4〕　参见中国法律年鉴编辑部编辑：《中国法律年鉴》（2018 年），中国法律年鉴社 2018 年版，第 207 页。

生活无着落人员救助和临时救助的支出，能有多少分配到被害人社会救助上？这是不难得出结论的。[1]因此，基于此种现状，为了扶正犯罪人和被害人之间权利保护的失衡状态，实现现代刑事司法和社会正义理论倡导的权利对等和均衡保护的目标，立法很有必要把被害人获得社会救助的权利纳入被害人的权利体系中，以增加被害人权利体系较之于被告人或犯罪人权利体系的比重。

三、权利的范围：被害人有权获得哪些社会救助？

在理论上，福利的范围更多地受制于福利提供者的意愿和财力，而权利的范围则主要受制于权利主体的需求和法律的规定。[2]一方面，被害人社会救助获得权与被害人在受犯罪侵害后产生的社会救助需求密切关联，缺乏主体需求基础的权利是没有实质意义的。因此，了解被害人在受犯罪侵害后产生的各种救助需求，是探究被害人社会救助权利范围的基础。另一方面，并非被害人对社会救助的全部需求都能够被法律认可并上升为权利，作为权利基础的社会救助需求必须是合理的、可予规制的。只有那些合理的、可予规制的社会救助需求才能被法律认可并上升为权利。

关于被害人对社会救助的需求和法律（以及为促进此项立法而制定的政策）对社会救助需求的认可或支持之间的对应关系，可以参考加拿大刑事被害人学者欧文·沃勒关于被害人的核心需求与可予立法（及为促进此项立法而制定的政策）应对的措施之间对应关系的图表。在其中，沃勒把它们总结为 8 个方面。

---

〔1〕　在国外，比如加拿大，也存在同样的问题。立法者们也承认政府对监狱的预算大幅增加而对一些帮助被害人康复的服务项目的投入却明显不足。参见［加］欧文·沃勒著，曹菁译：《被遗忘的犯罪被害人权利——回归公平与正义》，群众出版社 2017 年版，第 30 页。

〔2〕　参见杨立雄："社会保障：权利还是恩赐——从历史角度的分析"，载《财经科学》2003 年第 4 期。

被害人的核心需求与可予立法（及为促进此项立法而制定的政策）应对的措施[1]

被害人的核心需求		有权享有的相关立法和政策的实施
支持		
1	得到身份认可和情感支持	接受过培训的危机支持与心理咨询组织或人员，既包括非正式的，也包括专业的
2	得到关于刑事审判、案件进展、相关服务和援助、被害恢复的信息	及时提供有关执法、刑事审判和被告服刑、案件进程、援助服务以及被害人所需的复健信息
3	协助获得实用性服务、医疗服务和社会服务	主张和支持破损修复、实际帮助、社会服务以及其他服务
公义		
4	在支付由于犯罪被害而形成的账单时得到帮助	设立和落实急救基金犯罪赔偿，建立国家补偿制度，提供免费的医疗和心理治疗及康复
5	免受被告伤害，人身安全得到合理保护	预防再次被害，保护被害人免受来自被告的威胁、报复和伤害
6	在司法程序中享有话语权	保障被害人能够选择就安全、犯罪赔偿、案件真相和公平正义等问题出庭辩护，或由法律代表代理辩护的权利
善政		
7	优良的公共安全环境	落实现代化犯罪防控和预防被害策略
8	政府的具体实施措施	进行绩效考核和以被害人为对象的问卷调查

在上述图表中，左列是被害人的社会救助需求，右列是表现为"被害人有权享有的相关立法和政策实施"的应对措施，即国家或社会的责任或被害人的权利。其中，第2项和第6项属于法律救助的内容，可以合为一项社会救助权利；第8项则属于纯粹的政府行政责任，不宜纳入社会救助权利的范围，应当予以排除。这样一来，关于被害人社会救助权利的范围，可以在参考沃勒图表的基础上进一步明确为以下几个方面：

---

〔1〕 参见［加］欧文·沃勒著，曹菁译：《被遗忘的犯罪被害人权利——回归公平与正义》，群众出版社2017年版，第33页。

1. 获得经济救助的权利

经济救助主要是指以货币形式提供的救助，代表一定额度货币的购物卡也可以视为经济救助的范畴。由于被害人没有类似于交通肇事被害或责任事故被害那样的保险赔付制度，经济救助对于被害人解决生活困难的重要性不言而喻。如果被害人有生产或恢复生产的需求，除了获得现金给付，应当有权从社会获得必要的贷款支持。对于那些因受犯罪侵害而死亡或丧失劳动能力的被害人而言，其受养人或近亲属属于间接被害人，此类被害人也应有权从社会获得经济救助。其中，被害人的在学子女应当有权从社会获得助学金或奖学金的救助。

2. 获得物资救助的权利

经济救助虽有操作简易的优点，但不一定能达到具体的救助效果，同时也易被用于日常生活之外的目的。因此，作为经济救助的替代，可以对被害人给予物资救助。物资救助可以体现为被害人所需的食品、衣物、家具以及日常用品，也可以体现为肢体辅助器具、体能恢复器具以及其他相关设备设施，等等。对于有物资需求的被害人，社会应当像对待自然灾害受害者那样，向被害人提供物资救助。特别是对于年老、体弱或行动不便的孤寡被害人，物资救助还可以为之省去难以承受的体力劳动。

3. 获得医疗救助的权利

遭到暴力犯罪侵害的被害人可能因为身体受伤而需要得到医疗救助，这是经济救助或物资救助难以替代的。医疗救助主要是为被害人提供所需的医疗机构、专业医师等医疗资源以及身心康复所需的诊疗服务。提供医疗救助的主体并不限于医疗机构或其工作人员，个人（含志愿者）、企业、民间组织、非政府组织（NGO，含社会团体）以及处理案件的警察也可以帮助被害人进行医疗救助。对于身体受到伤害需要紧急送医的被害人，上述相关救助主体应将被害人快速送医。对于身体受伤危及生命的被害人，应当提供急救服务。对于受到性犯罪侵害的女性被害人，实施医疗救助的人员不但要告知其被传染性病或怀孕的可能性，而且还要尽快采取相关的医疗救助措施。

4. 获得庇护救助的权利

庇护救助旨在帮助被害人免受犯罪人的再次伤害并使之获得必要的安全

感。为了避免再次受到侵害，被害人总是希望自己的人身安全能够得到庇护，这样才能摆脱恐惧心理。通常，在寻衅滋事和家庭暴力之类的犯罪中，由于被害人持续受到暴力或软暴力的侵扰，被害人的这种需求更为强烈而迫切。庇护救助需要一定的场所和设施，各地可以参考 2016 年《反家庭暴力法》实施以后一些地方建立"家庭暴力受害者庇护中心"的做法，为被害人建立庇护中心，或把"家庭暴力受害者庇护中心"改造为综合性的庇护中心，为包括刑事被害人在内的各类受害人提供庇护服务。庇护中心不能仅仅提供食宿等基本救助服务，还要提供法律援助、医疗救助、心理帮助等专业性的救助服务。这些专业性的庇护服务可由律师、心理咨询师以及社区志愿者提供，高等院校的专业师生也可以参与其中。同时，庇护救助还需要治安警察的参与和帮助，因为治安警察往往是被害人最初接触的专业人员，对被害人的受害情况以及庇护需求比较了解。

5. 获得精神救助的权利

犯罪对被害人带来的不只是经济损失，也有精神损害。相应地，只要存在精神损害，国家和社会就应尽可能为之提供精神救助，这和经济救助是一样的道理。不过，精神救助不像经济救助那样可以简单地通过给付一定数额的货币或票据而完成，其在具体救助方式上主要表现为精神抚慰和精神疏导，即以精神手段为遭受精神损害的被害人提供救助。在现实中，近年发生的一系列影响性案件也使人们越来越多地关注对被害人的精神救助问题。例如，2011 年发生的安徽中学女生周岩毁容案、2016 年发生的中国留日学生江歌被杀案、2017 年发生于杭州的保姆莫焕晶纵火案以及 2019 年发生于大连的未成年人蔡某某强奸杀人案，它们无不引起社会舆论的强烈反响并激发人们对精神救助问题的关注。特别是在未成年人犯罪案中，犯罪人往往由于未满法定刑事责任年龄而不被追究刑事责任或不被判处特定刑罚，被害人在心理上难以借由犯罪人受到刑罚制裁而得到抚慰，因而尤其需要从社会获得精神救助。

6. 获得法律救助的权利

法律救助不限于传统意义上的法律援助，也包括其他相关的法律帮助。律师是为被害人提供法律救助的主要社会力量，高等法学院校的专业师生以及退休的法官、检察官也可以成为法律救助的专业社会力量。就诉讼前而言，法律救助的主要内容在于向被害人提供法律咨询，告知其依法享有的各种权利。就诉讼中而言，法律救助的主要内容在于为被害人提供及时而准确的诉讼信息，帮助被害人提起刑事附带民事诉讼。就诉讼后而言，法律救助更多地体现为与法律相关的人文关怀，既包括告知被害人如何保护自身的安全，也包括协助或代理被害人申请司法救助或寻求社会救助，还包括向被害人提供有关其权利、相关救助机构以及能够帮助被害人身心恢复的各种法律信息资源。

四、被害人获得社会救助的权利在我国的立法化

如前所述，尽管被害人获得社会救助的权利在我国当前具有一定的宪法、立法性文件和地方性法规的依据，但宪法、立法性文件和地方性法规对这一权利的规定还不够具体，也不够明确。在这种情况下，我国仍需进一步对被害人获得社会救助的权利进行立法，以使之明确化和具体化。

在具体操作中，我国对这一权利的立法模式不外乎三种选择：其一，单独制定被害人社会救助法律或法规，在其中对被害人获得社会救助的权利作出明确而具体的规定，此可谓单独立法模式。其二，制定综合的被害人救助法律或法规，把被害人获得社会救助和司法救助的权利一并作出规定，此可谓综合立法模式。日本是采用这一立法模式的国家。该国于2004年制定的《犯罪被害人法》把被害人社会救助制度与刑事司法保护制度、司法救助制度、国家补偿制度规定在一起，要求被害人社会救助机构与综合卫生部门以及福利部门进行整合，以帮助被害人获得包括心理康复和情绪复原在内的社会救助。[1]不过，由于综合立法模式要求建立跨越法院、检察院、民政部门或司法行政部门的综合救助管理机制，我国采用这一模式将面临较大的技术性障碍。其三，分散立法模式，即在宪法、人权法、被害人保护法、刑事诉讼法或专门的被害人保护法中分别对被害人获得社会救助的权利作出规定。美国是采用这一立法模式的国家。在联邦层面，该国先后通过了《犯罪被害人法案》（Victims of Crime Act，1984）、《普遍公正法》（General Justice Act，2004）、

---

〔1〕　参见［加］欧文·沃勒著，曹菁译：《被遗忘的犯罪被害人权利——回归公平与正义》，群众出版社2017年版，第98页。

《性侵被害人法案》(Sexual Assault Survivors Bill, 2016)等与被害人权利保护相关的法律,比较全面地规定了被害人获得社会救助的权利,即在一切被害人需要的领域,向其提供并使其获得相应的服务,以保障被害人能得到必要的援助和支持。[1] 各州也有自成体系的被害人社会救助法律。以加州为例,被害人获得社会救助的权利可以在该州宪法、加州《被害人权利法案》(California's Victims'Bill of Rights, 2008)以及《被害人补偿法案》(Compensation for Victims of Crime Amendment Act, 1979)等法律中找到依据。不过,分散立法模式更为适合英美法系国家的立法传统,移植这一立法模式意味着法律体系的重大结构性变动。

相对而言,上述中单独立法模式在我国更为可取。这种立法模式适合我国的部门立法传统,在实务界也得到一定支持。例如,时任全国人大代表、河南省高级人民法院院长张立勇曾提交关于制定刑事被害人社会救助法的建议,主张建立对被害人社会救助单独立法。[2] 在被害人社会救助单独立法模式下,被害人获得社会救助的权利在我国的立法化应重点关注以下几个方面:

1. 发展被害人社会救助专业机构

被害人社会救助专业机构承担救助工作的具体实施任务。这类机构可以是政府设立的,也可以是民间成立的。在国外,由"小政府大社会"的理念所决定,被害人社会救助主要依赖民间机构完成,民间被害人社会救助专业机构是被害人社会救助的重要力量,其中比较著名的有美国的"全美被害人援助组织(National Organization for Victim Association, NOVA)"、英国的"被害人支援协会(Victim Support, VS)"、德国的"白环组织(Weisser Ring)"以及日本各地的"被害人援助中心"。[3] 这些机构由法学、医学、社会学、心理学和精神病学等领域的专家以及志愿者组成,既可以提供经济救助,也可以提供经济救助之外如精神救助等其他各种形式的专业救助。[4]

---

〔1〕 参见[加]欧文·沃勒著,曹菁译:《被遗忘的犯罪被害人权利——回归公平与正义》,群众出版社2017年版,第43页。

〔2〕 参见吴倩、乔良:"健全刑事被害人社会救助机制",载《河南法制报》2013年3月7日,第3版。

〔3〕 参见田思源:《犯罪被害人的权利与救济》,法律出版社2008年版,第113~117页。

〔4〕 参见田思源:《犯罪被害人的权利与救济》,法律出版社2008年版,第111页。

迄今为止，我国尚无类似于上述西方国家那样有影响力的被害人社会专业救助机构。在现实中，中华全国妇女联合会、中国妇女儿童医疗卫生基金会可以对遭遇犯罪侵害的妇女儿童提供一定的社会救助，前述各地的"家庭暴力受害者庇护中心"可以为家庭暴力犯罪的被害人给予一定的社会救助，高等法学院校的"法律诊所"可以为被害人提供法律方面的社会救助。但总体而言，我国的被害人社会救助专业机构还有巨大的发展空间，其中民间的被害人社会救助专业救助机构尤其需要国家为之提供宽松的政策环境和完善的立法保障。

2. 建立被害人社会救助基金

建立被害人社会救助基金是从经济上对被害人进行社会救助的有效手段。1985 年联合国通过的《宣言》第 13 条要求，各成员方应当鼓励设立、加强和扩大被害人救助基金。美国、日本和我国台湾地区均设立了这种基金。[1]基金的来源一般是政府投入和社会捐助。政府投入实质上是源于社会的国家税收，其中美国对基金的政府投入除了国家税收还有刑事罚金。[2]就我国现阶段而言，鉴于政府在社会生活各方面居于主导地位的现实，基金的筹集应当以政府投入为主，在此基础上可以发挥社会力量的作用，鼓励社会资金的投入。在政府投入方面，中国完全可以借鉴美国的做法，在条件成熟时把刑事罚金的一部分或全部投入被害人社会救助基金，使之成为被害人救助基金的一个稳定来源。

救助基金的给付条件既可以是补充性的，也可以是发展性的。被害人在接受国家司法救助之后仍然面临生活困难的，有权获得补充性的基金救助。同时，对于有的被害人来说，即使其可能不符合接受国家司法救助的条件，仍然有权获得基金救助，以满足自身基本生产或生活的需要，或受养人的养老之需，或供养人的教育之需。

3. 合理设定被害人社会救助条件

从域外立法和我国有关规范性文件来看，被害人社会救助条件大体可以

---

〔1〕 参见任克勤：《被害人学基本理论研究》，中国人民公安大学出版社 2018 年版，第 416 页。
〔2〕 参见任克勤：《被害人学基本理论研究》，中国人民公安大学出版社 2018 年版，第 416 页。

分为消极条件和积极条件两个方面。消极条件是针对不予救助的情形作出规定。例如，如果被害人业已从被告人处获得充分的经济赔偿，社会救助机构可以不再向被害人提供经济救助。积极条件是针对需要救助的情形作出规定。一般来说，只要被害人遭受犯罪侵害后在经济、医疗、安全庇护、精神状况、法律服务和基本生活物资方面陷入困境并需要救助，原则上就可以获得社会救助。

在经济救助方面，被害人社会救助主要以"救急"和"弥补"为目标，故救助条件不能过严或过苛。例如，就现阶段而言，在被害人社会救助制度中规定接受救助的被害人"不能有小汽车或高档住宅"是合理的，但规定接受救助的被害人不能有基本住房，不能有手机、电视或不能养猫狗之类的宠物，就是不合理的。那么，能否对被害人获得社会救助设定额外的价值评判标准并把它作为是否给予救助的条件呢？对于这个问题，完全可以中立地看待。如果从人权保障的层面进行审视，更容易发现它是完全没有必要的。因此，即使被害人曾有吸毒史、犯罪史、劳改史或曾违反计划生育政策的情况，也有权获得社会救助。

4. 对经济救助之外的其他救助形式作出明确规定

经济救助无疑是重要的，其他社会救助形式同样重要。如前所述，在许多情况下，被害人更关注的或更需要的并非单纯的经济救助，而是物资救助、医疗救助、精神救助、庇护救助或法律救助。但是，上述诸种除经济救助之外的救助形式在我国目前完全处于立法空白状态，在实践中也付之阙如。以精神救助为例，暴力犯罪的被害人往往都会因为受到一定程度的精神损害而需要得到精神救助，但精神救助即便在现行被害人司法救助制度中也没有任何体现，遑论在以救济贫困人口为主旨的一般社会救助中。正因为如此，未来的被害人社会救助立法应当充分考虑承接现行司法救助和社会救助未能解决的这些问题，把包括精神救助在内的其他各种救助形式作为一个立法重点。

5. 权利的救济途径

"无救济则无权利。"这句法律谚语的意思是：法律对权利规定得再完备，如果公民在权利受到侵犯之后无法获得有效的法律救济的话，这些权利终究只能是停留在纸面上的权利。具体到被害人社会救助领域，既然被害人享有获得社会救助的权利，立法就应保障这一权利的实现并为此设置必要的救济途径。例如，对于行政机关怠于救助或拒绝救助的情形，立法应当赋予被害人提起行政复议或行政诉讼的权利。同时，立法也可以参照残疾人社会救助制度，要求相关企事业单位承担一定的救助责任。对于拒不承担此项责任者，主管部门可以依法进行处罚。

五、余论

本章的核心观点有三：其一，福利的提供基于"恩恤"，权利的赋予基于责任，既然社会对被害人负有救助责任，获得社会救助当属被害人权利而非福利。其二，被害人社会救助获得权的范围是主体需求与法律规定的统一，并非所有的社会救助需求都能够被法律认可并上升为权利，只有那些合理的、可予规制的社会救助需求才能被法律认可并上升为权利。其三，为了实现被害人社会救助从福利到权利的转化，国家应当通过立法建立专门的被害人社会救助制度，被害人社会救助不应适用针对贫困人口的一般社会救助制度。

在被害人社会救助立法完成后，我国将形成不同于贫困人口社会救助制度的被害人社会救助制度。前者主要以"扶贫"和"济困"为目标，是一种福利性的社会救助制度；后者主要以"救急"和"弥补"为目标，是一种权利性的社会救助制度。自此，被害人社会救助不再是适用针对低收入者、特困人口、失业人员、受灾人员等贫困人口的一般社会救助制度。

目前，针对贫困人口的一般社会救助是由民政部门负责管理的，但新的被害人社会救助制度建立以后不应仍由民政部门管理，而应由司法行政部门管理。一方面，被害人社会救助虽然具有一定的社会属性，但司法或司法行政属性更强。在具体实施中，救助人员既需要具备一定的司法理念，也需要和公检法部门合作，这些都是民政部门难以胜任的。另一方面，可以作为参照的是，刑满释放人员在我国的社会救助工作也一直由司法行政部门而不是民政部门负责管理。[1] 既然刑满释放人员的社会救助都能采用这种机制，为

---

〔1〕　参见中国法律年鉴编辑部编辑：《中国法律年鉴》（2018 年），中国法律年鉴社 2018 年版，第 213 页。

何被害人的社会救助反倒不能？

在上述管理机制下，司法行政部门可以建立类似于刑满释放人员社会救助中心的被害人社会救助机构，负责被害人社会救助的承接、决定、实施工作以及相关的统计、调查、沟通工作。具体而言，司法行政机关和公安司法机关之间应当建立被害人社会救助信息沟通机制，由公安司法机关把需要给予社会救助的被害人及其具体情况通报司法行政部门，由司法行政机关负责档案接收、人数统计、受害情况调查。对于符合社会救助条件的被害人，无论先前是否已由公安司法机关给予司法救助，均可由司法行政机关对被害人的受害情况进行调查并据此决定是否向被害人提供社会救助，这是依职权救助。同时，被害人也可以向当地司法行政部门提出社会救助的申请，如果受理申请的司法行政部门认为被害人符合救助条件，也应作出给予社会救助的决定，这是依申请救助。对于符合社会救助条件的，可以直接运用被害人社会救助资金进行救助或组织社会力量为被害人提供救助。在此基础上，各级司法行政部门还有必要通过基层派出机构联络被害人所在的乡镇、村委会或街道办、社区居委会，跟踪救助效果并掌握信息反馈。

第四章

刑事被害人社会救助与现行司法救助制度的关系

　　被害人救助是对被害人的司法外救济，也是对被害人司法救济的补充。我国目前已经初步建立对被害人的司法救助和社会救助，本书旨在从理论和现实两个层面对两种救助方式进行比较，其中着重探讨我国现行司法救助存在的不足以及通过发展社会救助弥补司法救助之不足的必要性和现实性。

一、被害人有权在司法程序外获得救助

　　被害人主要是一个刑事法或犯罪学上的概念，指直接或间接遭受犯罪侵害的自然人。被害人在受到犯罪侵害后可能因为人身伤害、精神损害或财产损失而陷入生活困难的境地，甚至可能丧失基本的生存和发展能力。在这种情况下，为了在司法程序之外维护被害人基本的生存和发展权利，国家和社会有责任向其提供救济和帮助，这就是被害人救助。

　　关于被害人救助的性质，学界的认识并不一致。有的学者从社会保障视角看待被害人救助，认为被害人救助主要是一种社会福利。在这种观点看来，政府负有满足公民福利需求和增进社会福利的职责。被害人之所以应当享受社会福利，主要是因为被害人存在因受犯罪侵害而致贫的情况，并且这种情况又因为加害人不能赔偿、无力赔偿或拒绝赔偿而无法从加害人那里得到解决，只能通过社会救助得到一定救济。[1] 有的学者从国家责任视角看待被害

────────────

　　〔1〕　参见赵国玲、徐然："中国刑事被害人国家救助的现状、突围与立法建构"，载《福建师范大学学报》（哲学社会科学版）2015年第1期。

人救助，认为被害人救助是国家为了体恤因未能获得或者无法获得赔偿而处于困难窘境的被害人或其他利益相关主体而酌情向其给付一定额度的补助费用，体现国家对被害人的"恩恤"。[1] 笔者认为，被害人救助的主体可以是国家，也可以是社会，二者均负有对被害人提供救助的义务。这种义务的根源在于国家或社会的人权保护责任，而生存权又是最为基本的人权，无论在哪个国家或地区，包括被害人在内的社会弱势群体的生存权总是人权保护的重要内容，这是我国《宪法》关于人权保障的题中应有之义，也是 1984 年联合国大会通过的《世界人权宣言》第 25 条的宗旨。具体到刑事司法领域，在尚未建立国家补偿制度的情况下，如果被害人不能从加害人处获得赔偿，那么向国家和社会寻求救助将是其维护生存权的唯一途径。如果此路不通，被害人的生存权——更不用说发展权，势必面临失去保障的危险。因此，对被害人的救助应当成为一种国家责任或社会责任，被害人应当具有从国家或社会寻求获得救助的权利。

被害人救助的对象并非所有的被害人，而是其中因面临生活困难或精神伤痛而需要得到救助的那一部分被害人。在被害人业已通过司法途径获得加害人赔偿的情况下，是否还能获得救助？对此，有学者持否定态度，认为被害人在获得赔偿的同时还申请救助，将获得双重收益，应当予以追偿。[2] 但笔者认为，对这种情况的处理应当采取更为人性化的态度。一方面，对于从加害人获得赔偿的被害人，如果其仍然面临生活困难，仍有必要给予适当的救助。另一方面，如果被害人因受犯罪侵害而处于物质生活或精神生活的困难状态，即使被害人在获得救助之后又获得加害人的赔偿，也没必要对被害人进行追偿。这是因为，追偿不仅存在给被害人带来"二次伤害"的可能，而且需要耗费一定的成本。

根据救助主体的不同，对被害人的救助可以分为司法救助和社会救助。司法救助是一种国家救助，即由国家通过司法机关向被害人提供的救助。社

---

〔1〕 参见陈彬："由救助走向补偿——论刑事被害人救济路径的选择"，载《中国法学》2009 年第 2 期。

〔2〕 参见薛丽婷："从检察角度分析刑事被害人救助制度的几点思考"，载《法制与社会》2011 年第 27 期。

会救助是在政府主导下，由社会力量向包括被害人在内的社会弱势群体提供的救助。根据《办法（2019 修订）》的规定，社会救助又可以分为政府主导型和非政府主导型。在政府主导型的社会救助中，政府不仅参与救助，政府的财政拨款也是社会救助的主要经费来源。非政府主导型的社会救助主要表现为民间自发的救助，其救助主体完全是志愿者和民间组织，救助所需的经费完全来源于民间筹集。在实践中，能为被害人提供救助的社会主体非常广泛。除了被害人的亲属以及志愿者、民间组织，被害人所在的村委会、社区居委会等基层自治组织以及妇联、中华全国青年联合会（以下简称"全国青联"）、中国共产主义青年团（以下简称"共青团"）等社会团体也可以为之提供救助。高等院校、医疗机构和相关科研院所也是重要的社会救助力量，它们可以利用自身条件为刑事被害人提供精神救助服务。此外，由于承办案件的司法人员对被害人遭受犯罪侵害的情况比较了解，如果他们在业外以个人身份参与救助，也属于社会主体。

依救助方式的不同，主要可以把被害人救助方式分为经济救助、物资救助、精神救助、医疗救助、就业救助、安全救助和法律救助，等等。经济救助或物资救助是典型的物质救助，二者主要表现为向被害人提供一定数量的货币或生活资料，以解决被害人的基本生活问题。精神救助通过精神手段弥补被害人受到的精神损害或治愈被害人受到的精神创伤，从而改善被害人的精神生存状况。所谓精神手段，主要是对心理学或精神病学知识和技能的运用，如心理疏解、心理咨询、心理辅导、心理治疗以及相关的精神医学治疗，等等。[1] 在传统上，学界对被害人救助问题的研究主要集中于物质救助方面，对精神救助的关注较少。但事实上，精神救助同样重要。在遭受犯罪侵害后，对刑事被害人提供精神救助是平复被害人因人身伤害或财产损失导致的精神损害的重要救助方式。[2]

---

[1] 参见沈渔邨主编：《精神病学》，人民卫生出版社 2009 年版，第 212 页。

[2] 在社会学上，精神救助还存在一种以精神贫困为客体的救助类型。精神贫困往往体现在人们的生活方式、思想观念和社会行为中，是指人的精神状态、价值取向、生活观念落后于社会发展的状态。从理论上来说，如果刑事被害人成为精神贫困者，也可以为之提供此种救助，比如为之提供教育机会，为之提供精神食粮，为之组织文体活动等，但这种救助类型不是本书探讨的内容。参见叶普万："贫困概念及其类型研究述评"，载《经济学动态》2006 年第 7 期。

在被害人司法救助制度建立之前，学界曾经探讨过建立被害人国家补偿制度的问题。被害人补偿主要是指，在被害人未能获得或者难以获得赔偿的情况下，由国家或具有行政主权之地区政府基于法律规定的替偿义务，以给付被害人或其他法定权利人一定额度的补偿费用的形式，弥补其因刑事犯罪所遭致的经济损失。[1] 在支持建立被害人国家补偿制度的学者们看来，国家是社会契约的产物，既然公民依据社会契约把追究犯罪的权力交托给国家以换取国家的保护，国家就应该切实履行保护公民合法权益的责任。[2] 相应地，如果公民因犯罪行为侵害所导致的损失没有得到应有的救济，国家就应对被害人遭受的损失给予补偿。在建立被害人国家补偿制度的情况下，补偿与救助是可供选择的被害人救济模式。然而，在我国国家补偿制度在理论研究和立法推进过程中受到一定的质疑、异议或反对，迄今为止仍未建立起来。

二、被害人救助具有人权保护上的正当性

无论在哪个国家或地区，社会弱势群体总是人权保护的重要对象。刑事被害人和妇女、儿童、老人、残疾人一样，都处于相对弱势的社会地位，当然也属于人权保护的重要对象。

被害人救助旨在从司法过程之外对被害人的基本人权进行保护。尽管刑事诉讼的理想效果是通过对加害人定罪量刑以及判令加害人对被害人进行赔偿而实现对被害人的人权保护，但在现实中则存在一定的局限性。在许多案件中，即使裁判者依法判令加害人向被害人赔偿，但由于加害人无力赔偿或者拒绝赔偿（在诉讼前恶意隐匿或转移个人财产），被害人最终难以从加害人处获得应有的赔偿。[3] 对于尚未破获，或虽已破获但由于犯罪嫌疑人潜逃而不能进行实体审理的案件而言，被害人根本得不到救济。况且，诉讼需要时

---

〔1〕 参见陈彬："由救助走向补偿——论刑事被害人救济路径的选择"，载《中国法学》2009年第2期。

〔2〕 参见王福成、郭玉："检察环节刑事被害人国家补偿问题探讨"：载《中国检察官》2007年第11期。

〔3〕 参见李红辉："国家为何要救济刑事被害人——对东莞地区重大刑事案件的调查分析"，载《中国刑事法杂志》2008年第5期。

间，短则数月，长则数年，被害人在此期间从加害人处获得赔偿的可能性不大，如果不能获得来自国家和社会的救助，其最基本的人权——生存权，都难以得到保障。鉴于这种情况，在考察被害人人权保护问题时，不仅要重视刑事诉讼的作用，而且要重视在刑事司法程序之外对被害人提供必要的救助。否则，如果一味将眼光局限在诉讼框架内去寻求被害人人权保护的途径，必然陷于不能自拔的"诉讼困境"。[1]

被害人救助也是保护其他社会成员人权的需要。在社会共同体中，有的成员可能会犯罪，有的成员可能会成为犯罪的被害人，受到犯罪侵害的刑事被害人往往会因为生活状况的剧变而变成社会的弱者。如果这些社会弱者无法得到救助，则其作为个体的生存障碍必然影响其所处的社会关系，并逆向危及其他社会成员人权。对此，德国犯罪学学者汉斯·冯·亨梯曾在其所著的"论犯罪者与被害者的相互作用"一文中指出，在被害人不能获得应有救济而陷入绝境时，完全可能发生由被害人到加害人的"恶逆变"，而这种消极的角色转换极易引发犯罪并使更多的人成为被害人。[2]亨梯的论述对我国尤其具有警示意义。自21世纪以来，我国的犯罪率一直居高不下，2018年暴力刑事刑事案件和危害公共安全案件数量在25万件以上，即使以每个案件只有1名被害人计算，每年的刑事被害人数都在25万人以上。[3]如果数量众多的刑事被害人由于缺乏救助而陷入不利境遇并对他人和社会心生不满，其引发的"恶逆变"式犯罪必然使更多的社会成员成为刑事被害人，甚至危及整个社会的安全、和谐与稳定。由此可见，为了促进社会的整体人权状况，对于遭受物质损失或精神损害并无从获得司法救济和国家补偿的被害人，国家和社会完全有责任向其提供必要的救助。

为了在司法程序之外保护被害人的基本人权以及提升社会整体的人权状况，美国、英国和日本等国都建立了专门的被害人救助制度。美国于1984年

---

〔1〕　参见陈彬："由救助走向补偿——论刑事被害人救济路径的选择"，载《中国法学》2009年第2期。

〔2〕　参见康树华主编：《犯罪学通论》，北京大学出版社1992版，第548页。

〔3〕　此为该年度在全国公安机关立案的杀人案（7525）、强奸案（29807）、抢劫案（25413）、伤害案（97391）和检察机关批捕的危害公共安全案件（93997）的合计数据。参见国家统计局编：《中国统计年鉴》（2019年），中国统计出版社2019年版，第802、825页。

通过《联邦犯罪被害人法》（The federal Victims of Crime Act, VOCA），对被害人从国家和社会获得救助的权利以及具体的救助方式作了系统规定。[1]在该法的影响下，"全美被害人援助组织（National Organization for Victim Assistance, NOVA）"得以成立，许多社区也都成立了本地的被害人救助机构，它们为被害人做了大量的社会救助工作。[2]其中，"全美被害人援助组织"还为社会各界人士参与被害人救助服务提供培训，其每年组织的年会是探讨被害人救助问题的重要交流平台。[3]英国自 2002 年启动由公共安全部下设的被害人服务署（Victim Services Division）负责管理的"犯罪被害人支持计划（Crime Victim Assistance Program）"，以替代 1972 年由劳工委员会（the Workers' Compensation Board）负责管理的"刑事伤害补偿计划（the Criminal Injury Compensation Program）"。[4]该计划规定社会救助包括经济损害救助和精神损害救助，被害人有权作为社会救助对象得到相应的救助。[5]在日本，受 2001 年"池田惨案"[6]的影响，该国政府于 2004 年制定《犯罪被害人法案》，规定国家和社会负有救助被害人的义务，国家和社会应当帮助被害人寻求损害赔偿并落实包括"心理康复服务"和"情绪平复服务"在内的被害人救助服务。[7]

相关国际组织也对被害人救助的人权保护价值给予高度关注。联合国大会于 1985 年 11 月 29 日第 40/34 号决议通过的《宣言》规定，"被害人"系指个人或整体受到伤害包括身心损伤、感情痛苦、经济损失或基本权利的重

---

〔1〕 参见［加］欧文·沃勒著、曹菁译：《被遗忘的犯罪被害人权利》，群众出版社 2017 年版，第 94~95 页。

〔2〕 参见［加］欧文·沃勒著、曹菁译：《被遗忘的犯罪被害人权利》，群众出版社 2017 年版，第 94~95 页。

〔3〕 参见［加］欧文·沃勒著、曹菁译：《被遗忘的犯罪被害人权利》，群众出版社 2017 年版，第 94~95 页。

〔4〕 参见［加］欧文·沃勒著、曹菁译：《被遗忘的犯罪被害人权利》，群众出版社 2017 年版，第 96 页。

〔5〕 参见［加］欧文·沃勒著、曹菁译：《被遗忘的犯罪被害人权利》，群众出版社 2017 年版，第 96 页。

〔6〕 2001 年 6 月 8 日，一名罪犯闯入大阪教育大学附属池田小学，在教室里杀死 8 名、刺伤 23 名一二年级小学生。参见田思源：《犯罪被害人的权利与救济》，法律出版社 2008 年版，第 202 页。

〔7〕 参见［加］欧文·沃勒著、曹菁译：《被遗忘的犯罪被害人权利》，群众出版社 2017 年版，第 98 页。

大损害的人。[1] 被害人可以从政府、志愿机构、社会方面及地方途径获得必要的物质、医疗、心理和社会救助，而政府也应使受害者知道可供使用的医疗和社会服务及其他有关的援助，并且能够利用这些服务和援助。[2] 欧洲理事会从 20 世纪 70 年代就开始对运用公共基金救助被害人问题进行探索，并在 1983 年通过《欧洲暴力犯罪被害人补偿公约》，要求各成员国建立高于被害人救助标准的被害人补偿制度，以在最大程度上平复犯罪行为对被害人基本人权造成的侵害。[3]

为加强对被害人基本人权的保护，我国自 21 世纪初开始探索建立被害人救助制度。2009 年，中央政法委主导发布《意见》；2014 年，中央政法委主导发布《意见（试行）》，两个文件都对被害人救助问题作了明确规定；此外，我国还于 2014 年发布针对社会贫困人口救济的《办法（2019 修订）》，符合申请标准的被害人可以被害人之外的其他相应身份获得此种救助。

三、司法救助的不足

我国的刑事被害人司法救助制度成形于 2009 年。其时，中央政法委等八部门联合发布《意见》，对包括司法救助在内各种形式的刑事被害人救助作了比较全面的规定。在 2009 年《意见》发布之后，经过几年的推广试点，中央政法委和财政部、最高人民法院、最高人民检察院、公安部、司法部等六部门又于 2014 年 1 月联合发布《意见（试行）》。该文件把被害人司法救助与对民事侵权案件原告的司法救助整合在一起，并对被害人司法救助的标准、条件、程序、资金保障和制度衔接等各方面的内容作了一定程度的细化。[4] 以此为标志，我国的被害人司法救助制度进入一个更加规范化和制度化的发展阶段。

---

〔1〕　参见《宣言》第 1 条。
〔2〕　参见《宣言》第 14 条和第 15 条。
〔3〕　参见陈彬："由救助走向补偿——论刑事被害人救济路径的选择"，载《中国法学》2009 年第 2 期。
〔4〕　参见赵国玲、徐然："中国刑事被害人国家救助的现状、突围与立法建构"，载《福建师范大学学报》（哲学社会科学版）2015 年第 1 期。

我国的刑事被害人司法救助制度在多年的实践中取得一定成效，全国有相当一部分刑事案件的被害人通过这一制度得到救助。2013年到2018年的5年间，仅全国检察机关救助的刑事被害人就有5.1万名，共计发放救助金4.3亿元，在一定程度上解决了这些救助对象的生活困难问题。[1]与此同时，现行司法救助制度也在实践过程中暴露出一些不足，从而也在一定程度上限制救助作用的发挥并降低被害人的期望。具体而言，这些不足主要表现为以下几个方面：

1. 救助功能单一

依据功能的不同，对被害人的救助主要可以分为经济损失救助和精神损害救助。经济损失救助注重平复被害人遭受的经济损失，精神损害救助则注重平复被害人遭受的精神损害。我国的现行刑事被害人司法救助制度在功能上是单一的，即仅仅关注对被害人的经济损失平复功能。《意见》第1条规定，开展被害人救助工作，是在被害人遭受犯罪行为侵害，无法及时获得有效赔偿的情况下，由国家给予适当的"经济资助"。2014年《意见（试行）》第1条规定，实现国家司法救助工作制度化、规范化，对受到侵害但无法获得有效赔偿的当事人，由国家给予适当"经济资助"，帮助他们摆脱生活困境。即使被害人需要精神救助，也只能由司法机关转交社会救助机构完成。由此可见，现行被害人司法救助制度本身并未涵盖精神损害救助功能。然而，在绝大多数的暴力犯罪案件中，被害人都会遭受或大或小的精神损害，并由此产生精神损害救助的需求，有的刑事被害人甚至更需要精神损害救助而不是经济损失救助。在这种情况下，一方面刑事被害人急需精神损害救助，而另一方面现行司法救助制度由于救助功能的单一性所限，不能提供这种救助，这就必然陷入司法救助功能不足的困境。

我国的刑事被害人司法救助制度局限于经济平复功能，主要在于以下三个方面的原因：第一，立法者尚未认识到精神损害救助的重要性。精神损害救助虽然无法达到在经济上平复被害人的效果，但它对于减轻被害人的精神伤痛以及预防被害人因受精神伤害而报复社会具有难以替代的作用。第二，

司法者也未准备好应对精神损害救助带来的挑战。精神上的平复功能主要通过精神抚慰和精神疏导而实现，既不像单纯的经济平复功能那样简单易行，也不像单纯的经济平复功能那样一次性就能起效。精神抚慰旨在让被害人平静下来，接受因受犯罪侵害而受损的现实。精神疏导旨在让被害人平息心理上的愤懑和仇恨，从而更好地融入社会而不是危害社会。达到这些效果需要人力、物力和财力长期的投入，同时也会大幅度增加司法者的工作量。第三，精神损害救助的效果不像经济损失救助的效果那样直观，其效果在实践中不易考量，加之经济救助本身也有一定的精神抚慰作用，故而社会公众对精神损害救助的感受不强。

2. 救助范围狭窄

建立被害人司法救助制度的基本理念应当是尽可能广泛地为被害人提供救助。既然如此，申请条件的设置就应当合理，严苛的申请条件不但缩小司法救助的覆盖范围，而且容易使被害人陷入望而却步的困境。然而，仔细考察我国现行的被害人司法救助申请条件，不难得出"严苛"的结论。根据2014年《意见（试行）》第2条第1款第（一）项、第（三）项、第（四）项的规定，申请司法救助的被害人必须具备"因案件无法侦破"造成生活困难的情形。按照这一条文的规定，凡是最终能够侦破的刑事案件的被害人都不能申请司法救助，哪怕是因犯罪而致重伤、严重残疾或生活困难。显然，这是一道很高的门槛，因为它把大量能够侦破的刑事案件的被害人排除在获得司法救助的范围之外。[1] 不仅如此，即使案件确定能够侦破，被害人申请司法救助还要通过另外两道门槛，即"加害人死亡或没有赔偿能力"和"无法经过诉讼获得赔偿"，否则其也不能获得司法救助。显然，这两道门槛对被害人获得司法救助作了双重限制，它把大量通过第一道门槛的被害人进一步排除在外。此外，司法救助还有第四道门槛，即次数限制。根据现行司法救助制度的规定，对刑事被害人的救助以一次性为原则，即对同一案件的同一被害人

---

[1]　事实上，关于"案件无法侦破"的条件规定本身也很模糊。许多时候，案件最终能否侦破，公安司法机关也难以及时做出判断。许多案件，现在不能侦破并不意味着将来不能侦破或永远不能侦破。既然如此，案件侦破是以提交申请之时为准还是以最终结果为准？这也会让申请司法救助的刑事被害人陷入困境，也容易给办案部门拒绝救助提供借口。

只提供一次经济救助。换言之，如果被害人获得过司法救助，即使后续生活依然处于困难状态，也不可能有再申请司法救助的机会。

申请条件之所以如此严苛，其背后主要是经济考量的问题。如前所述，被害人司法救助以国家投入为基础，在国家经费投入没有大幅度提高的情况之下，对被害人提供司法救助只能成为维护被害人权益的最后选项。正是基于经费投入的限制，国家对被害人的司法救助和被告人对被害人的赔偿在2009年《意见》和2014年《意见（试行）》中均被置于相互冲突的地位，是"二选一"的关系。对此，有学者就曾指出，我国现行法律规定了刑事被害人因遭受犯罪侵害所造成的物质损失，主要是通过提起刑事附带民事诉讼，由被告人及其他赔偿义务人来赔偿。人民法院在依法惩处犯罪的同时，首先是要用足、用好现有的法律规定，充分发挥刑事附带民事诉讼制度的作用，完善调解工作机制，加大执行工作力度，促使被告人及其他赔偿义务人依法赔偿刑事被害人的经济损失。刑事被害人救助是在被害人无法通过诉讼途径获得有效赔偿的情况下，由国家给予适当的经济资助，帮助其解决暂时困难的一种措施。[1]

3. 救助额度偏低

根据2014年《意见（试行）》的规定，司法救助的额度以案件管辖地上一年度职工月平均工资为基准，一般在36个月的工资总额之内。具体到每一起案件被害人救助额度的计算，该《意见（试行）》要求综合考虑救助对象实际遭受的损害后果、有无过错以及过错大小、个人及其家庭经济状况、维持当地基本生活水平所必需的最低支出，以及赔偿义务人实际赔偿情况等。在救助实践中，被害人实际获得的救助金额远远低于上述标准，难以维持当地基本生活水平所必需的最低支出。以经济状况名列全国前茅的广东省为例，2017年该省检察机关共办理司法救助案件467件，涉及757人，发放救助金1613.9万元，人均金额仅为2.13万元。[2]而该省上一年度职工月平均工资数额分别为：城镇非私营单位就业人员年平均工资为72 326元；城镇私营单位

---

〔1〕 参见沈亮："正确把握开展刑事被害人救助工作的若干问题"，载《人民司法》2009年第11期。

〔2〕 参见尚黎阳等："去年省检察机关救助金额全国居首——办理司法权助案件467件757人，发放救助金1600余万元"，载《南方日报》2018年1月24日，第A07版。

就业人员年平均工资为 48 236 元。也就是说，2017 年广东省对被害人发放的司法救助金额人均不到上一年度城镇私营单位就业人员年平均工资的一半。西部地区的司法救助数额更低。以内蒙古自治区通辽市为例，该市 2017 年申请救助案件 74 件，决定救助 66 人，发放救助金 1 198 000 元，人均救助金额仅为 18 152 元，较之广东省的差距为 3 148 元。[1]对于许多因刑案致伤或致残的个人和家庭来说，如此有限的救助金额无异于"杯水车薪"。[2]

　　一般认为，司法救助额度之所以偏低，主要原因是国家财力有限。有学者指出，任何国家都不可能使用财政拨款填补全体被害人的经济损失。即使在建立刑事被害人补偿制度的国家，这种补偿也是有限的，一般不超出医疗费、康复费、丧葬费和基本生活保障费的范围。[3]笔者认为，国家投入有限固然是一个重要原因，但现行司法救助制度在救助资金的来源和筹集上的局限也是不可忽视的因素。司法救助制度建立以来，我国一直采取"中央财政支持、地方财政补偿和司法机关自筹"的三方救助资金筹集模式，其中地方财政主要包括"省级政法专项救助资金"和"被害人所属地方政府财政统筹"。[4]各方投入资金的基本情况分别是：中央财政的司法救助拨款占比较小；有的省级政法专项救助资金不是常设项目，无法实现司法救助的常态化、长效化发展；由政府财政统筹安排的司法救助资金申请程序复杂、审查环节多、审批周期长、救助金额有限、随意性较大；司法机关（主要是法院）诉讼费减、免的案件少，缓交诉讼费的案件多，致使自筹救助金非常有限。[5]同时，司法机关作为国家权威部门，由于自身属性所限，即使其具有强烈的筹集救助资金的愿望，也不大可能像红十字会或民政部门那样从社会上广泛

---

　　〔1〕　参见高丛丛："关于进一步完善国家司法救助制度的调研——以内蒙古通辽地区 2017 年司法救助案件为视角"，载于内蒙古自治区高级人民法院网站，网址为：http://nmgfy.chinacourt.gov.cn，最后访问日期：2020 年 4 月 30 日。
　　〔2〕　参见《新京报》社论："让刑事被害人的社会救助渠道再多些"，载《新京报》2016 年 7 月 6 日，第 A02 版。
　　〔3〕　参见熊秋红："从刑事被害人司法救助走向国家补偿"，载《人民检察》2013 年第 21 期。
　　〔4〕　参见汤媛媛："司法救助工作存在的问题及应对措施"，载《人民法院报》2015 年 1 月 7 日，第 8 版。
　　〔5〕　参见汤媛媛："司法救助工作存在的问题及应对措施"，载《人民法院报》2015 年 1 月 7 日，第 8 版。

筹集救助所需的资金。[1]在办案经费本来就有限的情况下，司法机关的既有资金尚难满足办案之需，怎么可能把大量资金用于司法救助问题上？因此，对被害人而言，高额救助资金显然不具有可期待性。另一方面，待救助被害人数量众多和救助资金有限之间也是一对矛盾。为了救助尽可能多的被害人，司法机关在实际救助工作中只能降低单个人的救助额度，从而尽可能惠及更多有经济困难的被害人。总之，鉴于上述因素的限制，我国目前的司法救助额度只能局限于帮助刑事被害人解决暂时的生活困难或维持最低生活保障水平。

4. 救助效果异化

司法救助应当遵从统一的标准，追求公平。根据 2009 年《意见》的规定，对被害人的司法救助应当坚持"保障社会公平正义"和"维护社会和谐稳定"的原则。根据 2014 年《意见（试行）》的规定，司法救助应当严格把握救助标准和条件，兼顾当事人实际情况和同类案件救助数额，做到公平、公正、合理救助，防止因救助不公引发新的矛盾。

对于司法救助的上述不足，当然可以通过制度改革而得到一定程度的克服，如完善被害人司法救助规范，合理设定救助条件，适时引入精神救助，等等。但是，改革尚要受到许多内外在因素的制约。一方面，由内在属性所决定，司法救助的某些局限难以通过改革而得到有效解决。比如，无论怎样改革，司法机关都不可能把主要精力投放于救助工作上，否则将背离司法机关的基本职责。另一方面，从外在因素而言，由于国家在资金投入上的不足，救助范围在短期内难望得到扩大，司法救助还将长期面临救助资金不足与救助需求增加之间的矛盾。因此，囿于这些制约，即便立法者对司法救助的改革达成一致，在短期内也难以一蹴而就。然而，被害人救助具有一定的急迫性和时效性。在众多个案中，对被害人的救助不可能等到司法救助制度改革完成之时，否则无异于亡羊补牢。因此，在坚持对司法救助制度进行改革的同时，还需把目光投向社会救助，以社会救助的优势补充司法救助的不足，从而进一步促进我国被害人救助事业的发展。

---

[1] 参见杨杰妮、晏伟："低调运行的刑事被害人救助"，载《潇湘晨报》2011 年 12 月 14 日，第 A07 版。

四、社会救助对司法救助的弥补

社会救助对司法救助的补充具有现实性和可行性。就现实性而言，社会救助具有方式灵活、覆盖面广、资金筹集多元化和救助目标非功利性的优势，这些优势主要可以从《办法（2019 修订）》第 1 条、第 3 条、第 5 条、第 6 条、第 7 条、第 55 条以及各章关于救助对象和救助方式的规定中得到反映。就可行性而言，社会救助对司法救助的补充不存在任何制度障碍。根据 2009 年《意见》第 5 条、2014 年《意见（试行）》第 6 条以及《办法（2019 修订）》第 2 条的规定，符合条件的被害人在申请获得司法救助的同时，可以申请获得社会救助。具体而言，社会救助可以从救助功能、救助范围、救助资金和救助目的等多个方面对现行司法救助的不足进行补充。

（一）救助功能上的弥补

根据《办法（2019 修订）》第 55 条的规定，县级以上地方人民政府应当发挥社会工作服务机构和社会工作者作用，为社会救助对象提供社会融入、能力提升、心理疏导等专业服务。可见，较之司法救助，社会救助在救助功能上更为完善，不但能进一步为被害人提供经济救助，而且可以提供所需的精神救助。当然，对社会救助来说，仅有精神救助功能仍是不够的，还需具备实现这一功能的主体条件和专业条件。在社会救助制度下，从事心理咨询、心理辅导、心理治疗的专业机构或医疗机构本身就是一种重要的社会救助的力量，它们既可自主对被害人提供精神救助，也可通过政府购买向被害人提供精神救助。由此可见，社会救助具备实现精神救助功能所需的主体条件和专业条件。

那么，具体而言，社会救助的精神救助功能是如何得以实现的呢？精神救助主要通过精神手段的运用而实现，精神手段主要表现为心理学或精神病学知识和技能的运用，是一种需要"走心"的救助方式。正因为如此，精神救助对专业和资质的要求较高，司法机关无法胜任此项工作，只有具备救助技能并满足救助资质的社会救助机构才能胜任此种救助。在司法救助中，如果被害人需要精神救助，司法机关只能将其转交社会救助机构完成，或商请民政部门向社会救助机构购买服务。而在社会救助制度下，不同形式的精神救助都可以由相应的社会力量自主地、直接完成。对于被害人遭受的情感障碍，如紧张、焦虑、偏执、沮丧、绝望、愤怒、仇恨等，可以由社会救助力量施以心理疏解或心理抚慰。此类社会力量很多，除了被害人的亲友、志愿者可以对被害人进行关心、安慰和照护，相关的司法机关，民政部门，社会团体或其他相关组织、机构，以及被害人所在的单位、社区、村民自治组织都可以对被害人进行关怀、看望和慰问。例如，在 2020 年破获的南京医学院女生林伶遇害案中，被害人林伶的父母也是（间接）被害人，两位老人一直深受丧女之痛，林伶生前就读的南京医学院（后改为南京医科大学）一直关注案件的进展，林伶父母每年 3 月 20 日（案发日）前后赴学校现场祭奠时其班主任予以接待，林伶的一些同学、老乡有时去无锡看望、劝勉和安慰她的父母，其中一个在江苏省人民医院工作的同级同学还经常给林伶母亲提供诊疗方面的帮助，逢年过节也会代表同学向他们打电话表示关心，这些联系、看望、关心、劝勉、安慰、接待和各方面的帮助无疑都在一定程度上起到了平复被害人父母精神伤痛的效果。对于严重的心理障碍或与心理有关的功能性精神疾患，由于其较之情感障碍更为复杂，只能由从事心理咨询、心理辅导、心理治疗的专业机构或医疗机构提供救助。例如，在 2019 年发生于黑龙江的一起恶性杀人案中，唯一生还的被害人遭受严重的心理创伤，哈尔滨工程大学心理健康指导中心为之提供系统的心理测评和心理危机干预，对抚平被害人的心理创伤产生明显效果。[1]

（二）救助范围上的弥补

如前所述，现行司法救助制度设置的严苛申请条件把相当多的亟待获得救助的被害人排除于救助范围之外，从而不合理地限制了司法救助的覆盖范围。相对而言，社会救助的申请条件要宽松得多，除了"生活困难"之外没有其他条件的限制。换言之，无论案件最终是否得以侦破，无论是否获得加害人的赔偿，只要被害人符合低收入标准或特困人员标准，就可以向社会寻求救助。原则上，根据《办法（2019 修订）》第 1 条和第 2 条的精神，因受犯罪侵害而致伤、致残或生活困难的被害人都应该获得社会救助。

---

〔1〕 参见韩兵等："建立未成年被害人心理救助机制"，载《检察日报》2019 年 8 月 5 日，第 2 版。

被害人甚至无需经过低收入标准或特困人员标准的形式审查也可以获得由社会力量志愿提供的社会救助。在 2020 年发生于黑龙江哈尔滨的一起故意伤害案中，被害人女童于某茜的亲生父母并未向当地民政部门申请社会救助，但获得了社会力量志愿提供的救助。据"澎湃新闻"报道，在黑龙江慈善总会的帮助下，仅用了一天多时间（从 5 月 5 日到 6 日下午 3 时），被害人就从社会上筹集 32 000 余元的医疗救助款。截至 5 月 7 日 15 时，黑龙江省慈善总会秘书长王瑛琦称，已收到 17 万左右的善款，都放在儿童救助基金会账户中，医院有需要就随时提。[1] 显然，由于该案已经侦破，被害人无法满足司法救助的条件；如果向民政部门申请政府主导的社会救助，则还需要接受相应的条件审查；即使被害人家庭符合低收入标准或特困人员标准，也难以在短期内获得救助。此时，社会力量志愿提供的救助无疑解了被害人就医的燃眉之急。

在精神救助领域，社会救助的范围更宽。被害人个人或家庭经济状况的好坏不是判断其能否获得精神救助的条件，对经济状况良好的被害人也可提供精神救助。以性犯罪和家庭暴力犯罪为例，尽管此类犯罪一般不会给被害人带来直接的经济损害，但不可能不给被害人带来精神损害。对性犯罪被害人的精神救助可以是亲友之间的日常安抚，也可以是妇女权益保护机构的专业心理辅导。如果造成精神疾患，还可由相应的专业医疗机构为之提供精神治疗救助。不仅如此，在社会救助领域，精神救助也不应受一次性和后序性的限制，它可以多次地、反复地、持续地适用于被害人，直到被害人的精神损害得到平复。即使加害人在诉讼中愿意向被害人支付精神损害补偿[2]，被害人仍然可以接受来自国家和社会的精神救助。

（三）救助资金上的弥补

前文论及的被害人司法救助制度的各种困境，无论是救助条件之严苛、还是救助功能之单一的局限，说到底都根源于司法救助在资金筹集上的问题。

---

〔1〕　该案详情参见"澎湃新闻"和《南方都市报》的相关网络报道。

〔2〕　我国《刑事诉讼法》不支持精神损害赔偿。《刑诉解释》第 175 条第 2 款规定得更加具体：因受到犯罪侵犯，提起附带民事诉讼或者单独提起民事诉讼要求赔偿精神损失的，人民法院一般不予受理。

相对而言，社会救助具有救助主体广泛性和救助资金多源性的优势，无论个人还是企业、事业单位或其他组织，都可以利用自有资金参与被害人救助，从而在很大程度上让整个社会分担救助资金的负担。基于社会救助与司法救助之间的衔接，对于接受司法救助后仍然面临生活困难的被害人，可以获得社会救助。在这个意义上，社会救助可以在实质上弥补现行司法救助制度在资金上的不足。

当前，我国社会已经具备较强的资金筹集能力，这是社会救助在资金上弥补司法救助之不足的经济基础。例如，在江苏镇江，该市社会公益组织——金山公益于 2014 年成立全国首个专门开展刑事被害人救助的项目"阳光心愿——刑事被害人救助"，该项目在慈善总会注册，召集 100 余位志愿者，成立法律援助志愿者服务队、心理咨询志愿者服务队、服务义工队，根据检察机关推荐的司法救助对象定制有针对性的救助方案，对被害人提供长期的综合救助，使救助对象感受到社会的温暖，最终彻底走出生活困境。除了资金来源广泛的优势，社会救助还具有资金投入持续的优势。一旦社会力量得到充分的调动，就可以在人与人之间、机构与机构之间和组织与组织之间形成一定的资金链，并以资金链为基础对同一被害人提供不间断的救助服务，而这种不间断的救助服务又可以进一步弥补司法救助的"一次性"局限，使被害人救助实现可持续的发展。

（四）救助效果上的弥补

在社会救助中，为被害人提供救助的主体主要是个人、企业、事业单位、社会团体、基层自治组织等社会主体。

不仅如此，根据《办法（2019 修订）》第 55 条的规定，社会救助还可以帮助被害人融入社会和提升能力。对社会的融入和能力的提升可以促进被害人实现个人可持续发展的目标，从而进一步克服司法救助在效果上的异化问题。在现实中，通过社会救助而使被害人回归正常的社会生活并实现个人可持续发展的案例比比皆是。在 2011 年发生的安徽中学女生周岩毁容案，头面部、颈部、胸部严重烧伤，烧伤程度达 2 度、3 度，烧伤面积超过30%，经抢救治疗脱离危险后留下严重的恐惧症、抑郁症和一定程度的自闭症，后在心理专家的辅导下培养兴趣爱好，包括音乐、绘画和开办网店等，最终得以摆脱心理障碍，以自信的心态重新开启社会生活。[1] 再如，在四川南充的一起故意伤害案中，被害人——14 岁中学生蒲某被同学王某故意伤害致右手大臂右侧桡神经、运动神经及感觉神经受到损害，蒲某根本无法面对作为学生无法用右手写字的事实，辍学在家只是闭门发呆。嘉陵区人民检察院的干警得知情况后，立刻着手开始进行救助，一方面通过沟通和交流加强对蒲某的心理疏导，另一方面邀请专业人员给他提供适应性心理辅导，最终成功使蒲某重返校园继续未完学业。在这些案例中，社会救助在很大程度上起到健全被害人的主体人格和激发被害人的主观潜能的作用，也较为成功地使被害人融入正常的社会生活并发挥生产或学习的主观能动性。就此而言，社会救助不仅能帮助被害人摆脱生活困难状态，而且能为被害人提供精神救助，以此缓解或治愈被害人的情绪障碍、心理障碍或心因性精神疾患，这种救助效果也有助于达到"案结事了"的效果，并从根本上解决被害人"缠讼"和"上访"的问题。

五、余论：建立社会救助与司法救助之间的衔接

尽管社会救助能在上述各个方面对司法救助的不足进行弥补，但我国目前并未在社会救助和司法救助之间建立完善的衔接机制。2009 年《意见》和 2014 年《意见（试行）》虽然规定应在两种救助之间建立衔接，但二者均未对如何建立这种衔接作出任何具体规定。由此导致的结果是，司法机关和民政部门对被害人救助工作各行其是，彼此之间缺乏常态化的信息共享机制和救助合作机制。从笔者在北京市、湖南省和广东省的调研结果来看，其高级人民法院和省（市）人民检察院每年发布的司法救助信息没有任何关于移送社会救助的内容，民政部门每年发布的社会救助统计数据也没有任何承接司法救助的内容。

建立社会救助与司法救助之间的衔接无疑可以提升社会救助对司法救助的承接数量和补充效果。之所以如此断言，除了社会救助本身具备的上述优势，更为主要的还是由现行被害人司法救助制度的困境背后的深层原因决定的。上文论及的刑事被害人司法救助制度的各种困境，无论是救助条件之严

---

[1]　参见杨璐："青春不能承受之痛：周岩毁容事件"，载《三联生活周刊》2012 年第 10 期。

苛、救助功能之单一还是救助目的之功利性的局限，说到底都根源于资金问题。也就是说，即使在当前国家财力大幅度增强的情况之下，每年向日益增加的刑事被害人提供巨额的司法救助支出也是一项巨大的财政负担，而建立司法救助制度与社会救助制度的衔接机制，就可以在很大程度上让整个社会分担这种负担，从而使刑事被害人司法救助成为一项更加可持续的事业。

在具体操作上，建立社会救助与司法救助的衔接有赖于完成以下三个方面的工作：一是社会救助制度端的工作。《办法（2019 修订）》虽然涵盖社会救助的各个方面，包括最低生活保障、特困人员供养、自然灾害救助以及医疗、住房、教育及就业救助、流浪乞讨救助、临时救助等专项救助，但没有对刑事被害人救助作出专门规定，刑事被害人只能在其中作为一般救助对象接受救助。在未来的立法修订中，立法者应当考虑在社会救助制度中把被害人单列出来，作为单独的救助对象予以对待。之所以应当把被害人单列出来，原因主要在于两个方面：一方面，被害人与一般贫困人口的致贫原因完全不同，把被害人等同于因无能、懒惰等内在原因导致贫困的一般贫困人口进行救助是不合适的，不仅有"污名化"被害人之嫌，而且会"模糊被害人救助和一般社会福利的区别，从而弱化被害人救助制度的独特性和重要性"。[1]另一方面，把刑事被害人作为独立的救助对象，可以凸显被害人在精神损害救济方面不同于低收入者、特困人口、失业人员、受灾人员等社会弱势群体的特殊性。二是司法救助端的工作。在司法救助与社会救助之间的关系中，前者属于主动衔接端，后者属于被动衔接端。正因为如此，法院、检察院、公安机关应当在衔接工作中表现出积极性，主动建立与负责社会救助的民政部门之间的信息沟通机制、材料移送机制和救助建议机制。三是制定两项制度之间相互衔接的程序。对此可以借鉴最高人民法院和司法部联合下发的《关于民事诉讼法律援助工作的规定》，其明确规定当事人以法律援助机构给予法律援助的决定为依据，向人民法院申请司法救助的，人民法院不再审查其是否符合经济困难标准，应当直接做出给予司法救助的决定。

---

〔1〕 参见赵国玲、徐然："中国刑事被害人国家救助的现状、突围与立法建构"，载《福建师范大学学报》（哲学社会科学版）2015 年第 1 期。

第五章

刑事被害人的物质救助问题

　　物质救助主要是相对于精神救助而言的，是刑事被害人社会救助的重要方面，其在功能上可以全部或部分弥补被害人因受犯罪侵害而致的物质损失。但从目前来看，学界对物质救助进行专门研究的文献很少，大多数情况是把它纳入刑事被害人救助中不加区别地研究，或者简单地把刑事被害人救助等同于物质救助。鉴于此，笔者拟把物质救助从刑事被害人社会救助中单列出来，对其在刑事被害人救助中的重要性、覆盖范围、具体方式以及存在的问题给予特别的检视，以供立法者在刑事被害人社会救助立法中参考。

一、对刑事被害人提供物质救助的重要性

　　通常，被害人在受到犯罪侵害之后，由于突然遭受意外的财产损失或治疗因犯罪导致的身体创伤而支付巨额医疗费，往往会在物质上遇到困难。如果被害人在遭受犯罪侵害导致的物质损失后陷入生活困境却不能得到救助，难免产生更为强烈的仇恨心理、反社会心理，甚至由此引发报复社会或反报加害人的犯罪行为。这种从被害人到加害人的消极转化就是所谓的被害人"恶逆变"过程，而为了防止这一消极后果并维护社会的和谐稳定，同时也为了加强对被害人的权利救济和人权保护，有必要向被害人提供物质救助。

　　相较而言，如果有其他相关制度的保护且制度运行有效，对被害人提供物质救助的必要性就不是那么高。反之，如果一个国家缺少针对被害人因受犯罪侵害而导致的物质损失进行救济的制度或者相关制度的运行效果不佳，

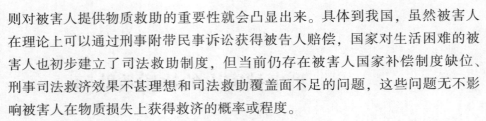

则对被害人提供物质救助的重要性就会凸显出来。具体到我国，虽然被害人在理论上可以通过刑事附带民事诉讼获得被告人赔偿，国家对生活困难的被害人也初步建立了司法救助制度，但当前仍存在被害人国家补偿制度缺位、刑事司法救济效果不甚理想和司法救助覆盖面不足的问题，这些问题无不影响被害人在物质损失上获得救济的概率或程度。

（一）刑事司法的局限凸显物质救助的重要性

根据我国现行刑事诉讼法的规定，被害人由于被告人的犯罪行为而遭受物质损失的，有权在刑事诉讼过程中提起附带民事诉讼，或者事后另行单独提起民事赔偿诉讼。人民法院受理刑事案件后，对符合提起刑事附带民事诉讼的，可以告知被害人或者其法定代理人、近亲属有权提起附带民事诉讼。被害人死亡或者丧失行为能力的，被害人的法定代理人、近亲属有权提起附带民事诉讼。《刑诉解释》第 180 条规定，附带民事诉讼中依法负有赔偿责任的人包括：（1）刑事被告人以及未被追究刑事责任的其他共同侵害人；（2）刑事被告人的监护人；（3）死刑罪犯的遗产继承人；（4）共同犯罪案件中，案件审结前死亡的被告人的遗产继承人；（5）对被害人的物质损失依法应当承担赔偿责任的其他单位和个人。附带民事诉讼被告人的亲友自愿代为赔偿的，可以准许。此外，被害人遭受犯罪侵害且存在物质损失的，除可以提起刑事附带民事诉讼之外，也可以由司法机关依法判决加害人向被害人承担赔偿责任。

然而，在我国的刑事司法实践中，被害人从加害人那里获得赔偿的概率并不高。一方面，即使判处加害人赔偿或加害人愿意赔偿，也可能因为无力赔偿或赔偿数额太低而难以弥补被害人的损失。另一方面，即使司法机关判处加害人向被害人承担赔偿责任，但由于加害人拒不履行赔偿责任，也会使被害人获得物质赔偿的愿望落空。在更多情况下，加害人往往以已经承担刑事责任为由而拒绝向被害人承担赔偿责任，有的甚至为了逃避赔偿责任而有预谋地隐匿财产。

在这些情况下，被害人最终仍需从社会上获得物质救助。例如，在 2019 年发生于四川隆昌的 4 岁女童遭重伤案中，被害人遭精神分裂症突发的邻居女子王某用刀砍伤。经鉴定，被害人全身受到 10 余处不同程度的损伤，包括重型颅脑损伤，构成 10 级伤残，除住院治疗花费巨额费用外；出院后康复治疗花费 4.3 万元，后续仍需康复治疗。然而，对于上述损失，加害人仅仅支付 40 200 元，其余大部分来自社会救助主体提供的物质救助，共计 16 万余元。

（二）国家补偿的缺位凸显物质救助的重要性

所谓刑事被害人国家补偿，是指国家代替加害人向被害人承担"赔偿"责任，以弥补刑事被害人遭受的权益损失。在建立国家补偿制度的情况下，如果刑事被害人未能从加害人那里获得赔偿，可由国家或具有行政主权之地区政府基于法律规定的替偿义务，以给付刑事被害人或其他法定权利人一定额度的补偿费用的形式，弥补其因刑事犯罪所遭致的经济损失。[1] 在建立刑事被害人国家补偿制度的欧美国家，如果被害人不能从加害人那里获得物质损失赔偿，可以从国家获得一定的补偿，从而在一定程度上弥补其受到的损失。但是，如果国家没有建立这种制度，在物质损失救济方面被害人就又少了一道保障。

在我国的确存在这种情况。国家补偿以承认国家对犯罪负有责任为基础，但我国在意识形态上并不接受国家责任理论，加之国家在财力上也难以为日益增多的刑事被害人提供相应的补偿，结果导致国家补偿制度在理论研究和立法推进过程中受到一定的异议、质疑与反对，迄今为止仍未建立起来。显然，在被害人不能从国家获得物质损失补偿的现实下，由社会力量对遭受物质损失的被害人进行物质救助就显得尤其重要。

（三）司法救助的不足凸显物质救助的重要性

21 世纪以来，我国先后由中央政法委联合其他相关部门发布了两个关于为被害人提供司法救助的文件，即 2009 年的《意见》和 2014 年的《意见（试行）》。但从两个文件的规定来看，被害人司法救助制度存在覆盖面窄、标准严苛和程序繁复的问题。在实践中，被害人司法救助不仅救助额度偏低，而且运行机制僵化；即使审核通过，被害人也要经过长时间的等待才能得到

---

[1] 参见陈彬："由救助走向补偿——论刑事被害人救济路径的选择"，载《中国法学》2009 年第 2 期。

救助。而在长时间的审核或等待过程中，如果被害人能够及时从社会上获得物质救助，无疑可以在很大程度上弥补被害人的物质损失和缓解被害人的心理伤痛。

（四）社会保障的落后凸显物质救助的重要性

在社会保障方面，我国目前尚未设立类似于交通事故保险或责任事故保险那样的刑事犯罪保险赔付制度。即使设立这样的保险制度，由于刑事犯罪的偶发性不高，人们也很难有意愿购买这种保险。因此，一旦被害人因受犯罪侵害而导致人身伤害、精神损害和物质损失，从社会上获得物质救助不失为被害人医治身心创伤和解决生活困难的重要替代性途径。

二、对刑事被害人进行物质救助的覆盖范围

对刑事被害人进行物质救助的目的就是尽可能弥补其遭受的物质损失。根据现行《刑诉解释》第175条之规定，被害人因人身权利受到犯罪侵犯或者财物被犯罪分子毁坏而遭受物质损失的，有权在刑事诉讼过程中提起附带民事诉讼；被害人死亡或者丧失行为能力的，其法定代理人、近亲属有权提起附带民事诉讼。

根据犯罪行为与物质损失之间的关系状况，被害人因犯罪行为遭受的物质损失可以分为直接物质损失和间接物质损失，因而笔者对物质救助范围的探讨也从这两个方面加以展开：

（一）对直接物质损失的救助犯罪

财产犯罪、经济犯罪的实施者均以获取非法物质利益为犯罪目的，因而都会使被害人遭受直接的物质损失。同时，某些人身伤害犯罪在使被害人的人身造成伤害的同时，也会使被害人遭受直接的物质损失。如果被害人遭受此类犯罪行为直接导致的物质损失而又不能通过司法程序得到及时解决，对其进行救助应当是没有争议的。具体分为三种情况进行阐述：

1. 在侵犯财产罪中，抢劫罪、抢夺罪、聚众哄抢罪、敲诈勒索罪、盗窃罪、诈骗罪、侵占罪、拒不支付劳动报酬罪等犯罪都会对被害人造成直接的物质损失。如果此类犯罪导致的物质损失影响被害人的生存、生活和发展，应当对其进行必要的救助，或者在司法程序启动之前就予以救助。在山东徐玉玉遭受电信诈骗案中，被害人徐玉玉在接到自称教育部门工作人员的诈骗电话之后，将父母为她拼凑的 9900 元学费打入对方提供的账户，学费汇出后对方音信全无，这不但直接导致巨额（至少在被害人看来如此）的财产损失，而且直接导致被害人的死亡。在当时的情况下，鉴于徐玉玉家境贫困，如果当地社会各界对被害人遭受的物质损失提供必要的救助，可能不会发生如此令人唏嘘的后果。

2. 某些经济犯罪也会给被害人带来直接的物质损失。如果此类犯罪导致的物质损失影响被害人的生存、生活和发展，仍应对其进行必要的救助。即使对于合同诈骗罪、集资诈骗罪、非法吸收公众存款罪等犯罪的被害人，也不能因为其存在非理性、盲从性或趋利性等被害性而不予救助。毕竟，此类犯罪的手法具有很强的欺骗性，加害人之所以能够犯罪既遂，主要原因仍在于利用被害人处于信息严重不对称的地位或被害人难以对加害人的业务、经营和资信进行深入了解的弱点。更为重要的是，此类犯罪的被害人往往人数众多，有的被害人甚至有可能因为毕生积蓄被骗而长期陷入生活无以为继的状态之中，如果不对其进行必要的物质救助，他们往往容易从单纯的被害人转化为社会的不稳定因素。在笔者于 2014 年处理的某非法吸收公众存款案中，ZZ 集团在尚未获得预售许可证的情况下，以借款的形式或"诚意金""购房意向金"的形式收取购房款，并向被害人承诺支付收款至实际签订房屋买卖合同之间的这段时间的利息，后又在补齐前期所缺手续的基础上把被害人前期交付的各种形式的资金转为购房款，并给各被害人开具购房款收据，与被害人签订由国家住建部门监制的格式购房合同。同年 9 月，ZZ 集团因涉嫌非法吸收公众存款罪被 YB 市 CP 区公安局立案侦查，案件进入司法程序，合同项下的房屋一并受到查封，一直没有交付于被害人，致使被害人不断上访，从而给当地带来一系列社会问题。至今，ZZ 集团既未向当事人交付合同项下的房屋，也没有向当事人返还购房款及利息，其中的贫困家庭长期处于无房可住的状态，没有得到任何物质救助。

3. 在侵犯人身权利犯罪中，人身伤害犯罪也会导致直接的物质损失。对此类犯罪的被害人进行物质救助有助于缓解被害人的生活困境，防止被害人发生"恶逆变"，从而达到预防犯罪和维护社会稳定的目的。

在考虑对此类案件被害人进行物质救助时，救助范围应当以《刑诉解释》第192条的规定为准。具体包括：（1）犯罪行为造成被害人人身损害的，应当赔偿医疗费、护理费、交通费等为治疗和康复支付的合理费用，以及因误工减少的收入；（2）造成被害人残疾的，还应当赔偿残疾生活辅助器具费等费用；（3）造成被害人死亡的，还应当赔偿丧葬费等费用。

（二）对间接物质损失的救助范围

关于对间接物质损失是否应当进行救助，主要应从两个方面予以考虑：一是间接损失是否确定发生；二是间接损失是否足以影响被害人的生存、生活或发展。如果同时符合上述两个标准，仍应对其进行救助。具体可以分为以下两种情况：

1. 上述财产犯罪和经济犯罪必然导致的间接物质损失。此类犯罪在导致直接物质损失的同时，可能发生其他相关不利后果，从而间接地导致其他相关物质损失。例如，被害人正准备用自己贷款购买的货车运输合同项下的货物，不料货车被犯罪分子盗窃并在逃逸过程中撞毁，由此导致不能履行运输合同的违约赔偿责任，这种赔偿责任就是此种意义上的间接物质损失。由于作为加害人的盗窃犯罪人死亡，而被害人在失去了唯一谋生手段的同时还要偿还货车贷款，如果其不能获得社会救助，生活必然难以为继。再如，犯罪分子抢劫被害人用于治疗子女疾病的资金，从而因为耽误医治而导致被害人子女残疾、死亡，而由此导致的残疾赔偿或死亡赔偿金则属于此种意义上的间接物质损失。显然，这种间接物质损失与《刑诉解释》第192条规定的内容并无本质区别，被害人同样应当获得适当的物质救助。

2. 侵犯人身犯罪必然导致的间接物质损失。根据最高人民法院《关于审理人身损害赔偿案件适用法律若干问题的解释》（以下简称《人身损害赔偿司法解释》）第6条~第19条规定，受害人致残的，因增加生活上需要所支出的必要费用等导致的收入损失，包括残疾赔偿金、残疾辅助器具费、被扶养人生活费、康复费等，赔偿义务人也应当予以赔偿。其中，被害人因丧失劳动能力导致的收入损失以及被扶养人的生活费并非由犯罪行为直接导致，应当属于间接物质损失。由于这两种物质损失关乎被害人或其被扶养人的生活，应当属于物质救助的范围。

在具体计算上，根据《人身损害赔偿司法解释》的规定，被害人的收入损失是"残疾或死亡赔偿金"与"被扶养人生活费"之和，即"残疾或死亡者收入损失＝残疾或死亡赔偿金＋被扶养人生活费"，而被扶养人生活费则根据扶养人丧失劳动能力程度，按照受诉法院所在地上一年度城镇居民人均消费性支出和农村居民人均年生活消费支出标准加以计算。[1]

三、对刑事被害人进行物质救助的具体方式

对刑事被害人进行物质救助的具体方式很多，其中主要有资金给付、贷款支持、物资提供以及向被害人提供食物券、助学金或失业救济金，等等。

（一）资金给付

在刑事被害人社会救助中，资金给付是最常见的物质救助方式。所谓资金给付，即向被害人提供一定数额的资金，以弥补其遭受的物质损失。在本质上，资金给付这种物质救助方式属于民法上的赠与，是一种单务法律行为。资金给付的主体可以是个人、企业、事业单位、社会团体，政府也可以代表社会向遭受物质损失的被害人支付一定的资金。在被害人社会救助现实中，被害人所在的单位、所属的街道、居委会或乡镇、村民自治组织最为了解被害人的受损状况，也是最为常见的资金给付主体。

资金给付是一种普遍的物质救助方式，适用于被害人遭受的各种物质损失或各种犯罪导致的物质损失，包括人身伤害、精神损害和物质损失。资金给付之所以具备广泛的救助属性，是因为资金本身具有一般等价物的属性，并能在市场上被服务或商品的生产者、销售者或提供者接受。一旦被害人获得社会救助主体给付的资金，就可以用于购买医治身心创伤的服务和解决生活困难的商品。同时，资金救助的功能并不限于为被害人解决医疗和生活支出的问题，对于那些因受犯罪侵害而死亡或丧失劳动能力的被害人而言，其近亲属或受养人（被抚养人、被扶养人）也应有权从社会获得资金救助，以

---

〔1〕 参见周瑞生："刑事案件被害人的民事赔偿范围探析"，载人民法院网，网址为：www.chinacourt.org，最后访问日期：2021年5月30日。

解决医疗或生活之需。不仅如此，资金给付还具有一定的精神慰藉功能，被害人在获得资金给付时所产生的愉悦情绪对于减轻因物质损失导致的心理痛苦具有一定的积极作用。

（二）抚慰金

抚慰金是一种特殊的资金给付形式。在社会救助实践中，抚慰金的给付主体通常是被害人所在单位或所属的街道、居委会或乡镇、村民自治组织，这类救助主体与被害人具有较为密切的日常工作或生活联系。

抚慰金兼具物质救助和精神救助的双重功能，但在具体救助情景下可以物质抚慰为主要目的或以精神抚慰为主要目的。笔者在湖南耒阳市调研时曾接触一起故意伤害案，当地一家企业向被害人无偿支付6万元用于伤害救治，该笔抚慰金当属以物质救助为主要目的。在该案中，被害人和加害人本为恋人关系，但后因性格不合经常闹矛盾。一次，加害人前往被害人的暂住处商量外出打工事宜，在商量过程中发生争执，加害人持锅铲击打被害人10余下。经鉴定，被害人遭受的伤害达到重伤程度，而加害人在当时突发间歇性精神分裂症，属限制刑事责任能力人。本案的特殊之处在于，加害人和被害人均无固定收入来源，双方家庭均属乡里贫困户。得到消息的一家当地乡镇企业向被害人给付6万元，用于向医院支付治疗费和医药费。

（三）贷款支持

贷款支持主要用于帮助被害人维持生产或恢复生产。在美国的一些州，为了帮助被害人渡过难关，向刑事被害人提供"应急贷款"是一种常用的物质救助手段。[1] 在我国，如果被害人的生产资料或用于购买生产资料的资金遭受犯罪侵害而又无以为继，银行、信用合作社等社会救助主体也可以为之提供必要的贷款支持。与现金给付不同的是，贷款不是无偿的。向被害人提供贷款支持的主体通常是银行或当地的信用合作社。银行或信用合作社在向被害人提供贷款支持之前，通常会对被害人的个人、家庭财产状态以及被害人从事生产或再生产对资金的需求状况进行必要的调查。如果决定对被害

---

〔1〕 参见王道春："论我国刑事被害人社会援助制度的构建"，载《时代法学》2006年第6期。

提供贷款支持，银行或信用合作社会与被害人签订相应的贷款合同，对利率、偿还期限和其他相关事项予以约定。

在诸多物质救助方式中，贷款支持虽不常见，但值得关注和发展。笔者在武汉地区调研期间曾接触一个发生于 21 世纪初的救助案件：被害人准备开一个米粉加工作坊，为此从各方亲戚朋友那里筹集 2 万余元资金，加上自有积蓄 1 万多元，用于购买米粉加工设备。彼时微信、支付宝等电子支付方式尚不发达，当地人们习惯于现金交易，不料资金在家中存放期间失窃。被害人非常懊悔，加之配偶埋怨，气急之下喝农药自杀，幸亏抢救及时活了下来。当地一家农业银行的负责人知道此事后，找到被害人，给他提供 5 万元的无息贷款支持，从而解决了被害人的燃眉之急。

（四）提供特定物资

对于通过经济救助一时难以从市场上换取的物资，救助主体可以向被害人提供所需的物资救助。物资救助可以体现为被害人所需的食品、衣物、家具以及其他日常用品，也可以体现为肢体辅助器具、体能恢复器具以及其他相关设备设施，等等。对于有特定物资需求而不能通过经济救助解决的被害人，社会救助主体可以像对待自然灾害受害者那样，向被害人直接提供所需的物资救助。此外，上门提供物资救助还有一个好处，即对于年老、体弱或行动不便的孤寡被害人，为其提供食品、衣物、家具以及其他日常用品之类的物资救助还意味着省去难以承受的体力劳动。

物资救助可以票证化，其中的典型就是代表一定数量食物的食物券。在美国、加拿大和欧洲的许多国家，食物券的使用已经非常普及，刑事被害人可以和普通贫困者或低收入者一样，从慈善机构那里领取所需食物。[1] 未来，我国也可以借鉴这些国家的做法，成立类似的慈善机构。

（五）向被害人子女提供助学金或奖学金

被害人因受犯罪侵害而致残或死亡后，其在学子女不但面临生活问题，而且可能面临学业无以为继的问题。在这种情况下，社会救助主体应当在提

---

〔1〕　美国和比利时的"食物银行（Food Bank）"是比较著名的、专门向贫困者或低收入者提供免费食物的慈善机构，遍布全国各地的食物银行从农场和超市把那些即将过期但又卖不出去的食品、农产品收集起来，免费发放给需要的人。这样既减少了浪费，又发挥了救助功能。

供资金救助或物资救助的同时，向其提供助学金或奖学金的救助。在这方面，日本的经验值得学习。早在 1980 年，该国在制定《犯罪被害人等给付金支付法》之时，就通过了《实现对作为遗属的儿童、中小学生给予奖学金的决议》，以资助刑事被害人子女完成学业。[1] 1981 年 5 月 21 日，日本根据首相和文部大臣的特许，设立专门用于资助刑事被害人子女学业的救助基金。该基金基于社会连带互助的精神，对因遭受侵害人的生命和身体的犯罪行为而死亡或严重残疾的刑事被害人的子女，如因经济原因致使上学困难者，给予奖学金和学习用品费。[2]

我国在政府层面目前尚无向刑事被害人子女定期提供奖学金或助学金的成熟机制，但民间社会一直存在类似的实践。笔者在河南省郑州市调研时曾接触这样一个救助案例，该案受助者是 3 名自幼失去母亲的在学学生，其父在 2018 年外出务工期间突遭杀害。父亲被杀后，3 名受助者失去生活和亲情的依靠，生活陷入困境，学业无法继续。在这种情况下，当地志愿者发起募捐活动，将募集到的 4 万多元善款送到被害人家中，并托所属村委会管理，定期为 3 名受助者支付生活费和助学金。

四、物质救助面临的主要问题

在刑事被害人社会救助实践中，物质救助面临的问题很多，其中主要有以下几个方面：

（一）缺乏资金保障，可持续性不强

物质救助需要大量的资金投入，但我国目前在这一领域主要依靠社会力量的捐助，国家尚无专门的投入。有限的国家投入主要用于对刑事被害人的司法救助之中，甚至连司法救助所需的资金也难以充分保障。

---

〔1〕 参见田思源：《犯罪被害人的权利与救济》，法律出版社 2008 年版，第 118 页。

〔2〕 自该制度 1981 年 10 月 1 日实施以来，分别于 1982 年 4 月 1 日、1984 年 4 月 1 日、1985 年 4 月 1 日、1986 年 4 月 1 日和 1991 年 4 月 1 日，将奖学金的额度向上调整了 5 次。目前，按月给付的奖学金的数额为：国立、公立大学为 23 000 日元，私立大学为 29 000 日元；国立、公立高中为 15 000 日元，私立高中为 23 000 日元；初中生和小学生统一为 9000 日元。除此之外，一次性临时支给的奖学金的数额为：大学入学为 50 000 日元；初中和高中入学为 30 000 日元；小学入学为 70 000 日元。参见田思源：《犯罪被害人的权利与救济》，法律出版社 2008 年版，第 119 页。

那么，我国社会力量对刑事被害人的捐助是否充足呢？就笔者在调研中了解到的情况而言，答案同样是否定的。一方面，尽管自改革开放以来我国社会财富有了极大的增长和积累，但社会主体的资金毕竟是分散的，单个社会主体的资金是尤其有限的。即使是亿万富翁，也难以要求其投入大量资金对全国的刑事被害人提供物质救助。另一方面，在欠缺立法保障的情况下，社会力量对刑事被害人的物质救助是自发的、道义性的，人们不能对此求全责备，被害人也无权要求特定社会主体提供捐助。因此，综合来看，尽管社会捐助在个案中可能是充分的，但在总体上远远难以保障对刑事被害人进行物质救助的资金需求。

（二）注重事后救助，难以及时让被害人受益

纵观我国刑事被害人社会救助实践可以发现，绝大多数救助案例都是亡羊补牢式的事后救助。尽管事后救助也有其必要性和存在的价值，但它的缺点主要在于缺乏前瞻性或预见性，难以及时止损或预防更为严重后果的发生。在2016年发生于山东的徐玉玉遭电信诈骗案中，被害人徐玉玉马上就要迈进大学校园，却被诈骗电话骗走多方筹措得来的9900元学费。当地在获知此事后，社会救助未能及时介入，而司法救助又需要经过长时间程序处理以后才能由检察机关或人民法院启动。最终，被害人徐玉玉由于极度悲愤导致心脏骤停，不幸离世。尽管事后当地好心人士也向徐玉玉一家表示同情并愿意捐资改善其家人的生活，但不幸已经发生，被害人不可能死而复生。相反，假设当地村民委员会在获知此事的第一时间就给予物质救助或承诺提供物质救助，被害人徐玉玉可能不至于绝望而死。

事实上，这种假设并非对社会救助的苛求，也不是对当地基层政府、教育主管部门或被害人村民委员会的苛责，而是对刑事被害人社会救助缺乏前瞻性或预见性的反思。换言之，在此类案件中，负有救助责任的社会主体应当在实践中改变消极的事后救助观念，增强预先救助的意识。只有这样才能让被害人及时受益并防止损失的扩大。

（三）救助目的单一，只是为了解决生活困难

从目前的刑事被害人社会救助实践来看，对被害人的物质救助只是简单地向被害人提供数额不等的资金，很少以其他方式向被害人提供救助。如果

仅以解决生活困难为目的，势必把刑事被害人与一般贫困人口混为一谈。一方面，被害人本身并非贫困人口，更不一定是低收入者；许多被害人在遭受犯罪侵害之前或之后都有固定收入，甚至收入也不低。另一方面，即使刑事被害人陷入生活困境，其陷入生活困境的原因与一般贫困人口的致贫原因也是不同的，后者的致贫原因大多还是要从主观上寻找根源。换言之，刑事被害人之所以中断自我发展的进程或降低自我发展的水平，不是因为其他，而是因为遭受犯罪侵害这一意外的客观原因。既然如此，在向刑事被害人提供物质救助时，就应在救助方式上有所区别，避免把刑事被害人等同于一般贫困人口进行救助。

事实上，解决生活困难只是刑事被害人最基本的救助需求，精神需求和发展需求更多。因此，在向被害人提供物质救助时，不宜简单地向被害人发放资金，而应具体问题具体分析，对被害人"因需施救"。如果被害人遭受的损失是厂房被人故意纵火烧毁，救助的方式就应以贷款为宜，使之能够尽快恢复生产。如果被害人的精神痛苦更甚，则应在提供物质救助的同时施以精神救助，必要时可以为之购买心理辅导服务。

（四）社会宣传力度不够，救助潜力没有得到应有发挥

如前所述，我国社会财富自改革开放以来有了较大的增长和积累，已经具备较强的社会救助资金基础。尽管如此，人们对刑事被害人的救助并不普遍，可用于研究的典型个案也不多见。究其原因，个体的主观意识固然是一个重要方面，但就客观上而言，我国长期缺乏对刑事被害人救助的社会宣传，各地的社会救助宣传也没有把被害人社会救助内容涵盖进去。以北京地区为例，笔者曾经对全市各个区县的民政部门做过电话采访，结果显示只有西城区曾经做过类似的宣传。经过进一步联系，西城区民政局办公室给笔者提供了一份《慈善公益报》，上面显示该局曾于 2018 年联合陶然亭办事处、北京公益服务发展促进会开展"社会救助政策宣传月"活动，刑事被害人社会救助是其中的一项内容。[1]

---

[1] 参见权敬："北京西城区启动社会救助政策宣传月活动"，载《慈善公益报》2018 年 9 月 11 日，第 1 版。

不仅如此，宣传力度不够也是导致整个社会缺乏刑事被害人救助共识的一个重要原因。而在缺乏救助共识的情况下，即使社会总体财富积累相对较多，但在个体层面仍然处于分散或休眠的状态，这势必制约其在刑事被害人社会救助中发挥应有的作用。

五、如何解决对被害人的物质救助中存在的问题

针对物质救助存在的上述诸多问题，主要应采取以下应对措施：

首先，为了解决刑事被害人物质救助所需资金不足的问题，各级政府应当引导并支持建立刑事被害人救助基金。基金的组成可由政府主导投入一部分或大部分，其余由社会主体以捐助形式投入，多多益善。唯其如此，才能为刑事被害人物质救助建立一个可靠的"资金池"，从而确保对刑事被害人进行物质救助的可持续性。当然，从长远来看，我国需要借鉴欧美国家的做法，尽快对刑事被害人社会救助进行单独立法，建立与一般社会救助和司法救助并行不悖的刑事被害人社会救助制度，使刑事被害人享有从社会获得物质救助的权利，而社会主体也依法负有对刑事被害人提供物质救助的义务。

其次，改变救助观念，把"序后救助"变为"序前救助"。在刑事诉讼中，司法程序的启动需要时间，过程更需要时间，少则数月，多则几年，但被害人在受到犯罪侵害后，人身伤害亟须得到治疗，或生活、生产亟须得到恢复。如果等到司法程序终结才为被害人提供救助，许多救助已经没有意义，既有的损失还有可能进一步扩大。因此，为了防止被害人遭受进一步的损失并增强被害人的风险抵御能力，社会救助主体应当转换对刑事被害人的物质救助理念，变消极救助或被动救助为积极救助或主动救助。

那么，如何实现从"序后救助"到"序前救助"的转变呢？一方面，在案件始发之际，当地派出所、社区居委会或村民委员会就应立即评估被害人遭受的物质损失，不能等待司法程序终结才开始考虑救助问题。另一方面，处理案件的公安司法机关应当就以下事项保持与社会救助主体的联系和沟通：被害人家境是否贫困；被害人的生活是否受到重大影响；被害人是否需要获得社会救助；如果司法救助额度不够，是否需要发动社会力量捐助。唯有如此，对刑事被害人的物质救助才能从"亡羊补牢"式的救助走向"未雨绸

缪"式的救助。

再其次，增强物质救助的针对性，不仅要尽可能帮助被害人提升生活水平，而且要着眼于帮助被害人实现自我发展和树立生活信心。为此，社会救助主体应当从两个方面更新物质救助的方式：一方面，不能把物质救助等同于单纯的资金给付。换言之，如果被害人急需的并非资金，而是生活或生产所需的物资，那就应当向其提供所需物资。或者，也可以以贷款或失业救济金代替单纯的资金给付。另一方面，应当增强物质救助的人文关怀性质。在向被害人提供物质救助的时候给予应有的慰问和鼓励，从而使被害人感受到社会的温暖。对于见义勇为的被害人，在提供物质救助的同时还应予以表彰。

最后，为了激发社会力量向刑事被害人提供物质救助的潜能，有关部门和民间机构应当对刑事被害人社会救助进行必要的宣传，司法行政部门也可以把被害人社会救助纳入普法宣传的内容之中。需要注意的是，在宣传过程中不能把被害人等同于一般的贫困人口或社会弱势群体，这样容易使被害人形成"等、靠、要"的消极心理，从而忽视自身的发展潜力。

第六章

刑事被害人的精神救助问题

在被害人社会救助方式中，经济救助和精神救助是两种最重要的救助方式。经济救助固然重要，精神救助同样重要。对于遭受精神损害的刑事被害人而言，当务之急不是为之提供经济救助，而是为之提供精神救助。对于遭受严重精神损害而失去自我意识的刑事被害人而言，如果不能通过精神救助平复其精神损害，再多的经济救助也没有意义。在有的刑事案件中，以重庆"姐弟坠楼案"为例，被害人的生母陈女士个人经济状况良好，其更为在意精神救助而非经济救助，甚至根本不需要经济救助。在现行立法排斥由加害人对被害人进行精神损害赔偿的情况下，精神救助是在诉讼外平复被害人精神损害的唯一可行之道。[1]

显然，经济救助代替不了精神救助。刑事被害人精神救助是由一定主体通过精神手段为刑事被害人提供的救助。所谓刑事被害人，是指因遭受犯罪行为侵害而导致物质损失或精神损害的自然人。在外延上，这一概念既包括我国刑事诉讼法规定的直接被害人——受到犯罪行为直接侵害的自然人，也包括间接被害人——我国刑事诉讼法规定的"被害人的近亲属"以及直接被害人的收养人、受养人，不含法人、社会组织以及整体意义上的国家。[2]能为刑事被害人提供精神救助的主体非常广泛：承办案件的司法机关对刑事被害人受到的精神损害情况比较了解，可以为之提供救助；从社会层面而言，刑事被害人的亲属、所在的村委会、社区居委会等基层自治组织以及妇联、

---

〔1〕 根据《刑诉解释》第175条第2款的规定，因受到犯罪侵犯，提起附带民事诉讼或者单独提起民事诉讼要求赔偿精神损失的，人民法院一般不予受理。

〔2〕 本书主要参考联合国《宣言》中关于刑事被害人的定义。

青联、共青团等社会团体也可以为之提供救助。民间机构、高等院校、医疗机构和社会团体也可以利用自身条件为刑事被害人提供精神救助服务，在实践中，上述主体可以运用的精神手段很多，其中主要包括心理疏解、心理咨询、心理辅导、心理治疗以及相关的精神医学治疗，等等。[1]

21世纪以来发生的一系列影响性案件也使人们越来越多地关注刑事被害人的精神救助问题，如2006年的邱兴华报复杀人案、2011年发生的安徽中学女生周岩毁容案、2016年发生的中国留日学生江歌被杀案、2017年发生于杭州的保姆莫焕晶纵火案、2019年发生于大连的未成年人蔡某某强奸杀人案以及2020年破获的南医女生遇害案。这些案件虽然案情各异——或犯罪人长期逍遥法外，或犯罪人作案手段令人发指，或由于犯罪人未满法定刑事责任年龄而不被追究刑事责任或不被判处特定刑罚，但其中的犯罪行为无不给被害人带来严重的精神损害并激发人们关于对刑事被害人提供精神救助的思考。然而，长期以来，我国的刑事被害人救助立法仅限于经济救助，一直未给精神救助一席之地。有的学者把刑事被害人精神损害救助方式单一地理解为经济救助，从而无意地排除了对刑事被害人的精神救助。[2]有的学者甚至无视精神救助对于平复刑事被害人精神损害的价值，进而主张排斥对刑事被害人施以精神救助。[3]有鉴于此，笔者拟对刑事被害人精神救助问题加以探究，以期引起学界的重视。

一、刑事被害人精神救助的客体界定

刑事被害人精神救助的客体是刑事被害人的精神损害。

关于何为精神损害，现行法律并未作出具体而明确的规定，学界的看法也不一致。有刑法学者认为，精神损害是因暴力、恐惧、伤残、悲哀等外在

---

[1] 在广义上，心理也属于精神的范畴。参见沈渔邨主编：《精神病学》，人民卫生出版社2009年版，第212页。

[2] 参见陈彬等：《刑事被害人救济制度研究》，法律出版社2009年版，第120页。

[3] 参见兰跃军主编："刑事被害人救助立法主要问题及其评析"，载《东方法学》2017年第2期。

原因所引起的受害人精神上的失常和痛苦。[1]有民法学者认为，精神损害是指自然人因其人格权受到侵害而遭受的生理上、心理上的痛苦及其他不良情绪，即精神痛苦。[2]有行政法学者认为，精神损害就是精神痛苦，损害体现为痛苦，痛苦即为损害。[3]当然，也有学者概不同意上述各种观点，认为精神损害并非精神痛苦，而是附随先存权利受到侵害而在精神上产生的后果，即侵害行为对自然人本人或其他权利主体所造成的精神压力状态。[4]还有学者认为，精神损害不限于精神痛苦，还包括法律或司法解释规定可以金钱赔偿作为救济方式的其他严重精神反常情况。[5]综合来看，尽管学者们都对精神损害的涵义作了不同的探索，但主要把精神损害定位于纯粹的主观感受或具体的表现形式，如"不良情绪""痛苦"或"压力"等。事实上，精神损害的具体表现形式多种多样，在性质上既有主观的一面也有客观的一面。对于有的精神损害，比如因受犯罪刺激而导致的癔症、精神错乱或精神分裂，刑事被害人自己可能并不觉得痛苦，也不大可能感到压力，难道能因为自然人没有产生这样的主观感觉而否定它的存在？由此可见，精神损害既有主观的一面，也有客观的一面，其表现形式不限于精神痛苦，还包括精神痛苦之外的其他精神异常情况。综上，大体可以把精神损害界定为自然人因受不法行为侵害而在精神层面产生的异常状态。

刑事被害人的精神损害应当符合上述一般精神损害的共性特征：其一，它是一种异常状态，这种异常状态可以有不同层面的外在表现，如情绪上的异常、心理上的异常、与心理有关的功能性精神疾患。其二，这种异常状态仅限于精神层面，身体层面的异常状态不在此限。其三，具有外因性，即由外因导致。刑事被害人患有的先天性精神疾病不属于救助范围。其四，具有心因性，即和心理有关。和心理有关的功能性精神损害可以纳入救助范围，

---

〔1〕参见皮纯协、冯军：《国家赔偿法释论》，中国法制出版社2010年版，第56页。

〔2〕参见王利明等编著：《人格权法》，法律出版社1997年版，第223页。

〔3〕参见马怀德主编：《完善国家赔偿立法基本问题研究》，北京大学出版社2008年版，第578页。

〔4〕参见赵玄："论精神损害赔偿在国家赔偿中的定位与司法适用"，载《中南大学学报》（社会科学版）2014年第5期。

〔5〕参见张新宝主编：《精神损害赔偿制度研究》，法律出版社2012年，第17页。

但纯粹的器质性精神损害只能通过医学治疗得到解决，不属于刑事被害人精神救助的客体范围。其五，具有法律相关性，即损害是因受不法行为侵害而导致的法律后果。其六，既有主观性，也有客观性，刑事被害人的主观感受不是判断精神损害是否存在的唯一依据。[1]

除了以上共性，刑事被害人的精神损害也有以下不同于一般精神损害的个性特征：其一，在主体上的特殊性。刑事被害人精神损害以刑事被害人为承受主体，这不同于民法上的侵权行为受害者以及国家赔偿法上的受害人。其二，在肇因上的特殊性。刑事被害人精神损害属于犯罪行为侵害引发的结果，非因犯罪行为导致的精神损害不属于精神救助的客体范围。据此，以下两类精神损害可予排除：一是犯罪行为以外的原因导致的精神损害，如自然灾难、意外事故或失恋所致的精神损害。二是虽与犯罪行为有关但侵害主体非犯罪人或与犯罪人无特定的法律关系的精神损害，如目睹血淋淋的凶杀或交通事故现场所致的精神损害。其三，对精神救助的依赖程度上的特殊性。正如下文将会论及的那样，刑事被害人遭受的精神损害难以通过判处犯罪人刑罚得到解决，其在现行法律体系下也无法通过其他司法途径得到解决，故而需要得到精神救助。相对而言，尽管民法意义上的受害者以及国家赔偿法意义上的受害人也会遭受精神损害，但现行法律框架下的侵权之诉或精神损害赔偿诉讼已经足以使之得到解决，一般无需精神救助。

在实践中，对轻微的精神损害可以不予救济，故可予救济的精神损害还需达到严重的程度。对其严重程度的判断可以从主客观两个方面进行把握。就主观层面而言，可以采取中性第三人标准，即由被害人或被告人之外的第三人判断精神损害是否达到可救助性的严重程度。[2]在具体操作中，司法机关、司法行政机关、具体救助机构以及刑事被害人所在的社区或村组可以根据具体情况选择相关的专业人士作为中性第三人，由该中性第三人作出判断。

---

〔1〕 参见任克勤主编：《被害人心理学》，警官教育出版社1997年版，第27~35页；曾绪承主编：《司法精神病学》，群众出版社2002年版，第11~17页；马俊骥："论精神损害的可赔偿性"，载《时代法学》2019年第1期。

〔2〕 参见郭强、陈斌："刑事精神损害赔偿法律制度研究"，载《经济研究导刊》2011年第20期。

就客观层面而言，如果采用中性第三人标准仍不足以对被害人精神损害的严重程度作出相对准确的判断，可以由上述救助主体委托专业机构进行定性或定量的鉴定。通常，精神损害的性质不同，严重程度也不相同。例如，精神疾患的严重程度通常高于心理障碍，而心理障碍的严重程度通常高于情感障碍。综上，可予精神救助的精神损害大体上可以分为以下三种情况：一是达到严重程度的情感障碍，如紧张、焦虑、偏执、沮丧、绝望、愤怒，仇恨，等等。[1]二是达到严重程度的心理障碍，既包括自闭症、焦虑症、适应性抑郁症等适应性心理障碍，也包括躁狂症、恐惧症、反应性抑郁症、极端的反社会心理以及性犯罪导致的性厌恶等反应性心理障碍。[2]三是达到严重程度的与心理有关的功能性精神疾患，如因犯罪刺激导致的癔症和精神分裂症。[3]

除需要达到严重程度之外，刑事被害人精神损害的可救助性是否还要受到不同类型的限制？传统观念认为，刑事被害人精神救助的范围应限于因人身权受到犯罪侵害而导致精神损害的情况，因财产权受到犯罪侵害而导致精神损害的情况不在此限。究其原因，有学者指出，侵犯财产权对刑事被害人所造成的精神损害是非常有限的，且这种侵害完全可以通过财产的返还和赔偿得以恢复原状。[4]笔者认为，对因财产权受到犯罪侵害而导致精神损害的被害人，如非法集资犯罪的被害人，主要应通过经济救助帮其解决问题，但其并不排斥精神救助。换言之，只要有必要，也可以对因财产权受到犯罪侵害而导致精神损害的被害人施以精神救助。此外，也有学者认为刑事被害人精神救助范围应限于因暴力犯罪对人的生命和健康造成损害所导致的精神损害，非因暴力犯罪引发的精神损害可以不予救助。[5]这个观点也是有失偏颇

----

〔1〕　情感障碍亦名为情绪障碍或情绪异常。参见沈渔邨主编：《精神病学》，人民卫生出版社2009年版，第301页。

〔2〕　此类心理障碍亦名为心因性精神障碍。参见沈渔邨主编：《精神病学》，人民卫生出版社2009年版，第382页。

〔3〕　参见沈渔邨主编：《精神病学》，人民卫生出版社2009年版，第290页。

〔4〕　参见袁曙光、杨帆："刑事被害人精神损害国家救助的学理基础及制度规范"，载《济南大学学报》（社会科学版）2015年第6期。

〔5〕　参见袁曙光、杨帆："刑事被害人精神损害国家救助的学理基础及制度规范"，载《济南大学学报》（社会科学版）2015年第6期。

的。事实上，某些侵害人身自由的犯罪并不一定使用暴力，如拐卖妇女儿童罪，但也会对被害人造成严重的精神损害，对此不予救助是不合理的。因此，对刑事被害人精神救助范围的界定不应受到精神损害类型的限制。原则上，只要刑事被害人遭受因犯罪导致的严重精神损害，就应得到救助。

以上是对刑事被害人精神损害可救助性实质条件的讨论。除此之外，有的国家也在立法上规定相应的形式条件，以扩展精神损害的可救助性。例如，美、法、德等国家的立法规定，可予赔偿的精神损害原则上都具有可救助性，一旦被告人无力赔偿或不能对其判处赔偿，被害人有权从国家或社会获得精神救助。[1]也就是说，尽管精神救助不属于司法裁判的内容，但只要法庭判处被告人对被害人的精神损害负有赔偿责任而被告人又无力赔偿或因被告人死亡等原因而不能赔偿，救助机构即可参照该司法裁决，认可该被害人遭受的精神损害具有可救助性。但是，能否这样认为，如果被害人已从或已获判决从被告人处获得精神损害赔偿，就可以不对被害人提供精神救助呢？答案应当是否定的。被告人对被害人精神损害的赔偿通常是以物质的形式，即使其具有一定的精神抚慰效果，也难以代替来自国家和社会的精神救助。这是完全不同的两个问题。

二、刑事被害人精神救助的具体实施

如前所述，精神救助是运用精神手段而非经济手段为刑事被害人提供的救助。精神手段主要表现为心理学或精神病学知识和技能的运用，是一种需要"走心"的救助。在具体救助过程中，精神救助绝不能像在经济救助中那样，只需简单发放一些资金即可，而应根据被害人精神损害的具体情况施以不同的救助方式。

（一）对于情绪异常的救助，主要采用心理疏解和心理抚慰的方式

心理疏解和心理抚慰具有一定的共同之处，即都能从量上消减被害人的精神损害。但二者也稍有不同。前者主要通过分散被害人对精神损害的主观

---

〔1〕 参见任韧："关于建立刑事被害人精神损害赔偿制度的探析"，载《江西警官学院学报》2016年第1期。

感受而达到救助目的，如开导、劝勉。后者主要通过降低被害人对精神损害的感受程度而达到救助目的，如安慰，慰问。在救助实践中，后者的运用更为常见，其形式可以是语言的，也可以是行为的，也可以某种物质为载体，如精神抚慰金、慰问金。

在运用上述救助方式时，救助主体需要耐心倾听和深刻理解被害人的精神需求，尽可能与之保持语言和心灵的沟通、交流，这样才能达到良好的救助效果。例如，在1992年发生的南京医学院女生林伶遇害案破获之前，林伶的父母一直处于精神伤痛之中，也对身体健康造成了很大影响，林伶生前就读的南京医学院（后改为南京医科大学）一直关注案件的进展，林伶父母每年3月20日（案发日）前后赴学校现场祭奠时班主任予以接待，林伶的一些同学、老乡有时去无锡看望、劝勉和安慰她的父母，其中一个在江苏省人民医院工作的同级同学还经常给林伶母亲提供诊疗方面的帮助，逢年过节也会代表同学向他们打电话表示关心，这些联系、看望、关心、劝勉、安慰、接待和各方面的帮助无疑都在一定程度上起到了平复林伶父母精神伤痛的效果。

除了被害人的家人、亲友以及社会人士，相关的司法机关、民政部门、社会团体或其他相关组织、机构以及被害人所在的单位、社区、村民自治组织也可以对被害人进行心理疏解和心理抚慰，对被害人进行关心、看望和慰问。例如，在2017年发生于湖南省郴州市的一起故意杀人案中，被害人胡某的死亡给其家人特别是其妻罗某，带来沉重的精神打击，罗某对生活一度感到绝望。了解这一情况的郴州市检察院副检察长曹迎春、北湖区检察院副检察长何涛等人代表郴州市检察机关在春节前对被害人一家进行看望和慰问，同时还协调北京博爱妇女发展慈善基金会一起送上慰问金1万元，既让被害人一家感受到国家的关心，也在一定程度上帮助被害人一家树立了生活的信心。[1]

当然，此类救助方式不应停留在日常的层面上，必要时可由专业人士或

〔1〕 参见陈国庆："慰问救助被害人，岁寒情深暖人心"，载郴州北湖区人民检察院官网，网址为：http://www.chenzhoubh.jcy.gov.cn，最后访问日期：2020年5月10日。

专业救助机构向被害人提供更有系统性的心理抚慰或心理疏解，这样可以取得更好的救助效果。在国外，专门的精神抚慰犬已被引入精神救助领域，对此我国也应予以发展。精神抚慰犬是经过特殊训练的犬种，能帮助被害人缓解紧张、孤独的精神状态，对于抚慰那些被犯罪夺去亲人的间接被害人尤其有效。

（二）对于心理障碍的救助，主要采用心理咨询、心理辅导或心理治疗的方法

心理咨询适用于心智清醒的被害人。如果被害人心智清醒，可以主动前往心理咨询机构寻求救助，提供救助的机构或人员也可以帮助其主动前往心理咨询机构寻求救助。[1]澳大利亚在刑事被害人心理障碍救助方面具有长期的实践经验。该国实施的被害人协助方案包含专门的"心理创伤复健服务"部分，被害人在经过心理评估后可以接受长达48小时的心理咨询服务；如经心理咨询发现被害人精神损害严重，可以为之提供进一步的精神救助，包括"社会与心理资源的协助""心理支持与治疗""心理陪伴"，等等。[2]

对于意识不到自身存在心理障碍的被害人，可以为之提供心理辅导，即由专业人员帮助被害人调适心理异常状况。[3]心理辅导分为适应性心理辅导、克服性心理辅导、发展性心理辅导。适应性心理辅导可以帮助被害人减轻心理压力，改善适应能力。例如，在四川南充的一起故意伤害案中，被害人——14岁中学生蒲某被同学王某故意伤害致右手大臂右侧桡神经、运动神经及感觉神经受到损害，蒲某根本适应不了作为学生无法用右手写字的事实，辍学在家只是闭门发呆。嘉陵区人民检察院的干警得知情况后，立刻着手开始进行救助，一方面通过沟通和交流加强对蒲某的心理疏导，另一方面邀请专业人员给他提供适应性心理辅导，最终成功使蒲某重返校园继续未完学业。[4]克服性心理辅导可以帮助被害人排解心理困扰和解决心理矛盾，恢复正常的生活状

---

〔1〕 参见陶勑恒主编：《心理咨询与辅导》，北京大学医学出版社2007年版，第46页。

〔2〕 参见秦颖慧："刑事被害人国家救助制度研究"，载《西部法律评论》2010年第3期。

〔3〕 参见秦颖慧："刑事被害人国家救助制度研究"，载《西部法律评论》2010年第3期。

〔4〕 参见杨晓娟、汤文："嘉陵区人民检察院开展被害人司法救助工作"，载四川在线网站，网址为：http://www.scol.com.cn，最后访问日期：2020年3月10日。

态。例如，在山西的一起抢劫案中，被害人深受精神打击，半夜常被吓醒，一度患上恐惧症，对生活丧失信心。阳泉市人民检察院工作人员在了解到这一情况后，专门聘请了心理咨询师，对被害人进行心理辅导。经过几次辅导，被害人走出了心理阴影，表示一定会坚强地面对生活，照顾好年幼的孩子。[1] 发展性心理辅导可以帮助被害人更好地认识自身和社会，继而使之融入社会。在 2012 年发生于安徽的陶汝坤故意伤害案中，被害人周岩惨遭毁容，头面部、颈部、胸部严重烧伤，烧伤程度达 2 度、3 度，烧伤面积超过 30%，经抢救治疗脱离危险后留下严重的恐惧症、抑郁症和一定程度的自闭症，后在心理专家的辅导下培养兴趣爱好，包括音乐、绘画和开办网店等，最终得以重启社会生活，逐渐摆脱心理障碍。[2] 不仅如此，心理辅导也可以用于消减因受犯罪侵害而导致的仇恨心理，但这一功能远未受到应有的重视。众所周知，犯罪会激发被害人对犯罪人的仇恨心理，这本来是正常的现象。但是，如果这种仇恨心理不受疏导和控制，则可能外化为报复型犯罪，甚至变成反社会的变态心理或反社会型犯罪。在陕西的张扣扣案中，根据邓学平律师在辩护词"一叶一沙一世界"中的描述，张扣扣在目睹母亲死后的 12 年里一直伺机复仇，但其间一直没有受到任何来自当地司法机关、民政部门和其他社会组织在精神上的疏解或心理上的干预，以至于最终酿成因杀死王正军父兄 3 人而由被害人转为犯罪人的悲剧。在陕西的高德隆案中，根据当地媒体的报道，高德隆因独子被代某等人伤害致死遭受极大的打击，其失子之痛没有得到必要的疏解，其在事发后因怀疑医院救治不力以及在判决后因怀疑司法不公而产生的不满心理也没有得到当地政府及司法机关的应有关注，以至于最终酿成其连续实施 3 起反社会型爆炸犯罪的惨案。

对于有的心理障碍，比如因性侵害导致的性厌恶，由于心理咨询和心理辅导往往难以发挥救助作用，相关部门可以为被害人提供有针对性的心理治疗，借助于认知疗法、行为疗法、生物反馈疗法、精神分析疗法等心理治疗方法对被害人进行救助。[3] 同时，接受心理治疗的被害人可能需要服用一定

---

〔1〕　参见马岳君："精神救助为刑事被害人注入希望"，载《法制日报》2011 年 7 月 5 日，第 5 版。

〔2〕　参见杨璐："青春不能承受之痛：周岩毁容事件"，载《三联生活周刊》2012 年第 10 期。

〔3〕　参见王仕民编著：《心理治疗方法论》，中山大学出版社 2005 年版，第 86 页。

的药物，如抗抑郁药物、抗焦虑药物、抗躁狂药物，等等。

（三）对于与心理有关的功能性精神疾患的救助，主要采用精神医学治疗方式

犯罪行为的刺激是功能性精神疾患的诱因之一。比较常见的此类精神疾患主要有癔症和精神分裂症。有学者对 4 宗故意伤害案的被害人作过统计研究，发现故意伤害行为可以导致癔症。[1]另有学者曾对 146 宗强奸案的被害人作过统计分析，结果显示其中 15 例的被害人患有精神分裂症。[2]对于此类因受犯罪侵害而导致精神损害的刑事被害人，一般的精神辅导或心理治疗尚难奏效，需要进一步借助精神医学治疗方式进行救助。

所谓精神医学治疗，是由专业的精神科医师实施的治疗。接受精神医学治疗的被害人往往需要服用一定的药物，如心境稳定剂、精神振奋药物及改善神经细胞代谢的脑代谢药物，等等。根据《中华人民共和国精神卫生法》（以下简称《精神卫生法》）第 28 条的规定，被害人可以自行到医疗机构寻求精神疾患诊断，被害人的近亲属也可以将其送往医疗机构进行精神疾患诊断。医疗机构接到送诊的疑似精神障碍患者，不得拒绝为其作出诊断。根据《精神卫生法》第 30 条的规定，必要时救助机构还应考虑帮助被害人在医疗机构接受住院治疗，这样可以取得更佳的救助效果。在确定接受此种治疗前，救助机构通常需要帮助被害人在医疗机构接受必要的医学检查，以对被害人的精神健康状况作出基本判断，这样才能使被害人获得有针对性的救助。[3]例如，在一起故意伤害案中，被害人在派出所哭诉过程中双侧下肢突然瘫痪，公安机关起初对此作为重伤处理。后经送医检查发现该被害人并无身体受伤的情况，医院对该被害人的诊断结论为"癔症性两下肢瘫痪，不构成重伤"，公安机关随即改变案件的定性。该被害人后经当地救助后恢复精神健康和肢体功能。[4]

〔1〕 参见徐榴圆："伤害案件中被害人癔病表现的鉴定"，载《法医学杂志》1990 年第 2 期。

〔2〕 参见郭新宇等："146 例强奸案受害者的案例分析"，载《中国健康心理学杂志》2011 年第 10 期。

〔3〕 参见沈渔邨主编：《精神病学》，人民卫生出版社 2009 年版，第 182 页。

〔4〕 参见徐榴圆："伤害案件中被害人癔病表现的鉴定"，载《法医学杂志》1990 年第 2 期。

　　需要指出的是，以上各种精神损害形式之间的区别并非泾渭分明。一方面，心理障碍和情绪异常具有一定的重叠关系。例如，严格来说，严重的情绪异常也是一种较轻程度的心理障碍。[1]另一方面，与心理有关的功能性精神疾患和心理障碍之间具有一定重叠关系，轻微的与心理有关的功能性精神疾患往往也是心理障碍。例如，在精神分裂症中，比较轻微的被害妄想症既属于心理障碍，也属于与心理有关的功能性精神疾患。[2]同时，同一被害人的精神损害也可能是各种精神损害形式的综合。正因为如此，在救助实践中完全可以对上述各种精神救助手段结合运用。

三、刑事被害人精神救助的比较优势

　　所谓比较优势，主要是相对于经济救助而言的。无论是救助的功能、效果，还是适应范围或体现的人文关怀，精神救助都具有经济救助难以替代的优势。

　　（一）精神救助具备经济救助所不具备的功能

　　如本文第一部分所述，精神救助的基本功能就是平复被害人的精神损害，即通过精神手段帮助被害人克服情绪障碍、心理障碍和相关的精神疾患，从而达到维护被害人合法权益的目的。那么，精神救助缘何具有这种功能？这与精神损害的性质以及精神救助的实施方式有关。精神损害是一种精神上的异常状态，其在性质上与经济损害或身体损害完全不同。通俗而言，这种损害就是"心病"，只能以"走心"的方式进行救助，此即所谓"心病还需心药治"。[3]而上文述及的各种救助方式，无论针对情绪障碍的心理抚慰、心理疏解，还是针对心理障碍的心理咨询、心理辅导、心理治疗，抑或针对精神疾患的精神医学治疗，正好都是能够达到"走心"效果的救助方式。

　　诚然，经济救助也有一定的心理抚慰功能——被害人在获得体现为一定数量金钱的经济救助时也能产生愉悦的感觉，但这种建立在金钱基础上的愉悦感与精神损害本身没有直接关联，绝不能把被害人的这种愉悦感等同于因

---

〔1〕　参见沈渔邨主编：《精神病学》，人民卫生出版社2009年版，第301页。

〔2〕　参见沈渔邨主编：《精神病学》，人民卫生出版社2009年版，第382页。

〔3〕　参见兰跃军："刑事被害人救助立法主要问题及其评析"，载《东方法学》2017年第2期。

获得精神救助而恢复的人格独立和精神健康。不仅如此,这种建立在金钱基础上的愉悦感也是非常局限的,其作用不应被夸大。一方面,经济救助的效果无非是以一种建立在金钱上的愉悦感掩盖所受的精神伤痛而已,这种愉悦感很容易随着货币的消耗而消失。另一方面,我国目前的经济救助在额度上是非常有限的,一般的数额也就是从几千到几万,额度不多的经济救助尚难弥补刑事被害人的经济损害,遑论精神损害?[1]因此,刑事被害人的精神损害不可能通过经济救助得到根本解决。

(二) 在促进个人可持续发展目标上,经济救助属于被动性的救助,而精神救助则可以做到能动性的救助

经济救助之所以无法做到能动救助,主要是由经济救助的补充性和有限性决定的。从世界范围来看,包括我国在内,任何国家都不可能使用财政拨款填补全体被害人的经济损失。即使在建立刑事被害人补偿制度的国家,这种补偿也是有限的,一般不超出医疗费、康复费、丧葬费和基本生活保障费的范围。[2]就我国目前而言,无论司法救助还是社会救助,都是由国家给予被害人适当的经济资助,以帮助刑事被害人解决暂时的生活困难或维持最低生活保障,仅具有"象征性、抚慰性和应急性。"[3]即使将来建立专门的刑事被害人社会救助制度,也不能从根本上解决被害人在经济上的需求。确切而言,即使刑事被害人可以通过经济救助解决自身的"暂时困难"或维持最低生活保障,在实质上仍然可能属于贫困人口的一员。从这个意义上来说,经济救助虽然是必要的,但它既难以解决被害人的经济需求,更难以帮助被害人实现个人的可持续发展。

相对而言,精神救助完全可以在促进个人可持续发展目标上做到能动救助。精神救助不只是平复被害人的情绪障碍、心理障碍或心因性精神疾患,它还可以在此基础上健全被害人的主体人格,激发被害人的主观潜能,使之融入

---

〔1〕 根据最高人民法院于 2019 年发布的《程序规定(试行)》第 18 条的规定,对刑事被害人先行救助的金额一般不超过省、自治区、直辖市上一年度职工月平均工资的 3 倍,必要时可放宽至 6 倍。

〔2〕 参见熊秋红:"从刑事被害人司法救助走向国家补偿",载《人民检察》2013 年第 21 期。

〔3〕 参见熊秋红:"从刑事被害人司法救助走向国家补偿",载《人民检察》2013 年第 21 期。

正常的社会生活并发挥物质生产或经济自给的主观能动性。就此而言，经济救助和精神救助在救助效果上的区别就是"授人以鱼"和"授人以渔"的区别。不仅如此，精神救助在实现被害人可持续发展目标上的效果也是可以得到实证检验的。在现实中，没有哪个刑事被害人能够通过获得经济救助而实现个人的可持续发展，但通过精神救助而得以回归正常的社会生活并实现个人可持续发展的案例并不鲜见。[1] 由此可见，精神救助能够从根本上实现帮助刑事被害人可持续发展的目标，而经济救助只能有限地解决刑事被害人的生活困难。

（三）精神救助蕴含的人文关怀是经济救助难以企及的

对刑事被害人进行人文关怀的核心内容是刑事被害人的精神需求。这是因为，人文关怀的本质在于肯定人性和人的价值，尊重人的理性思考，强调人的精神生活，追求人的个性解放、自由平等和全面发展。[2] 人文关怀在刑事被害人救助领域的"能见度"只有在精神救助中才能得到更清晰的体现。一方面，精神救助的各种形式无不体现人文关怀。无论沟通、交流、安慰、倾听还是劝勉、看望、慰问和陪护，它们本身就是具有独立价值的人文关怀形式。哪怕对特定被害人个体的精神救助未能取得显著的救助效果，也不能由此而否定这些救助形式的人文关怀价值。另一方面，精神救助在内容上也是人文关怀的体现。在精神救助实施过程中，救助主体对刑事被害人的关心、鼓励、心理辅导和精神治疗都内含了丰富的人文关怀内容，其目的是恢复刑事被害人的健全人格，使之融入社会并在终极意义上实现自我发展。正因为如此，北京致公教育研究院研究员夏鸣远认为，精神救助是一种人文关怀的救助方式，其较之经济救助对被害人更为重要。对被害人的救助绝非成立一个机构、筹备一些资金那么简单。[3]

---

〔1〕 参见陈国庆："慰问救助被害人，岁寒情深暖人心"，载郴州北湖区人民检察院官网，网址为：http://www.chenzhoubh.jcy.gov.cn；杨晓娟、汤文："嘉陵区人民检察院开展被害人司法救助工作"，载四川在线网站，网址为：http://www.scol.com.cn；马岳君："精神救助为刑事被害人注入希望"，载《法制日报》2011 年 7 月 5 日，第 5 版。最后访问日期均为 2020 年 5 月 20 日。

〔2〕 参见胡平仁、鞠成伟："人文关怀的法律与法学话语"，载《中南大学学报》（社会科学版）2009 年第 1 期。

〔3〕 参见马岳君："精神救助为刑事被害人注入希望"，载《法制日报》2011 年 7 月 5 日，第 5 版。

经济救助当然也能体现人文关怀。比如，它能从物质上改善刑事被害人当下的生存状况，从而在一定程度上维护刑事被害人的地位、尊严和权利。但是，经济救助所要解决的物质生存状况终归不是对刑事被害人进行人文关怀的核心内容，救助主体和作为救助对象的刑事被害人之间在救助实施过程中往往缺乏面对面的情感交流，这种方式既不能彰显刑事被害人作为人的本质存在，也不能帮助刑事被害人自立于社会并适应社会的发展。[1]

（四）精神救助无需严苛的申请条件，也不会给被害人带来类似于经济救助可能带来的"二次伤害"的后果

根据现行的司法救助制度和社会救助制度，刑事被害人要想获得经济救助，必须符合经济贫困标准——"生活困难"或"低于当地最低生活保障标准"。但以生活陷入困难作为条件把刑事被害人归为一般的贫困人群，无疑会使被害人有"懒惰""无能"或"游手好闲"之类"污名化"的嫌疑。[2]除此之外，刑事被害人为获得经济救助还可能面临一些显性或隐性的不合理限制。比如，有的地方要求经济救助接受者不能有基本住房，甚至不能养小猫小狗之类的宠物。[3]有的为经济救助设定额外的价值评判标准，拒绝为曾有吸毒史、犯罪史、劳改史或违反计划生育政策的被害人提供救助。[4]诸如此类的限制条件都有损于被害人的人格尊严，从而在精神上给刑事被害人带来不必要的"二次伤害"。

精神救助则不会给被害人带来上述"二次伤害"的后果。一方面，消减被害人的精神伤痛本身就是精神救助的重要目标，而"二次伤害"则在根本上背弃了这个救助目标。同时，如上所述，精神救助本身蕴含人文关怀，关注被害人的人格尊严，其在属性上重视刑事被害人作为"人"的价值共性，故既不可能、也不应该设定类似于经济救助那样的价值评判标准。更为重要的是，精神救助也无需设定类似于经济救助那样严苛的申请条件，被害人个

---

〔1〕 参见马岳君："精神救助为刑事被害人注入希望"，载《法制日报》2011年7月5日，第5版。

〔2〕 参见赵国玲、徐然："中国刑事被害人国家救助的现状、突围与立法建构"，载《福建师范大学学报》（哲学社会科学版）2015年第1期。

〔3〕 参见杨立雄："社会保障：权利还是恩赐"，载《财经科学》2003年第4期。

〔4〕 参见杨立雄："社会保障：权利还是恩赐"，载《财经科学》2003年第4期。

人或家庭经济状况的好坏不是其能否获得精神救助的条件。既然如此，即使被害人经济状况良好，同样有权从国家和社会获得所需的精神救助。

当然，精神救助本身也容易在以下两个方面给救助主体带来一定的挑战：一方面，精神救助不像经济救助那样简便易行。经济救助主要是资金的问题，只要解决资金问题，其他问题都迎刃而解。精神救助不仅涉及资金的问题，而且涉及技术问题、方法问题和人文关怀的问题，如果缺乏长期的坚持、充分的耐心和更加娴熟的专业救助技术手段，资金再多也难以达到预期的救助效果。另一方面，精神救助的效果需要长时间才能显现，人们对救助效果的感受度也不如经济救助那么高。而为了达到良好的救助效果并提高被害人和社会公众的感受度，往往需要为此投入更多的人力、物力和财力，这无疑会加大救助主体的资金负担。对此上述挑战，负责救助的司法机关、民政部门以及其他救助机构应当具有清醒的认识，并在实施过程中注意扬长避短。

四、刑事被害人精神救助在当下立法中的缺失

尽管精神救助具有上述不可替代的比较优势，并且现实中也已经存在一些由司法机关和民间救助机构向刑事被害人提供精神救助的自发实践，但国家一直没有对刑事被害人精神救助进行相应的立法，致使刑事被害人精神救助在中国当下既无法律上的依据，亦无法律上的保障。

（一）在现行关于刑事被害人权利保护的刑事法律中

无论《刑法》《刑事诉讼法》还是相关的司法解释，都没有涉及对刑事被害人进行精神救助的规定。相反，根据《刑诉解释》第175条第2款的规定，因受到犯罪侵犯，提起附带民事诉讼或者单独提起民事诉讼要求赔偿精神损失的，人民法院不予受理。此前，最高人民法院《关于人民法院是否受理刑事案件被害人提起精神损害赔偿民事诉讼问题的批复》说明，对于刑事被害人由于被告人的犯罪行为而遭受精神损失提起的附带民事诉讼，或者在该刑事案件审结以后，被害人另行提起精神损害赔偿民事诉讼

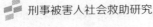

的，人民法院不予受理。[1]也就是说，现行法律体系不仅未对刑事被害人精神救助作出肯定，反而把被害人从被告人处获得精神损害赔偿的可能性也排除了。

（二）两个司法救助文件对刑事被害人精神救助持否定的态度

2009年3月中央政法委、最高人民法院、最高人民检察院、公安部、民政部、司法部、财政部、人力资源和社会保障部等八部门联合发布的《意见》第3条的规定，司法救助的范围仅限于经济损失，精神损害不在司法救助范围之中。2014年1月中央政法委、财政部、最高人民法院、最高人民检察院、公安部、司法部等六部门联合发布的《意见（试行）》第2条规定，司法救助对象仅限于生活困难者、无力支付医药费者以及涉法涉诉信访者，其中不包括遭受精神损害的刑事被害人。

（三）从社会救助制度来看，现行《办法（2019修订）》也没有对刑事被害人的精神救助问题作出任何规定

一方面，《办法（2019修订）》第1条和第2条明确规定社会救助在性质上属于经济救助，即托底线，救急难，保障公民的基本生活。另一方面，《办法（2019修订）》中规定的8种社会救助类型——最低生活保障、特困人员供养、受灾人员救助、医疗救助、教育救助、住房救助、就业救助和临时救助，均不涉及精神救助。也就是说，即使刑事被害人可以参照一般贫困人口接受上述8种救助种类的救助，也仅限于获得经济救助。显然，刑事被害人在现行社会救助制度下获得精神救助也是不可能的。

刑事被害人精神救助在中国当下立法中的缺失不是偶然的，而是有其深层次的原因。归纳起来，其中的主要原因有以下几个方面：一是人们的报应主义刑罚观念的影响。报应主义刑罚观念认为刑罚即正义，对犯罪人判处刑罚是实现正义的最佳方式，刑罚与犯罪的对应就如同通过赔偿消除恶害，使

---

[1] 深圳中院曾据此裁定撤销罗湖区人民法院对国内首宗由强奸案引发的精神损害赔偿诉讼作出的一审判决。在该案一审判决中，深圳罗湖区法院认为：被告的犯罪行为侵害了原告的生命健康权和贞操权，依法判令刘某赔偿精神损害赔偿金8万元。参见刘世友、赵向鸿："刑事附带民事诉讼中精神损害赔偿问题研究"，载《法律适用》2010年第7期。

得因犯罪产生的不法通过刑罚得到了弥补。[1]既然如此，通过判处犯罪人刑罚，剥夺其财产权、人身自由权，乃至生命权，就是对被害人最好的精神抚慰。换言之，如果犯罪人已经受到应有的刑罚制裁，就意味着国家已经"代被害人报仇"，被害人的精神损害问题已经由此得到解决，国家也无需再为被害人作出精神救助的制度安排。如果被害人仍然感到义愤难平，除非存在司法腐败问题，要么是被害人要得太多，要么是刑罚的严峻程度不够。对于后者，唯一有效的方法只能是对犯罪人判处更重的刑罚，直至对犯罪人判处死刑，而不是其他。[2]因此，在这种观念的影响下，被害人精神救助很难进入立法者或刑事政策制定者的考虑范围。二是实务界功利主义救助观念的影响。众所周知，我国长期以来一直致力于消灭贫困和建设小康社会的目标，通过经济救助使刑事被害人摆脱生活困难状态是契合这一目标的"政治任务"。然而，精神救助并不能直接消灭贫困，也难以带来帮助被害人"摆脱生活困难状态"的直观效果。不仅如此，精神救助也难以带来经济救助可以带来的其他功利性的效果。比如，对于那些"闹访"的被害人，即使其并不符合生活困难标准，经济救助也可以起到"利诱"的作用，使之息诉罢访。[3]显然，在精神救助不能带来上述直观的功利效果的情况之下，经济救助更容易受到立法者的青睐。三是学术研究偏向的影响。毋庸讳言，中外法学界长期以来一直存在重被告人权利保护而轻被害人权利保护的学术研究偏向。在我国，现行《刑事诉讼法》虽一定程度上加强了对被害人参与刑事诉讼的权利保障，但在以犯罪控制为中心的刑事诉讼制度中，国家利益取代了被害人利益，被害人经常被轻视、被遗忘，甚至被排除出局而成为旁观者。[4]在英美法系国家，刑事司法研究甚至还面临着过于强调保护被告人的权利而忽视被害人利益的指责，"大家都想到犯罪人，但没有人想到被害人"。[5]这种学术现象反映到

〔1〕　参见孙立红："论报应主义刑罚的积极价值"，载《环球法律评论》2015年第5期。

〔2〕　参见孙立红："论报应主义刑罚的积极价值"，载《环球法律评论》2015年第5期。

〔3〕　参见赵国玲、徐然："中国刑事被害人国家救助的现状、突围与立法建构"，载《福建师范大学学报》（哲学社会科学版）2015年第1期。

〔4〕　参见王戬："论我国刑事被害人的权利保障——中日法律的实效分析"，载《河北法学》2007年第8期。

〔5〕　参见胡铭："审判中心与被害人权利保障中的利益衡量"，载《政法论坛》2018年第1期。

国内立法层面上，就是近年来被害人权利保护立法和被告人权利保障立法一直没有取得应有的平衡，致使包括被害人精神救助在内的立法问题一直没有受到应有的关注。

刑事被害人精神救助在我国当下立法中的缺失可能引发多方面的消极后果：其一，不利于鼓励和保障刑事被害人精神救助实践的发展。如前所述，尽管我国当前尚未建立刑事被害人精神救助制度，但各级司法机关对刑事被害人精神救助的自发参与实践一直存在，民间救助机构也有不少参与刑事被害人精神救助的案例。如果长期缺乏法律依据，精神救助在实践中的有序发展就难以得到保障。如果长期缺乏法律认可，司法机关和社会力量对刑事被害人进行精神救助的积极性也会受到挫伤。其二，不利于刑事司法正义的实现。如前所述，在我国现行法律不支持精神损害赔偿的情况之下，精神救助是刑事被害人在受到犯罪侵害后得以平复精神损害的唯一可能的救济途径，而精神救助的立法缺失不仅意味着这个救济途径变成一条死胡同，而且意味着被害人从国家和社会获得精神损害救济的正当性受到瓦解，这对被害人是非常不公的。其三，不利于社会防卫。精神救助不仅可以在打击犯罪过程中赢得被害人的配合，而且可以有效预防刑事被害人走向"恶逆变"或反社会的犯罪。如果对刑事被害人的精神救助一直得不到立法的确认，必然销蚀赢得被害人配合的机会，对于预防刑事被害人走向"恶逆变"或反社会的犯罪也是不利的。其四，不利于社会的和谐稳定。作为个体的生存障碍必然影响其所处的社会关系，精神损害对社会关系的影响尤甚。如果刑事被害人因为立法缺失而在获得精神救助方面受到不利影响，必然妨碍被害人恢复主体人格和回归正常的社会生活，从而以量变的方式影响社会共同体的存续和发展。[1]

五、建立我国的刑事被害人精神救助制度

为了避免上述立法缺失的消极后果并促进刑事被害人的人权保护，国家应

---

[1] 参见袁曙光、杨帆："刑事被害人精神损害国家救助的学理基础及制度规范"，载《济南大学学报》（社会科学版）2015 年第 6 期。

当充分重视刑事被害人的精神救助问题，尽快建立刑事被害人精神救助制度。

在宏观上，立法模式的选择是建立这一制度需要优先考虑的问题。从世界范围来看，尚未发现任何国家对刑事被害人精神救助进行单独立法，而是把它规定在相应的法律规范中。加拿大把精神救助规定于 2001 年制定的《犯罪被害人救助法》（Crime Victim Assistance Act）中，作为刑事被害人救助制度整体的一部分，可谓刑事被害人救助立法统摄模式。该法规定，精神损害是一种对人的"健康（health）"和"舒适（comfort）"产生影响的"非短暂性的（more than merely transient）"或"非轻忽性的（more than merely trifling）"状态，遭受精神损害的被害人可以得到相应的精神救助。[1]英国则把刑事被害人精神救助问题规定于 2012 年制定的《健康与社会照护法》（Health and Social Care Act）中，属于社会救助制度的一部分，可谓社会救助立法统摄模式。该法规定，社会救助包括经济救助和精神救助，刑事被害人可以作为一般救助对象得到精神救助。[2]在美国加州，刑事被害人精神救助制度在该州《刑事被害人权利法案》（California Victims' Bill of Rights）和《刑法典》（California Penal Code）中均有体现。加州《刑事被害人权利法案》在其中第 1 条、第 12 条和第 16 条对包括精神救助在内的刑事被害人救助方式作了原则性的规定。[3]在此基础上，加州《刑法典》第 679 条第 8 款（b）项对被害人获得精神救助的权利作了保障性规定，即执法者（the law enforcement officer）在执法过程中应当向刑事被害人提供"被害人权利告知卡（Victim's Rights Card）"，卡片应当明确告知被害人有权获得物质的或精神的救助服务。[4]由此可见，美国加州把刑事被害人获得精神救助的权利规定在宪法性文件中并由相关部门法提供保障，可谓宪法权利模式。

---

〔1〕 参见该法第 3 条第（1）款（b）项的规定。

〔2〕 参见该法第 9 条第 2 款的规定。

〔3〕 这些原则性的规定主要有：（第 1 条）刑事被害人关于的个人尊严和司法公正的精神需求应当得到保障；（第 12 条）警方和司法机关应当考虑刑事被害人关于宽慰和安全的关切，依请求向其通报案件的进程，包括被告人的监禁情况、定罪情况、判决情况以及犯罪人获释或逃跑的情况，等等；（第 16 条）执法机关在对犯罪人作出保释或释放的决定之前，必须考虑被害人及其家人的安全和关切。

〔4〕 详见该法第 679 条第 8 款（b）的规定。

在上述三种立法模式中，英国的社会救助立法统摄模式和美国加州的宪法权利模式均难以为我国借鉴。前者之所以难为我国效仿，主要是因为我国现行的社会救助制度旨在为社会贫困人口提供最低生活保障，即使刑事被害人符合贫困人口救助标准而得到救助，也只能获得有限的经济救助，精神救助不是该法规定的救助内容。后者之所以难为我国效仿，主要是因为其涉及宪法和各部门法之间的结构性变动和系统性修改，这既不符合立法的效益价值，更不符合我国的立法传统。相对而言，加拿大的立法模式在具体操作上更为简易，在目标定位上更加明确，更能突出精神救助在刑事被害人救助中的重要性和特殊性。[1]据此，从长远来看，我国宜借鉴加拿大的立法模式，以"整体统摄部分"的方式完成对刑事被害人精神救助问题的立法——制定单独的刑事被害人救助法律或法规，同时把精神救助问题纳入其中并对之作出规定。

除了以上宏观的立法模式问题，立法者还需要重点考虑以下关于刑事被害人精神救助的几个微观的技术性问题：

1. 关于救助管理机制的建设

目前，刑事被害人精神救助在管理上尚处于空白状态，在实践中完全由司法机关和民间救助机构自行决定和自发实施，这种状态是不可持续的，也不利于刑事被害人精神救助的发展。从长远来看，立法者应建立由司法行政部门负责刑事被害人精神救助工作的管理机制。其理由在于：一方面，就专业属性而言，刑事被害人精神救助兼具社会属性和司法属性，更适于由司法行政部门管理。作为参照，我国现行的刑满释放人员社会救助工作也一直由司法行政部门负责管理。[2]既然刑满释放人员社会救助能采用这种机制，对刑事被害人的救助当然也能采用这种机制，二者在专业属性上并无不同。另一方面，它有利于社会资源的调动和衔接。司法行政部门具有社会资源调动的职责与经验，与司法有关的社会事务管理一直是我国司法行政部门的职责范围，其在刑满释放人员社会救助方面业已与民政部门建立长期的合作关系，

---

〔1〕 参见兰跃军："刑事被害人救助立法主要问题及其评析"，载《东方法学》2017年第2期。
〔2〕 参见中国法律年鉴编辑部编辑：《中国法律年鉴》（2018年），中国法律年鉴社2018年版，第213页。

可以适应刑事被害人精神救助所需资金量大以及投入时间较长的要求。建立这种管理机制以后，司法机关应当把刑事被害人精神救助事务剥离出来，交由司法行政部门负责，这样不仅可以节省司法资源，而且可以更加专注于自身的司法业务。

2. 关于救助主体的培育

在西方国家，刑事被害人的精神救助工作主要由专业志愿者、专业救助机构以及相关的非政府组织（NGO）之类的社会力量承担。德国的"白环组织"和英国的"被害人援助组织"在刑事被害人精神救助方面卓有成效。[1] 美国南卡罗来纳医科大学（Medical University of South Carolina）负责的"犯罪被害人首次精神救助项目（Psychological First Aid for Victims of Crime）"在业界比较著名。[2] 在国内，有限的刑事被害人精神救助实践主要由司法机关自发承担，民间救助机构的参与程度不高，可深度参与刑事被害人精神救助的村委会、社区居委会等基层自治组织以及妇联、青联、共青团等社会团体在这方面乏善可陈。[3] 为使司法机关从此类社会事务中解脱出来并使之更加专注于司法业务，可以适当借鉴西方国家的有益经验，在鼓励社会力量参与刑事被害人精神救助的同时，积极培育专业志愿者、专业救助机构以及相关的非政府组织，积极促进刑事被害人精神救助向专业化方向发展。

3. 关于精神救助与其他救助方式的关系

在上述统摄立法模式下，精神救助与其他救助方式的关系需要得到必要的协调。一是精神救助和经济救助的关系。尽管精神救助具有上述不可替代的比较优势，但这并不意味着精神救助与经济救助无关。事实上，精神救助和经济救助是相辅相成的，二者的相互结合可以取得更好的救助效果。一方面，在提供精神救助时需要有意识地把经济救助考虑进来。经济救助相对具

〔1〕　参见李科："刑事被害人报复犯罪的预防与实现路径"，载《湖北警官学院学报》2014 年第10 期。

〔2〕　详见南卡罗来纳医科大学主持的"犯罪被害人首次精神救助项目（Psychological First Aid for Victims of Crime）"文件（2014-12-01），载"人用药品注册技术要求国际协调会议"官网，网址为：https：//ichgcp. net，最后访问日期：2019 年 11 月 25 日。

〔3〕　参见周维德："我国精神障碍患者群体社会救助适用研究"，载《理论月刊》2015 年第 8 期。

体、直观，被害人在获得金钱的同时也会在精神上获得满足感和愉悦感。尽管这种感觉可能比较短暂，但它的确能在一定程度上抵消或者减轻其所遭受的精神损害。在前述郴州市的救助案例中，当地检察院联合北京博爱妇女发展慈善基金会为被害人送上精神抚慰金，就能取得强化精神救助效果的作用。另一方面，在提供经济救助时需要有意识地把精神救助纳入其中。对刑事被害人进行救助的最终目的不是为了给钱而给钱，而是要尽可能使刑事被害人的总体生活质量，特别是人格状况、心理状况和思想观念，恢复到犯罪行为发生之前的状态，这是单纯的经济救助难以实现的。因此，无论如何，仅有经济救助或仅有精神救助的刑事被害人救助制度都是不完整的。二是精神救助与医疗救助的关系。遭受精神损害的刑事被害人往往不能对自身健康状况或者客观现实形成正确而完整的认识，社会适应能力相对缺乏甚至丧失。对于其中因受犯罪刺激而发生精神疾患的被害人，救助机构有必要帮助被害人获得精神医学治疗并参照严重精神障碍发病报告制度进行救助登记，包括建立救助档案、救助评估和定期随访，地方政府也有义务依法为之提供免费的基本公共卫生服务或资助其参加基本医疗保险。[1]

4. 关于救助信息的沟通

在这种实施机制下，司法机关、司法行政部门和被害人所在的乡镇、村委会或街道办、社区居委会之间应当建立刑事被害人精神救助信息沟通机制，由司法机关把需要给予精神救助的刑事被害人及其具体情况通报司法行政部门，然后由司法行政部门通报被害人所在的乡镇或街道。当然，司法机关也可以直接通报刑事被害人所在的乡镇或街道。乡镇或街道在接到通报后，通知被害人所在的村组或居委会进行救助，或者通知和组织其他社会救助力量进行救助。司法行政部门也可以在接到司法机关的通报后直接组织社会救助力量向被害人提供救助。为保障精神救助的良好效果，具体负责提供救助的社会力量——无论是村委会、社区居委会等基层自治组织还是妇联、青联、共青团等社会团体，抑或是相关的高校、医疗机构，有必要实行专人负责制，定期与司法机关、司法行政部门或被害人所在的乡

---

〔1〕 参见周光燕等："精神病人救助体系研究"，载《中国民康医学》2012 年第 11 期。

镇或街道进行沟通、交流，以便后者对被害人精神救助状况进行必要的跟踪
了解。

5. 关于救助资金的来源

刑事被害人精神救助的资金筹集可以多源化。在确立刑事被害人救助司
法行政管理模式下，由财政出资并通过司法行政部门向社会购买救助服务应
当成为立法支持的一种主要的救助方式。同时，立法也可以准许地方司法行
政部门向社会筹集资金，建立刑事被害人救助基金或精神救助专项基金，用
于支付精神救助所需资金以及向专业机构购买精神救助服务。从长远来看，
完全可以考虑建立精神损害赔偿制度，由犯罪人为被害人精神救助所需资金
买单。为此，可以借鉴两大法系国家关于精神损害赔偿诉讼的经验，在刑事
附带民事诉讼制度中确立被害人向被告人主张精神损害赔偿的权利，建立精
神损害赔偿和精神救助共存的法律救济体系。[1]对于判处无期徒刑以上刑罚
的犯罪人，可以改变目前把没收财产单纯收归国有的执行方式，把其中的一
部分或全部转为精神损害赔偿金，以保证精神损害赔偿诉讼能够获得执行
保障。

六、结语

刑事被害人精神救助的制度价值是多方面的。就现实价值而言，它在平
复被害人精神损害和维护被害人权利方面具有不可替代的作用。就终极价值
而言，它既是人权保护的需要，也是社会正义的要求。尽快建立这一制度对
于建设社会主义法治国家及和谐社会具有重要的现实意义。

当然，建立刑事被害人精神救助制度是一项复杂的系统工程，也难以在
短期内一蹴而就。除了这一制度本身的内容构成之外，建立行之有效的刑事
被害人精神救助制度还有赖于理论界和实务界致力于以下几个方面的改变：

---

[1]　西方国家对刑事被害人精神救助的立法并不排斥犯罪人向刑事被害人支付精神损害赔偿，
并为此建立了精神损害赔偿和精神救助共存的法律救济体系。英美法系的并列式诉讼制度兼顾精神
损害赔偿在诉权上的独立性，大陆法系的附带式诉讼建立了全面的精神损害赔偿司法保障体系，二者
都能确保刑事被害人在获得来自国家和社会的精神救助的同时，从犯罪人那里得到精神损害赔偿。参
见任韧："关于建立刑事被害人精神损害赔偿制度的探析"，载《江西警官学院学报》2016 年第 1 期。

其一，改变功利主义的救助观念。重视精神救助本身的价值，避免过于工具化地对待被害人精神救助，既不能认为只有经济救助才算救助，更不能简单地以经济救助代替精神救助。其二，改变以刑罚代救助的观念。对犯罪人施以刑罚是必要的，也的确有利于抚慰被害人的精神伤痛，对此应予以肯定。但是，刑罚对精神创伤的抚慰效果以及对报复意欲的消解作用是有限的，不能夸大或神化刑罚对被害人精神损害的平复效果，更不能为了迎合被害人要求而对被告人滥用刑罚，被害人遭受的精神损害最终只能通过精神救助才能从根本上得到解决。[1]其三，改变传统的学术研究方向。把被害人精神救助作为被害人权利保护的重点内容进行研究，以扶正被告人权利保障和被害人权利保护之间的失衡状态。其四，改变过去的救助投入方式。加大在刑事被害人精神救助方面的人力、物力和财力的投入，培养精神救助专业人才，提高精神救助技术水平，增强社会公众对刑事被害人精神救助的感受度和认可度。

当务之急是，理论界和实务界应当尽快达成共识，充分重视刑事被害人的精神损害救助问题，积极推动这一制度的研究和建设，以进一步维护刑事被害人的合法权益并借此促进司法公正和社会稳定。

---

〔1〕 参见吴思远："我国重罪协商的障碍、困境及重构——以'权力—权利交互说'为理论线索"，载《法学》2019年第11期。

第七章

性犯罪被害人精神损害救助研究

一般认为，性犯罪具有广义和狭义之分。广义的性犯罪是指一切与性有关的罪犯，具体包括强奸罪、强制猥亵罪、强迫卖淫罪、引诱幼女卖淫罪、猥亵儿童罪、聚众淫乱罪、组织卖淫罪以及引诱、容留、介绍妇女卖淫罪，等等。狭义的性犯罪是指为了满足个人性欲而侵犯他人人身权利的犯罪行为，是一种超出社会道德规范和法律允许范围的不正当性行为，主要是指强奸罪、强制猥亵罪和猥亵儿童罪。本书讨论的性犯罪是狭义上的性犯罪。[1]

中国的性犯罪数量一直居高不下。以强奸犯罪为例，根据国家统计局公布的数据，全国公安机关近年来立案的强奸犯罪案件数量分别为：2015 年 29 948 起；2016 年 27 767 起；2017 年 27 664 起；2018 年 29 807 起；2019 年 33 827 起。[2] 在各类性犯罪案件中，除强奸案之外的其他类型案件也不在少数。根据最高人民法院信息中心和司法案例研究院发布的 2014 年至 2016 年间 "性侵类犯罪司法大数据专题报告"，强制猥亵罪和威胁儿童罪分别占到 8.1% 和 10.1%（如下图）。针对未成年人的性犯罪同样触目惊心。根据 2020 年 4 月 15 日最高人民检察院发布的全国检察机关主要办案数据，该年第一季度全国检察机关起诉的针对未成年人的性犯罪案件涉及 4151 人，同比上升 2.2%。[3]

---

[1] 在外延上，本书所指性犯罪既包括男女间的性犯罪行为，也包括同性间的性犯罪行为。

[2] 参见中华人民共和国国家统计局发布的《中国统计年鉴》（2016）、《中国统计年鉴》（2017）、《中国统计年鉴》（2018）、《中国统计年鉴》（2019）和《中国统计年鉴》（2020）中的 "公安机关立案的刑事案件及其构成" 部分。以上各年度《统计年鉴》载于国家统计局官网：www. stats. gov. cn，最后访问日期：2021 年 7 月 31 日。

[3] 参见徐隽："保护未成年人要综合施治"，载《人民日报》2020 年 4 月 23 日，第 19 版。

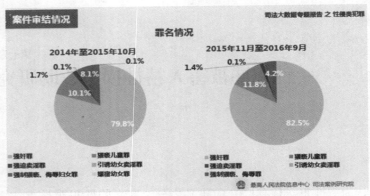

2014 年~2016 年全国审结的性犯罪案件构成[1]

　　性犯罪可能给被害人带来人身伤害和精神损害，人身伤害引发的痛苦还会进一步导致精神损害。对于性犯罪给被害人导致的精神损害，在我国《刑事诉讼法》排斥由加害人向被害人进行精神损害赔偿的情况下，除非加害人自愿赔偿，人民法院无法判处加害人赔偿。而在人民法院无法判处加害人向被害人作出精神损害赔偿的情况下，即使对加害人判处再严厉的刑罚，在功能上也未必真的可以解决被害人的精神损害问题。换言之，刑罚在功能上仅对被害人具有一定的心理慰藉作用，被害人因受性犯罪侵害而导致的情绪异常、心理障碍或精神疾患最终需要通过司法外的精神救助才能得到有效的解决。

一、性犯罪可能给被害人带来的精神损害

　　性犯罪属于侵害人身权的暴力犯罪，当然会给被害人带来精神损害。并且，相对于一般的暴力犯罪而言，性犯罪在给被害人带来一定身体伤害的同时，其导致的精神损害往往远甚于一般的暴力犯罪。对此，一位西方犯罪学家曾如此描述性犯罪对被害人精神层面的危害：……不像寻常的抢劫，性犯罪从牺牲者那夺去的是一些特别隐秘并且是无可替代的东西，它不光掠夺了

一位女性的身体，而且蹂躏了她的灵魂。[1]

　　然而，关于性犯罪导致的精神损害及其类型，我国现行法律并未作出明确规定。从学界来看，尽管探讨刑事被害人精神损害的文献并非寥寥，但直接分析性犯罪被害人精神损害及其类型的文献一直付之阙如。尽管如此，这并不妨碍以学界对一般的精神损害的界定为基础，对性犯罪被害人精神损害进行更为深入的探讨。毕竟从逻辑上来说，只有把握精神损害的一般属性，才能更好地探究性犯罪被害人精神损害的特殊属性。有刑法学者认为，精神损害是因暴力、恐惧、伤残、悲哀等外在原因所引起的受害人精神上的失常和痛苦。[2]有民法学者认为，精神损害是指自然人因其人格权受到侵害而遭受的生理上、心理上的痛苦及其他不良情绪，即精神痛苦。[3]有行政法学者认为，精神损害就是精神痛苦，损害体现为痛苦，痛苦即为损害。[4]当然，也有学者概不同意上述各种观点，认为精神损害并非精神痛苦，而是附随先存权利受到侵害而在精神上产生的后果，即侵害行为对自然人本人或其他权利主体所造成的精神压力状态。[5]还有学者认为，精神损害不限于精神痛苦，还包括法律或司法解释规定可以金钱赔偿作为救济方式的其他严重精神反常情况。[6]综合来看，尽管学者们都对精神损害的涵义作了不同的探索，但主要把精神损害定位于纯粹的主观感受或具体的表现形式，如"不良情绪""痛苦"或"压力"等。但事实上，精神损害的具体表现形式多种多样，在性质上既有主观的一面，也有客观的一面。对于有的精神损害，比如因受性犯罪刺激而导致的癔症、精神错乱或精神分裂，被害人自己可能并不觉得是一种痛苦，也不大可能感到是一种压力。然而，难道能因为自然人没有产生这样的主观感觉而否定精神损害的存在？因此，在对精神损害进行界定时，

---

〔1〕　参见任何勤："浅析强奸不报的被害人心理"，载《公安论坛》1992年第2期。

〔2〕　参见皮纯协、冯军主编：《国家赔偿法释论》，中国法制出版社2010年版，第56页。

〔3〕　参见王利明等编著：《人格权法》，法律出版社1997年版，第223页。

〔4〕　参见马怀德主编：《完善国家赔偿立法基本问题研究》，北京大学出版社2008年版，第578页。

〔5〕　参见赵玄："论精神损害赔偿在国家赔偿中的定位与司法适用"，载《中南大学学报》（社会科学版）2014年第5期。

〔6〕　参见张新宝主编：《精神损害赔偿制度研究》，法律出版社2012年版，第17页。

应当秉持更为客观的立场，不能仅仅把精神损害定位于纯粹的主观感受或具体的表现形式。

性犯罪导致的精神损害同样如此，其在属性上既有主观的一面，也有客观的一面；在表现形式上也不限于精神痛苦，还包括精神痛苦之外的其他精神异常情况，如情绪异常、心理障碍和心因性精神疾患。

（一）情绪异常

如前所述，性犯罪属于暴力犯罪的范畴，它和所有的暴力犯罪行为一样，都会引发被害人的情绪异常。情绪异常是较轻程度的精神损害，主要是指被害人因受犯罪侵害而产生的不良的或不健康的情绪问题，如愤怒、仇恨、焦躁、沮丧、压抑、自卑、羞愧，等等。同时，在情绪异常的事后修复方面，性犯罪侵害的后果又和其他侵害人身权利的暴力犯罪行为有所不同。具体而言，性犯罪被害人相对于一般的暴力犯罪被害人更难得到来自社会的精神支持。例如，一个人被砍成重伤，亲戚朋友都会主动关怀；而一个人遭到性犯罪侵害，身边的人可能都会选择沉默、回避，甚至嘲讽、鄙视。在这种情况下，被害人不仅要处理自己的创伤，还要去试探、维持或恢复其所处的社会关系，故更容易产生焦虑、压抑、烦躁、沮丧等消极情绪。

性犯罪对未成年人的情绪损害更甚。在国外，有学者通过实验证明，在经历了早年重大创伤特别是性犯罪侵害的未成年人身上，扣带回后部与其他区域的连接变弱了，这直接导致其评估周围环境和自己的联系的能力不足，使得"与过去经历有关的信息"常常会与现在的环境交错出现。即使在成年后，被害人对现实情境的评估也会不由自主地受到过去经历的影响。很多时候，此类被害人自以为其作出的情绪反应或行为决定是针对当下环境的反应，但事实往往不是如此，那些过去的遭遇、未完成的心愿、未释放的情感都会在潜意识中和当下纠缠在一起，影响被害人当下的反应。[1]

---

〔1〕 对此类被害人进行心理咨询的一个任务就是帮助被害人克服"错序的认知"，让过去的归过去，当下的归当下。See Robyn L Bluhm, Peter C Williamson, Elizabeth A Osuch, Paul A Frewen, Todd K Stevens, Kristine Boksman, Richard W J Neufeld, Jean Théberge, Ruth A Lanius: "Alterations in default network connectivity in posttraumatic stress disorder related to early-life trauma", *Journal of psychiatry & neuroscience: JPN*, Vol. 34, No. 3., 2009.

（二）心理障碍

性犯罪可能导致一定的心理障碍。一方面，如果被害人的个体心理素质和承受打击的能力较低，性犯罪导致心理障碍的可能性更大，严重程度也会更高。例如，有的被害人可能因受性犯罪侵害而对正常的性行为感到厌恶；有的被害人可能因受性犯罪侵害而对自己的生理性别感到强烈的排斥；有的被害人甚至因受性犯罪侵害而形成异常的性怪癖，如性施虐癖、性受虐癖，等等。不仅如此，此类精神损害都会在一定程度上对被害人往后的个人生活，特别是对爱情婚姻家庭生活产生消极影响。另一方面，尽管男性也会遭受性犯罪侵害，但女性被害人相对于男性被害人在遭受性犯罪侵害后更容易感到自卑、羞愧或绝望，其原因在于女性更多地受到传统文化对性别心理的影响。这主要是因为，即使社会发展及今，不少女性被害人在心灵深处仍然把传统的贞操观念看得很重，一旦遭到性犯罪侵害，会觉得难以抬头做人，感到自己的恋爱、婚姻和人生幸福也随着贞操的失去而毁了。

性犯罪引发的心理障碍还会进一步损害被害人的社会融入能力，这也是一种精神损害。具体而言，在这种心理障碍的影响下，被害人与异性相关的社交能力和环境适应能力会相应地变差——被害人难以信任异性；难以在恋爱、婚姻和家庭中建立和异性的依恋关系；即使在安全的环境中也会对异性的存在表现得过于敏感、警惕或感到紧张、害怕。[1]

（三）精神疾患

精神疾患在性质上是最严重的精神损害。性犯罪可能导致的精神疾患主要是心因性精神疾患和功能性精神疾患。[2]心因型精神疾患是指自然人在遇到严重的外在因素刺激以后，因承受不了超强刺激而表现出的一系列与精神刺激因素有关的精神症状，主要表现为急性应激反应、创伤后应激障碍和适应性障碍。有学者曾对 45 例遭到性犯罪侵害的被害人进行分析，发现其中大

---

[1] See Jack P Shonkoff, Andrew S Garner, "The Lifelong Effects of Early Childhood Adversity and Toxic Stress", *Pediatrics*, Vol. 129, No. 1., 2012.

[2] 如果性犯罪中的暴力伤及被害人中枢神经或其中的特定部位，就可能导致器质型的精神疾患，不过这种情况在性质上主要属于人身伤害而非精神损害的范畴。

多数被害人患有不同程度的心因性精神疾患。[1] 功能型精神疾患主要表现为情感障碍和精神分裂症，其中情感障碍主要包括强迫症、自闭症、抑郁症、狂躁症，等等。[2] 有学者曾对146宗性犯罪侵害案的被害人作过统计分析，结果显示大多数被害人在遭受性犯罪侵害后患有一定程度的功能型精神疾患，其中15例的被害人甚至患有一定程度的精神分裂症。[3]

功能性精神疾患还会影响被害人的认知能力。心理学研究显示，大脑功能和认知能力之间存在密切联系，性犯罪的强烈外在刺激本身就会引发被害人大脑功能的短暂异常。[4] 同时，性犯罪的强烈外在刺激引发的精神分裂症会进一步通过影响被害人大脑的默认网络（default network）而影响其记忆能力，这也是认知能力损伤的一个重要方面。[5] 在神经解剖学中，默认网络中的"后扣带回皮层"[6]是一个关键的区域，与其他重要区域（比如大脑右半球中的杏仁核、海马体和右侧脑岛）相连接，它与自我反省、自我评估和自我控制有关，并能通过记忆把当下的事件、环境和体验与过往经历联系起来。[7]

当然，性犯罪侵害并非总是单一地引发上述某一类型的精神损害，上述精神损害亦不大可能单一地发生在某个被害人身上。以强奸案为例，被害人往往会同时遭受多种类型的精神损害，即强奸创伤综合症（Rape Trauma Syn-

---

〔1〕 参见周光燕等："精神病人救助体系研究"，载《中国民康医学》2012年第11期。

〔2〕 参见谭常赞等："女性精神障碍45例被性侵害案例分析"，载《临床心身疾病杂志》2008年第1期。

〔3〕 参见郭新宇等："146例强奸案受害者的案例分析"，载《中国健康心理学杂志》2011年第10期。

〔4〕 参见张向阳："精神分裂症认知功能损伤的三个方面"，载《中华医学信息导报》2017年第19期。

〔5〕 See Robyn L Bluhm, Peter C Williamson, Elizabeth A Osuch, Paul A Frewen, Todd K Stevens, Kristine Boksman, Richard W J Neufeld, Jean Théberge, Ruth A Lanius: "Alterations in default network connectivity in posttraumatic stress disorder related to early-life trauma", *Journal of psychiatry & neuroscience*: *JPN*, Vol. 34, No. 3., 2009.

〔6〕 后扣带回皮层（posterior cingulate cortex, PCC）是扣带回皮层的后部，该区域位于大脑半球内侧面的扣带沟与胼胝体沟之间的脑回区域，主要负责全脑信息的整合，尤其涉及与个人情感和自我评价相关的信息的处理。参见朱雪玲：《抑郁症脑网络影像学研究》，湖南科学技术出版社2013版，第51页。

〔7〕 See Robyn L Bluhm, Peter C Williamson, Elizabeth A Osuch, Paul A Frewen, Todd K Stevens, Kristine Boksman, Richard W J Neufeld, Jean Théberge, Ruth A Lanius: "Alterations in default network connectivity in posttraumatic stress disorder related to early-life trauma", *Journal of psychiatry & neuroscience*, JPN, Vol. 34, No. 3., 2009.

drome）。[1] 因此，在绝大多数性犯罪案件中，上述精神损害往往是相伴而生的。

二、为何要对性犯罪被害人精神损害进行救助

对性犯罪被害人精神损害进行救助具有以下多方面的价值，这是救助的正当性和必要性之所在。

（一）帮助被害人回归正常生活

在遭受性犯罪侵害后，被害人原有的生活状态难免遭到重大影响，其引发的精神损害还会进一步成为被害人生存和发展的重大障碍。尽管如此，根据最高人民法院的相关司法解释，即使被害人向法院提出精神损害赔偿，也不能得到法院的支持。[2] 换言之，性犯罪被害人的精神损害在现行法律框架下无法得到救济，无法从加害人处得到精神损害赔偿。或许正是出于对这一司法现实的认识，性犯罪案例中的被害人及其代理律师都不得不放弃向法院提出民事赔偿请求，从而代之以要求法院严惩加害人。在新城控股原董事长王振华涉嫌猥亵女童案中，被害人的代理律师就是这样处理的，对此该律师的解释是按照《刑法》附带民事诉讼的相关规定，附带民事诉讼是不能主张精神损失费的。而附带民事诉讼索赔的钱也只是直接经济损失。该案中，受害女童的验伤等费用都是国家出钱的，相关心理辅导的费用来自公诉机关，因此，受害方几乎没有直接的经济损失。另外，在这起性侵案件中，女孩连

---

〔1〕 强奸创伤综合症这一概念是由安娜·沃尔伯特·伯吉斯和林达·霍姆斯特龙在 1974 年提出来的，他们在美国波士顿医院就强奸对被害人的影响进行了跟踪调查，发现被害人的情绪变化通常会经历两个阶段，即急性期和历时较长的重组期，急性期在遭受强奸后立即开始，一般持续几周，妇女在被害后的最初几个小时，总表现出恐惧、愤懑、焦虑和紧张，他们把这称为表现反应，但是他们还发现并非所有被害妇女都有这种表现反应，有些妇女在受害后的最初几个小时只有控制反应，如明显地掩饰自己的感情，冷漠、呆滞、行为迟缓等；而在重组期，受害人更是感到困窘、自责，常发生受害人自杀的情况，有些受害人因此还神志恍惚，患上了精神分裂症。他们将这两个阶段表现出来的上述症状称为强奸创伤综合症。参见杨杰辉：“美国刑事诉讼中强奸被害人的保护及其启示”，载《宁波大学学报》（人文科学版）2011 年第 6 期。

〔2〕《刑诉解释》第 175 条第 2 款规定，因受到犯罪侵犯，提起附带民事诉讼或者单独提起民事诉讼要求赔偿精神损失的，人民法院一般不予受理。

衣服等都没有被撕坏，所以只赔经济损失的话，可能只有一两千元。〔1〕可见，在性犯罪被害人难以从现行刑事司法制度中获得精神损害赔偿的情况下，其唯一获得救济的途径就是精神损害救助，即由心理咨询机构、精神医学治疗机构，以及从事心理或精神救助的专业志愿者等社会力量对性犯罪被害人施以精神损害救助，使之尽可能摆脱精神创伤，回归正常的生活状态。

　　对于成年人而言，性犯罪对被害人造成的精神损害与被害人的性需求具有直接联系。换言之，对于一个遭到性犯罪侵害的成年人而言，性仍是其基本的生理需求，在之后的人生中，特别是在婚姻家庭生活中，不可能不面对性的问题。然而，一旦被害人把婚姻家庭生活中经历的有关性的情境和过往的性犯罪侵害联系起来，就可能重现当时的消极情景，从而难以与配偶建立愉悦的性爱关系。鉴于这种情况，对性犯罪导致的精神损害进行救助的重要任务就是帮助被害人克服过往记忆的消极影响，使之回归或拥抱健康的爱情婚姻家庭生活。

　　性犯罪侵害导致的精神损害对未成年人的不利影响更大，因而更需要对其进行救助。这是因为未成年心智发育尚不成熟，心理自愈能力不如成人，在遭受性犯罪侵害后较之成人更容易发生认识错乱、歇斯底里、厌学、离家出走或报复社会等不利后果。在上述新城控股原董事长王振华涉嫌猥亵女童案中，受害女童的代理律师对该女童遭受的精神损害是这样描述的：该女孩精神上完全被毁掉了。女孩现在拒绝接受心理治疗，检察官已经让心理医生去看过她几次了，她看到心理医生就歇斯底里。甚至，在女孩面前说到"上海"二字，她就大哭。在路上，她看到一对情侣手牵手，就会问妈妈，这个男的是不是坏人？女孩的学习成绩，也从先前的班级前十名变成倒数后两名……对这个女孩更严重的后果现在还没显现出来。因此，对她的心理矫正是一个非常漫长的过程。〔2〕不仅如此，在遭受性犯罪侵害以后，未成年人的内心容易感到惶惑或无助，如果受害人未能主动把遭受性犯罪侵害的事实告

---

〔1〕　参见"专访受害女童律师：王振华的律师要求对其无罪释放，并恢复上海市政协委员、全国劳模等荣誉"，载中国新闻周刊，网址 http://www.inewsweek.cn，最后访问日期：2021 年 7 月 31 日。
〔2〕　参见"专访受害女童律师：王振华的律师要求对其无罪释放，并恢复上海市政协委员、全国劳模等荣誉"，载中国新闻周刊，网址 http://www.inewsweek.cn，最后访问日期：2021 年 7 月 31 日。

知家长或老师，而家人和老师又未能及时发现其遭受性犯罪侵害的事实，就会错过最佳的报案时机以及精神损害救助时机。[1]

（二）帮助被害人树立生活信心

精神损害是性犯罪被害人自杀的重要原因之一。在遭受性犯罪侵害后，被害人——尤其是女性被害人，最普遍的反应就是羞愧和愤怒。在羞愤交加的心理状态的影响下，被害人还会进一步产生自闭、焦虑、抑郁、绝望之类的不良精神状态。因此，被害人在遭受性侵害后面临的重要问题就是如何帮助其克服不良情绪，走出绝望心境，树立生活信心。

精神损害救助在帮助被害人树立生活信心方面具有不可替代的功效。一方面，精神损害救助可以帮助性犯罪被害人对自身精神状态形成正确的认识，避免把异常的精神状态当作正常的精神状态，从而避免异常精神状态不断恶化。另一方面，精神损害救助可以帮助性犯罪被害人释放内心压力，解除传统的"贞洁思想"对女性的压迫，使之形成正确的两性观念。在具体救助方面，心理咨询是重要的精神损害救助方式，心理咨询师可以有针对性地为被害人提供应对家庭生活障碍或社会关系障碍的方案，从而免受性犯罪侵害导致的心理困扰。例如，2015年11月10日，犯罪嫌疑人杜某见罗某路过自家坝子时，责怪罗某上次路过他家院坝时未将鸡棚关好，致使家中的鸡啄食了责任地的蔬菜，随即双方发生争吵，杜某对罗某实施了殴打，并将其强行拉进家中厨房内强奸，案发后罗某因心理遭受创伤，患上了应激性精神病。为了使罗某能够尽快走出心理阴影，重新面对今后的生活，在合江县检察院的帮助下，四川省心理咨询协会会员、心理咨询师何玉秀到该院心理咨询室和罗某进行面对面的沟通和交流，通过建立信任关系，以谈心的方式缓解、排除被害人的心理压力，引导她乐观地面对生活。据报道，在接受精神损害救助之后，被害人的病情已得到了有效稳控，其精神面貌也出现明显好转。[2]

---

〔1〕　对于那些在儿时受过性犯罪侵害的被害人，即使在成年后接受治疗，效果也非常有限。See Christina D. Bethell, Paul Newacheck, Eva Hawes, and Neal Halfon, "Adverse Childhood Experiences: Assessing the Impact on Health and School Engagement and the Mitigating Role of Resilience", *American Journal of Education*, Vol. 33, No. 12., 2014.

〔2〕　参见何宇、苏凯："泸州合江：对首例因被强奸而患应激性精神病的被害人进行心理疏导"，载四川在线泸州频道，网址为：https://luzhou.scol.com.cn，最后访问日期：2021年7月31日。

相反，如果被害人在遭受性侵害之后未能接受及时而有效的精神损害救助，很容易在不良情绪的影响下感到绝望，甚至走上自杀的道路。在甘肃吴永厚强制猥亵案中，据二审判决书记载：2016 年 9 月 5 日 15 时许，该省庆阳市某中学高三学生李某奕（女，案发时 17 岁）因胃痛被代课老师罗某某安排在教工宿舍休息。当晚学校停电，21 时许，李某奕的班主任吴永厚来到教工宿舍，坐在床边询问李某奕病情，其间突然抱住李某某，亲吻其额头、脸颊、嘴唇、耳朵，并抚摸其后背、撕扯其衣服，对其实施猥亵，后因罗某某老师来到该宿舍，吴永厚放开了李某奕。次日，李某奕向学校心理辅导老师哭诉此事。后因情绪异常，李某奕在其父亲陪同下先后在庆阳、上海、北京等地就医，被诊断为抑郁症、创伤后应激障碍，于高三下学期辍学。2018 年 6 月 20 日，被害人跳楼自杀死亡。[1] 另外，相关证据证明，2016 年 9 月 5 日案发后，被害人先后 5 次自杀，前 4 次自杀均获救，但并未得到应有的精神损害救助。[2]

（三）预防犯罪，维护社会稳定

加拿大犯罪学教授沃勒曾经指出，为了减少犯罪被害人的数量，预防犯罪往往比打击犯罪更有效。[3] 被害人在遭到性犯罪侵害之后，往往会陷入痛苦和屈辱之中。如果加害人未能受到及时的惩罚，或者虽已受到惩罚但惩罚的力度不够，都会促使被害人产生报复心理。如果被害人遭受的精神损害特别严重，比如感觉到的痛苦和屈辱超出一定阈值，势必把内心的报复欲望付诸行动。

无论对于女性被害人还是男性被害人，这种转化在本质上并无太大差异。尽管在大多数情况下性犯罪侵害的对象是女性，由被害人转化成加害人并实施报复性犯罪的也主要是女性，但男性同样有可能成为性犯罪的被害人，同样也有实施报复性犯罪的欲望，甚至程度更为强烈，后果更为严重。北京市第一中级人民法院审结的李义江报复杀人案就属于这种情况。该案基本案情

---

〔1〕 参见吴永厚强制猥亵案二审判决书。

〔2〕 参见吴永厚强制猥亵案二审判决书。

〔3〕 参见［加］欧文·沃勒著，蒋文军译：《有效的犯罪预防——公共安全战略的科学设计》，中国人民公安大学出版社 2011 年版，第 21 页。

如下：加害人李义江年少时曾在回家的路上被一醉酒男侵犯，此事在他心中留下了严重的心理创伤。之后，在上大学期间，由于同性恋的性取向使然，他经常在一个叫"紫色男孩"的同性网站聊天并到"紫色男孩"常提到的一个迪厅玩。这个迪厅里经常有同性恋聚会，李义江在那认识了 4 个陌生男子，相聊甚欢。4 人邀请李义江到东三环附近的私人住宅里玩，李义江答应了。他喝了很多酒，可能真醉了，也可能是被下了迷药。当他醒来时，发现自己被脱光了，还被折叠捆绑在暖气管上。这 4 个男人开始虐待、玩弄李义江，先是猥亵，然后轮流强暴了李义江，并用鞭子抽他，用蜡烛、烟头烫他，虐待了他一个多小时。李义江回到家，哭了一夜，然后决定报复。[1] 从 2002 年底至 2003 年初，李义江在北京先后杀死 6 人。所有的被害人都有三个共同特点：同性恋、有受虐倾向、喜欢上一个叫"紫色男孩"的同性恋交友网站。2004 年 4 月 28 日，北京市第一中级人民法院一审判处李义江死刑。临刑前，李义江表现得很平静，他在法律文书上按下手印后礼貌地说："谢谢法官"。现在回头反思这个案例，李义江所处的社会并非对此没有责任。试想，如果其在早期遭到性犯罪侵害后能够获得及时而有效的社会救助，应当不至于在最后酿成如此惨重的犯罪后果。

（四）追诉犯罪，维护被害人的合法权益

在一般情况下，被害人与加害人之间是一种非常敌对的关系，被害人理应积极控告犯罪并帮助公安司法机关追究加害人的刑事责任。从公安司法机关的角度来看，它们在处理性侵害案件时确需得到被害人的配合或帮助。并且，根据《刑事诉讼法》第 54 条的规定，被害人也有义务如实提供证据，帮助公安司法机关对性犯罪者进行追诉。然而，由于羞愧、胆怯或所处的社会环境对被害人的精神压力的影响，性犯罪被害人可能不敢控告加害人，从而使加害人逃脱法律追究。特别是在熟人社会中，被害人或其家人为了维持社会关系，往往倾向于以"私了"的方式解决问题，甚至大事化小，小事化了，最后不了了之。例如，有学者曾论及这样一个案例：在河南省的一个偏僻山

---

〔1〕　参见李罡、海剑："变态杀手李义江两年连杀 6 人被枪决"，载《北京青年报》2004 年 8 月 22 日，第 A4 版。

村里曾发生一起强奸案，被害人是一名少女。就在公安机关进行调查取证的过程中，被害人家庭突然提出"撤回报案"。民警经过调查发现，加害人为逃避刑事追究，托人向被害人提亲，表示愿意娶被害人为妻，这样既可以挽回被害人在村子里的"不良"名声，又可以解决被害人的"婚姻大事"。在这种情况下，被害人父母虽对犯罪人作女婿心存不满，但认为此事"木已成舟"，竟然说服被害人同意这门"亲事"。[1]

显然，在这个案例中，被害人在事后以及整个事件处理过程中并没有得到应有的精神损害救助，反而在传统贞操观念的支配下产生包庇性犯罪人的心理动机，最终使加害人逃脱法律责任。相反，如果被害人在遭受性侵害后获得必要的精神损害救助，则可以打消不必要的顾虑或克服不必要的恐惧，从而勇敢地配合或帮助公安司法机关追诉犯罪。

三、如何对性犯罪被害人精神损害进行救助

对性犯罪被害人精神损害的救助方式主要是心理干预。对于因受性犯罪侵害而遭受精神疾患的被害人，精神医学治疗同样重要。此外，经济支持也可以在一定程度上减轻或平复性犯罪被害人遭受的精神损害。因此，对性犯罪被害人精神损害可以从多个层面进行救助，具体的救助措施主要包括心理干预、精神医学治疗以及必要的经济支持。

（一）心理干预

与其他许多暴力犯罪不同的是，性犯罪主要导致精神损害而不是物质损害，单纯的物质救助难以解决问题，因而对性犯罪被害人遭受的精神损害的主要救助措施并非经济救助，而是心理干预。所谓心理救助，是以心理咨询、心理辅导、心理治疗、心理疏导以及心理抚慰等非物质手段提供对性犯罪被害人提供的救助。我国的司法救助制度和社会救助制度都有关于从心理上对被害人进行干预的规定。在司法救助制度中，根据《意见（试行）》第 3 条第（一）项的规定，国家司法救助以支付救助金为主要方式。同时，与思想

---

〔1〕 参见金泽刚、朱严谨："性犯罪被害人特征实证研究"，载《广西大学学报》（哲学社会科学版）2013 年第 4 期。

疏导、宣传教育相结合，与法律援助、诉讼救济相配套，与其他社会救助相衔接。有条件的地方，积极探索建立刑事案件伤员急救"绿色通道"、对遭受严重心理创伤的被害人实施心理治疗、对行动不便的受害人提供社工帮助等多种救助方式，进一步增强救助效果。在社会救助制度中，根据《办法（2019 修订）》第 55 条的规定，县级以上地方人民政府应当发挥社会工作服务机构和社会工作者作用，为社会救助对象提供社会融入、能力提升、心理疏导等专业服务。不过，在救助实践中，司法救助制度以经济救助为主，在心理救助方面主要依赖现行的社会救助制度。一方面，司法机关的主业在于做好司法工作，而从心理上对被害人进行救助需要投入大量的时间和经费，容易分散司法机关的精力。另一方面，司法机关缺乏对被害人进行心理救助的能力和技术手段，只能借助社会力量从心理上对被害人施以救助。因此，司法救助制度涉及的心理救助说到底是一种社会救助。

在心理干预的具体操作上，救助机构可以有针对性地为性犯罪被害人提供以下几个层面的救助服务：其一，对于被害人心智清醒，救助机构可以为之提供心理咨询，被害人也可以主动前往救助机构寻求心理咨询。[1]其二，对于意识不到自身存在心理障碍的被害人，可以为之提供心理辅导，由专业人员帮助被害人调适心理异常状况。心理辅导分为适应性心理辅导、克服性心理辅导、发展性心理辅导。心理辅导机构可以针对不同类型的心理障碍提供不同形式的心理辅导，以帮助被害人恢复到正常的心理状态。[2]其三，对于有的心理障碍，比如因性侵害导致的性厌恶，由于心理咨询和心理辅导往往难以发挥救助作用，可以为被害人提供有针对性的心理治疗，借助于认知疗法、行为疗法、生物反馈疗法、精神分析疗法等心理治疗方法对被害人进行救助。[3]同时，接受心理治疗的被害人可能需要服用一定的药物，如抗抑郁药物、抗焦虑药物、抗躁狂药物，等等。其四，无论提供上述何种情况的救助服务，救助人员都可以在其中楔入必要的心理疏解和心理抚慰。心理疏解和心理抚慰富于人文关怀，二者体现精神救助方式的本质要求。在运用此

---

〔1〕　参见陶勑恒主编：《心理咨询与辅导》，北京大学医学出版社 2007 年版，第 46 页。
〔2〕　参见陶勑恒主编：《心理咨询与辅导》，北京大学医学出版社 2007 年版，第 49 页。
〔3〕　参见王仕民编著：《心理治疗方法论》，中山大学出版社 2005 年版，第 86 页。

类救助方式时，救助人员需要耐心倾听和深刻理解被害人的精神需求，尽可能与之保持语言和心灵的沟通、交流，这样才能达到良好的救助效果。一般来说，只要运用得当，往往能以最小的投入取得最大的救助效果。同时，救助人员也要认识到二者之间的不同之处。心理疏解主要通过分散被害人对精神损害的主观感受而达到救助目的，如开导、劝勉，以及为之转移生活环境。心理抚慰主要通过降低被害人对精神损害的感受程度而达到救助目的，如安抚、慰问。在救助实践中，后者的运用更为常见，其形式可以是语言、文字的，也可以是行为的，如默默的陪伴。

需要指出的是，尽管司法救助制度和社会救助制度都包含心理干预的内容，但司法机关由于职能所限很难自主承担此项任务，在实践中只能交给社会力量去实施。同时，就救助效果而言，即使被害人可以在一定程度上借助司法救助解决暂时面临的生活困难，也难以借此平复其遭受的精神损害。[1] 相对而言，社会力量则在性犯罪被害人心理救助方面具有司法救助所不具备的优势，心理咨询、辅导机构不但能为性犯罪被害人提供心理疏导、心理咨询、心理辅导等基本的心理救助服务，而且可以在此基础上为性犯罪被害人提供社会融入和自我发展等更为复杂的心理救助服务。由于具备这些优势，社会救助不仅在一定程度上弥补刑事诉讼制度对于性犯罪被害人精神损害救济的不足，而且可以在很大程度上弥补司法救助制度在被害人精神损害救助方面的局限。

（二）精神医学治疗

性犯罪行为可能使被害人遭受身体伤害。如果加害人患有性传播疾病，还可能使被害人感染性传播疾病。医疗救助就是为医治性犯罪行为导致的身体伤害或为防止性犯罪行为可能导致的性传播疾病而向被害人提供的帮助。广义而言，上文提及的精神医学治疗也可以视为医疗救助的一部分。

对于因受性犯罪侵害而导致精神分裂症等功能性精神疾患的被害人，一般的精神辅导或心理治疗尚难奏效，需要进一步借助精神医学治疗方式进行

---

〔1〕 根据《意见》第 1 条的规定，在刑事被害人遭受犯罪行为侵害，无法及时获得有效赔偿的情况下，由国家给予适当的经济资助。根据《意见（试行）》第 3 条第 1 款的规定，国家司法救助以支付救助金为主要方式。

救助。[1] 所谓精神医学治疗，是由专业的精神科医师实施的治疗。根据《精神卫生法》第28条的规定，被害人可以自行到医疗机构寻求精神疾患诊断和治疗，被害人的近亲属也可以将其送往医疗机构进行精神疾患诊断和治疗。医疗机构接到送诊的疑似精神障碍患者，不得拒绝为其提供诊断和治疗。根据《精神卫生法》第30条的规定，救助机构在必要时还应考虑帮助被害人在医疗机构接受住院治疗，这样可以取得更佳的救助效果。接受精神医学治疗的被害人往往需要服用一定的药物，如心境稳定剂、精神振奋药物或改善神经细胞代谢的脑代谢药物，等等。在确定接受此种治疗前，救助机构通常需要帮助被害人在医疗机构接受必要的医学检查，借此在对被害人的精神健康状况作出基本判断的基础上为被害人提供有针对性的救助。

需要指出的是，社会力量提供的医疗救助不同于国家提供的医疗救助。后者仅适用于下列人员，即特困供养人员、最低生活保障家庭成员和县级以上人民政府规定的其他特殊困难人员，其救助方式主要分为两种：一是对救助对象参加城镇居民基本医疗保险或者新型农村合作医疗的个人缴费部分，给予补贴；二是对救助对象经基本医疗保险、大病保险和其他补充医疗保险支付后，个人及其家庭难以承担的符合规定的基本医疗自负费用，给予补助。由此可见，对性犯罪被害人的医疗救助在性质上是一种无偿的、志愿的救助，被害人是否贫困并不是其获得此种救助的前提条件。

（三）经济支持

经济支持主要用于弥补被害人受到的物质损害，但对精神损害也有一定的救助作用。一方面，经济支持对性犯罪被害人具有一定的心理抚慰功能，被害人在获得一定数量金钱时能够产生一定的愉悦感觉。另一方面，经济支持的确可以减轻被害人因医治性犯罪伤害而导致的经济压力，从而间接地使之获得精神上的宽慰。

经济支持一般表现为向被害人提供一定数额的慰问金、精神抚慰金或向被害人支付因治疗人身伤害所需的医疗费用。在性犯罪领域，经济支持主要

---

〔1〕　参见沈渔邨主编：《精神病学》，人民卫生出版社2009年版，第182页。

适用于对两类被害人的救助。一类是因受性犯罪侵害而直接致贫的被害人。例如，陕西省渭南农村一名 15 岁初三女生从小就特别懂事，而且学习也非常好，不料在一次下晚自习回家的路上被 4 名歹徒拦截并拉到一个果园房内轮奸。事发后，虽然加害人都被判处刑罚，但被害人受到的精神损害并未因此而得到平复，时常从噩梦中惊醒，无法继续上学，更无法参加中考。不仅如此，被害人曾因此而 3 次投井自杀，幸被看守的家人及时发现，其父伤心之下头发竟然花白。此后，被害人虽被转到其他学校继续上学，但总是恍惚觉得班上的一个男同学很像强暴过她的人，无法继续就读。为了医治被害人的精神创伤，家里变卖所有值钱的东西，原本就不富裕的家庭很快变得贫穷。〔1〕显然，对于此类因遭受性犯罪侵害而致贫的被害人，社会力量或社会救助机构应当为之提供一定的经济救助，以帮助被害人继续治疗并帮助被害人家庭维持生活，恢复生产。二类是不能从性犯罪人获得精神损害赔偿的被害人。在我国现行刑事诉讼制度框架下，不管是在刑事附带民事诉讼还是事后单独提起的精神损害民事诉讼程序中，也不管是针对刑事责任人还是刑事责任人以外的保险公司，只要受害人的精神损害是犯罪行为造成的，哪怕是由于性犯罪导致的，其诉请的精神损害赔偿均无法获得司法救济。〔2〕在前文述及的王振华猥亵女童案中，被害人及其代理律师之所以未向法庭提出民事赔偿请求，就是因为律师认识到向加害人提出精神损害赔偿所要面临的上述法律障碍。〔3〕鉴于这种情况，为了从制度上另辟蹊径，对于在刑事诉讼中被驳回精神损害赔偿诉请的性犯罪被害人，如果其确面临经济上的困难，社会力量或社会救助机构理应向其提供必要的经济支持。

当然，必须承认的是，建立在金钱基础上的愉悦感是非常局限的，经济支持的救助作用不应被夸大。毕竟，经济支持在效果上只是以一种建立在金钱上的愉悦感掩盖所受的精神伤痛而已，这种愉悦感很容易随着货币的消耗

---

〔1〕 参见"女儿惨遭轮奸，父亲一夜白头"，载"华商报"，网址为：http：//nsb.hspress.net，最后访问日期：2021 年 7 月 31 日。

〔2〕《刑诉解释》第 175 条第 2 款规定，因受到犯罪侵犯，提起附带民事诉讼或者单独提起民事诉讼要求赔偿精神损失的，人民法院一般不予受理。

〔3〕 参见"专访受害女童律师：王振华的律师要求对其无罪释放，并恢复上海市政协委员、全国劳模等荣誉"，载中国新闻周刊，网址：http：//www.inewsweek.cn，最后访问日期：2021 年 7 月 31 日。

而消失。因此，性犯罪被害人的精神损害主要还需通过心理干预和精神医学治疗得到解决。

四、性犯罪被害人精神损害救助面临的主要问题

性犯罪被害人精神损害救助在我国尚未得到应有的重视，目前面临的问题主要在于以下四个方面：

（一）认识障碍问题

由于社会在性别角色及两性关系上的传统观念，人们对性犯罪被害人存在许多根深蒂固的误解和偏见，这种误解或偏见势必在一定程度上影响人们的救助意愿。就误解而言，以强奸案为例，人们往往在潜意识里认为"真正被强奸的人会尽力反抗""真正被强奸的人会及时报案""真正被强奸的人都会痛不欲生"，并据此以是否"反抗""报案"或"痛苦"作为是否提供救助的条件。如果被害人自己都没有主动报案，也没有表现出痛苦，或没有因为反抗而受伤，就说明其没有受到精神损害。既然如此，为何要对其提供精神损害救助呢？[1] 就偏见而言，仍以强奸案为例，人们往往认为"有性历史的女人更容易同意发生性关系""女性之所以被强奸，或多或少因为她存在衣着暴露或言行轻佻之类的过错""女性之所以指控强奸，往往是因为没有得到某种条件的满足"，等等。尽管此类偏见与真实情况不符，但它们的确会在一定程度上影响人们对性犯罪被害人提供社会救助的积极性。[2] 不仅如此，性犯罪一般不会对被害人带来直接的经济损失，其导致的精神损害也是看不见摸不着的，甚至对身体的伤害也不明显。在这种情况下，救助机构更容易形成对性犯罪被害人精神损害救助需求的错误认识，即她看起来"并不痛苦""情绪也不低落"，真的存在精神损害吗？真的需要救助吗？

同样不可忽视的是，刑事诉讼中的"重刑轻民"倾向或"刑法报应主义"思想也是导致对性犯罪被害人社会救助动能不足的一个重要的认识障碍。

---

〔1〕 参见杨杰辉："被歧视的被害人：刑事诉讼中的强奸案被害人"，载《刑事法评论》2012 年第 1 期。

〔2〕 参见杨杰辉："被歧视的被害人：刑事诉讼中的强奸案被害人"，载《刑事法评论》2012 年第 1 期。

长期以来，我国的刑事立法者片面强调对刑事犯罪的严厉打击，认为对犯罪的严厉打击就是对被害人的最好保护。在这种观念的影响下，对性犯罪被害人精神损害的救助容易受到不应有的忽视，社会公众也很容易形成对性犯罪被害人精神损害救助的排斥心理——既然国家已经通过刑事诉讼帮助性犯罪被害人讨回公道，为何还需要对其施以精神损害救助呢？

（二）救助过程存在"二次伤害"的问题

所谓"二次伤害"，是指被害人在接受社会救助过程中遭受的伤害。"二次伤害"是相对于性犯罪侵害而言的，即加害人的性犯罪行为给被害人造成的伤害属于"一次伤害"，被害人在寻求或接受社会救助过程中遭受的来自救助机构及其工作人员的伤害则属于"二次伤害"。在表现形式上，这种"二次伤害"并非表现为身体的伤害，而是对被害人的歧视、偏见和误解。

在我国，基于上述对性犯罪被害人的偏见和误解，人们对待性犯罪案件的第一反应可能不是谴责加害者，而是习惯于对被害人进行责难，这是对性犯罪被害人造成"二次伤害"的直接表现。当然，不同类型的被害人遭受"二次伤害"的可能性及程度是不同的，其中最重要的决定因素是对被害人的态度，被尊重、被信任和被妥善对待的被害人遭受"二次伤害"的可能性更小，程度更低，反之则可能性更大，程度更高。[1]

国外同样存在这种情况。美国犯罪被害人总统特别工作小组汇编的"被害人综合素描"对一位遭到性侵害的妇女在接受医疗救助过程中受到的"二次伤害"作了详细描述：[2]

"……伤口在流血，门牙也被打掉了，我浑身淤青，痛苦不堪。医生告诉我所受的只是皮外伤，而强奸本身并不能算作一种医学创伤。在等待治疗的过程中，我独自一人坐在医院的大厅。几个小时过去了，路过的人都向我投来好奇的目光。我觉得自己浑身很脏，衣冠不整，犹如丧家犬一般。终于轮

---

〔1〕 参见杨杰辉："被歧视的被害人：刑事诉讼中的强奸案被害人"，载《刑事法评论》2012 年第 1 期。

〔2〕 United States, *President's Task Force on Victims of Crime Final Report*, Washington, DC: U. S. Government Printing Office, 1982. 转引自 ［加］欧文·沃勒著，曹菁译：《被遗忘的犯罪被害人权利——回归公平与正义》，群众出版社 2017 年版，第 85~86 页。

到我了，但负责治疗我的这个实习医生看起来似乎不太高兴，因为这么多医生中偏偏安排她给我治疗。在给我做检查时，她说她最讨厌卷入强奸案了，因为她不喜欢上庭作证。她还问我是否认识那个和我发生性关系的男人。"

"身边的护士说，她才不会在晚上这个时候独自出门。虽然我很想告诉她，其实这个歹徒是持刀闯入我的家中，但和她解释这些又有什么意义呢？"

"一名警官告诉我，我必须走完这些程序，然后医院就会把检验费的账单寄给我。但这笔费用是因为警方的调查人员坚持让我来做这些医学检查才产生的。随后他们给了我一个盒子，里面装满了一堆试管、棉签以及信封之类的东西。他们让我保管好这个盒子，还说如果今后抓到了强奸我的犯罪嫌疑人，就会用到盒子里的东西去做一些检测。"

"最后我终于迷迷糊糊地回到家了。我自己付了出租车费，穿的是医院的病号服，因为警方把我的衣服拿走了，说是要留作物证。环顾家中，我觉得歹徒碰过的每个地方都很脏，我也很怕一个人再待在自己的屋子里。这个曾经最让我感到安全的地方从此不再是我的庇护所了。我害怕一个人留在家中，但我更害怕在毫无保护的情况下出门。"

（三）隐私保护的问题

性犯罪往往涉及被害人的个人隐私，而个人隐私又事关被害人的人格尊严和生活安宁，故隐私保护是性犯罪被害人救助的题中应有之义。对于未成年性犯罪被害人来说，为了防止救助过程中的隐私泄露并防止由此导致的社会舆论对未成年人的心理产生消极影响，隐私保护尤其重要。

然而，在社会救助实践中，由于人们对性具有天然的好奇心，对性犯罪被害人的隐私保护一直面临挑战。特别是在医疗救助中，由于医护人员可以检查被害人的身体和询问被害人遭受性犯罪侵害的过程和相关细节，其势必掌握被害人大量的个人隐私，如果医护人员缺乏保密意识，就容易为了满足自身的表达欲或满足亲朋好友的好奇心而泄露被害人的隐私，甚至把被害人的个人隐私当作谈资。这些做法都将极大地侵害被害人的隐私权，破坏被害人及其家庭的生活安宁。

当然，更大的挑战来自媒体。一方面，由于媒体的受众之广和新闻的传播速度之快是个人的耳口相传难以企及的，一旦媒体在性犯罪被害人救助报道中忽视被害人隐私保护，往往容易好心办坏事，对被害人造成难以挽回的影响。另一方面，由于公众的好奇心使然，性犯罪容易成为新闻热点，一旦救助机构及其工作人员为了提升自己在社会公众中的影响或达到一定的宣传效果而将案件的详细资料提供给媒体，这无疑会增加泄露被害人个人隐私的风险。在现实中，有的新闻媒体为了提高自身的发行量、阅读量或浏览量，在被害人社会救助报道中对性犯罪的事实和经过进行夸大和渲染，故而有意或无意地将被害人的身份、住址、肖像、身体特征、个人生活习惯以及事发经过等信息公之于世。有的新闻媒体甚至有意或无意地偏离被害人社会救助的主题，不顾被害人及其家人的感受而穷追不舍地采访报道。例如，在汤兰兰案中，被害人汤兰兰指控遭到多名男性亲属的强奸，相关媒体的报道本应聚焦于厘清案件真相并为社会救助提供可能，但用公开报道的方式寻找强奸案受害人并在其中曝光被害人图片的做法，受到民众和司法界的质疑。有网友认为，人们对本案真相可能无从知晓，但媒体为博眼球之目的并带有恶意揣测的倾向去描写一个已被司法机关判定的性犯罪被害人，实在是不道德。[1]

（四）救助资源匮乏的问题。

总体而言，尽管近年来我国在刑事被害人救助方面有所发展，但总体上仍与我国的经济体量和法治水平存在很大程度的不相称，其对性犯罪被害人的社会救助资源投入尤其不足。在救助人员方面，我国目前大约有90多万名持证的心理咨询师，但仅有3万至4万人从事心理咨询行业的专兼职工作，90%以上的心理咨询师持证而未从业。心理咨询师的人员缺口数量高达43万。[2]为数不多的心理咨询师尚且难以满足一般社会公众的心理健康咨询工作，在性犯罪被害人社会救助方面更加捉襟见肘。在救助经费方面，我国目前尚无任何机构或组织建立专门的性犯罪被害人救助基金，各级民政部门也没有针对性犯罪被害人精神损害救助的专项资金投入。同时，由于对性犯

---

〔1〕 参见"寻找汤兰兰：少女称遭亲友性侵，11人入狱多年其人失联"，载"新京报"，网址：http://m.bjnews.com.cn，最后访问日期：2021年7月31日。

〔2〕 参见"中国心理咨询师缺口巨大"，载"中国新闻网（上海）"，网址为：http://www.sh.chinanews.com.cn/yljk/2019-05-11，最后访问日期：2020年8月30日。

罪被害人的社会救助主要是精神损害救助，而精神损害救助又存在隐蔽和难以诊断的特点，性犯罪被害人也很难吸引类似于"水滴筹"或"轻松筹"等社会救助筹资平台的注意和定向捐赠。在社会救助力量参与方面，我国目前能对性犯罪被害人提供社会救助的机构主要是妇联。各地妇联下设的妇女儿童工作委员会或妇女儿童权益保护协会具有一定的妇女儿童保护职能，依法负有对性犯罪被害人进行社会救助的义务。同时，各地关心下一代工作委员会（以下简称"关工委"）、共青团依法也可以对受到性犯罪侵害的未成年被害人施以救助。除上述组织之外，我国依然缺乏能够为性犯罪被害人提供社会救助的其他社会团体或民间组织。

五、性犯罪被害人精神损害救助问题的解决之道

针对我国在性犯罪被害人精神损害救助方面存在的上述问题，笔者拟提出以下解决方案：

（一）克服认识障碍

克服认识障碍的关键在于消除人们对性犯罪被害人抱有的诸多误解和偏见，使人们树立以人为本的观念，把性犯罪被害人精神损害救助作为实现社会正义的要求和建设社会主义和谐社会的重要内容。因此，在这个问题上，既不能把被害人是否"反抗"、是否"报案"作为是否提供救助的条件，也不能以被害人的被害性或既往品格作为是否提供救助的考量。同时，相关救助机构和社会力量也要防止传统的"重刑轻民"观念延伸到性犯罪被害人救助领域，不能把对加害人的刑事制裁等同于对被害人的保护并以此为由拒绝提供救助。

为了克服认识障碍，民政部门、司法行政部门和公安司法机关还需加强宣传教育，提升整个社会对性犯罪被害人精神损害救助的认识，尤其是要充分认识到性犯罪被害人精神损害救助的重要性。特别是在我国，性犯罪被害人在社会中不是一般的弱势群体，而是属于很少受到社会关注的、"躲在最隐蔽的角落里哭泣"的弱势群体。对于这样的弱势群体，一个富于关爱和道义的社会应当有责任帮助其平复精神损害并使之回归正常的生活状态，这既是人权保护的要求，也是建设法治国家与和谐社会的任务。

（二）避免在救助过程中对被害人造成"二次伤害"

理解和尊重是避免对被害人造成"二次伤害"的基本要求，偏见和误解是导致性犯罪被害人"二次伤害"的根本原因。被害人的性历史是最容易在救助过程中被提及的信息，也是最容易对被害人造成"二次伤害"的信息，既然精神损害救助的目标在于减轻和平复被害人的创伤和痛苦，救助机构及其工作人员就应慎重询问与此相关的问题，尽量避免在救助过程中过问此类信息，否则容易把对被害人的社会救助变成了对被害人的"道德审判"。在这个问题上，我国的社会救助机构及其工作人员可以参考美国同行的做法。美国对性犯罪被害人保护最大的贡献是"盾牌条款"的确立。根据该条款的规定，在一切涉及不正当性行为的民事案件或刑事案件中，任何证明被害人有其他性行为或性倾向的证据，一例不予采纳。[1] 该条款既适用于司法程序中，也适用于救助过程中。既然如此，在司法后的社会救助过程中，作为该条款立法精神的逻辑延伸，救助机构及其工作人员更不得对此进行过问或把它作为是否提供救助的条件。

为了防止对被害人造成"二次伤害"，救助机构应当加强对救助人员的培训，培训的内容至少应当涵盖两个方面：一是性犯罪相关法律知识，主要包括性犯罪的主要类型以及犯罪构成、性犯罪的社会危害性、性犯罪的预防，等等。二是性犯罪相关心理学知识，主要包括性犯罪可能对被害人造成的精神损害，如何对被害人精神损害进行鉴定和评估，如何避免对性犯罪被害人的偏见和误解，等等。三是性犯罪精神损害救助的专业技能，主要包括如何和被害人进行沟通，如何对被害人的精神损害进行准确评估，如何制定个性化的救助方案并施以有针对性的救助，等等。

（三）建立性犯罪被害人隐私保护机制

个人隐私是指自然人不愿被他人知悉的个人信息。[2] 原则上，在性犯罪

---

〔1〕 最初，该条款于 1978 年经由美国国会通过，并体现在联邦证据规则第 412 条中。参见袁锦凡："性犯罪被害人权利保护的域外经验"，载《西南政法大学学报》2010 年第 4 期。

〔2〕 此处的"他人"是指一定范围以外的人，直系亲属通常不属于"他人"的范围。在划定个人隐私保护范围时，一般应当排除与其他人及社会利益有关的个人信息。参见张莉：《论隐私权的法律保护》，中国法制出版社 2007 年版，第 8 页。

被害人精神损害救助过程中涉及的被害人的全部个人信息，包括姓名、住址、通信方式等，只要与他人和社会的利益无关，都应属于隐私保护的范围。为了严格保护被害人隐私，救助机构应当建立适当的被害人信息保护机制。一方面，救助机构应对被害人的个人信息进行必要的脱敏处理。所谓脱敏处理，根据《信息安全技术　个人信息安全规范》的规定，就是按照一定规则或通过一定技术手段对个人信息的相关数据进行去标识化处理，使之转换成不具有个体识别特征的数据，从而达到个人信息保护的目的。在国外，一般采用随机化方式（Randomization）或概括化方式（Generalization）消除个人信息的识别特征，前者旨在变更个人信息的数据精确性，后者旨在重构个人信息的数据规模或数据结构。[1]另一方面，救助机构应对其收集和掌握的个人信息采取必要的安全保护措施，以防止被害人的个人信息遭到盗取、泄露。如果采用电子计算机或网络数据库的方式保存，救助机构应当根据《中华人民共和国网络安全法》（以下简称《网络安全法》）第21条的规定采取相应的防护措施，除了要设置防火墙、破译密码等常规的安全措施外，相关工作人员还应在每一次改进实验数据时重启审核程序，并建立连续完整的检查监督机制，以最大限度地降低个人信息被使用、修改、泄露的风险。[2]

（四）优化配置性犯罪被害人精神损害救助资源

性犯罪被害人精神损害救助不仅需要一定的人力、物力和财力的支撑，而且需要对此类相关资源进行优化配置。在资金方面，性犯罪被害人精神损害救助的资金筹集可以多源化。各地可以鼓励民间资金投向性犯罪被害人精神损害救助事业，建立性犯罪被害人救助基金或精神损害救助专项基金，用于支付性犯罪被害人精神损害救助所需成本以及向专业机构购买精神救助服务。在此基础上，各地还可以在政府财政预算中单列财政出资并通过妇联、青联、关工委、共青团等组织向社会购买救助服务，这应当成为性犯罪被害人精神损害救助的一种基本的筹资方式。在人力方面，为了改变我国在性犯

---

〔1〕　See Gerald Spindler, Philipp Schmechel, "Personal Data and Encryption in the European General Data Protection Regulation", *Journal of Intellectual Property*, *Information Technology and Electronic Commerce Law*, Vol. 7, 2016.

〔2〕　参见李洪江、李晓艳：“大数据时代个人信息保护研究”，载《人民司法》2020年第1期。

刑事被害人社会救助研究

罪被害人心理干预和精神医学治疗人才匮乏的状况，各级卫生部门、民政部门或司法行政部门可以制定适当的政策，鼓励和指导包括高校在校生在内的社会爱心人士作为志愿者加入性犯罪被害人精神损害救助事业。教育部门也应积极协作，共同制定相应的规范性文件，以加强这一领域的学科建设和学科的规范化、标准化建设，以保障性犯罪被害人精神损害救助领域所需的专业人才支持。此外，立法可以借鉴西方国家的有益经验，在鼓励社会力量参与性犯罪被害人精神损害救助的同时，积极培育民间志愿者、专业救助机构以及相关的非政府组织，共同促进性犯罪被害人精神救助事业向专业化方向发展。

六、余论：性犯罪被害人精神损害救助的可及性

本章的基本思路是：性犯罪被害人可能遭受精神损害，这种损害在现行刑事法律框架下无法从加害人得到精神损害赔偿救济；弥补这一现实漏洞的重要途径是由社会力量为之提供精神损害救助，我国社会长期以来确实存在为性犯罪被害人提供精神损害救助的实践；这一实践在现实中的确需要得到进一步的完善和发展，为此需要提出问题或挑战的应对之道。

作为上述思路最后一环的任务，本章还需指出性犯罪被害人的可及性问题。也就是说，寻找性犯罪被害人并确认其遭受精神损害是为之提供精神损害救助的前提。然而，由于传统观念的影响，加之性犯罪被害人存在隐私泄露的担忧，性犯罪被害人通常并不希望他人知晓其遭遇，更不希望进入公众视野，由此导致性犯罪被害人精神损害的可及性问题。为了这个问题，包括妇联、关工委、共青团、公益组织和爱心企业在内的社会救助机构可以主动建立与公安司法机关之间建立密切合作，主动告知联系性犯罪被害人并把隐私保护措施告知被害人，使之打消顾虑并放心接受精神损害救助。

为了提高性犯罪被害人精神损害救助的可及性，我国可以借鉴一些西方国家的做法，在城市社区和农村基层建立性犯罪被害人精神损害救助机构。在德国、法国和瑞典，已经较早建立起专门接待性犯罪被害人、诊断各类性犯罪被害症状的被害人保护机构，如"家庭暴力庇护中心""性犯罪被害服务

中心"，等等。〔1〕这些机构大多设于城市和社区中心，由曾经遭受性犯罪侵害的人、社会志愿人士和医务、社会、法律等方面的工作人员组成，其中有的能为被害人提供昼夜服务。这些机构的服务范围一般包括：（1）设置报警电话和其他联系方式，对正在遭受性犯罪侵害的被害人提供紧急救助；（2）接待遭受性犯罪或其他暴力犯罪侵害的被害人，对其进行庇护、治疗、心理疏导等社会救助服务；（3）对具有被害可能的"最大风险群体"进行劝解，提供咨询，实施特别保护等被害预防措施；（4）对进入诉讼阶段的性犯罪被害人提供法律咨询、法律援助、诉讼费援助及其他相关帮助。〔2〕

　　总之，在所有的刑事被害人社会救助服务中，性犯罪被害人的精神损害救助的可及性是最为复杂的。只有解决发现被害人并说服其接受救助服务的问题，救助机构才能真正为之提供所需救助服务，帮助其恢复心理健康并回归正常的社会生活。

---

〔1〕　参见罗大华等："论刑事被害人的心理损害及其援助"，载《政法学刊》2001年第5期。
〔2〕　参见罗大华等："论刑事被害人的心理损害及其援助"，载《政法学刊》2001年第5期。

第八章

被害人精神损害救济：刑事诉讼的局限
与社会救助的弥补

在传统上，刑事司法理论研究的关注焦点一直是被告人或犯罪嫌疑人，而不是被害人。在国外，刑事司法研究甚至还面临着过于强调保护被告人的权利而忽视被害人利益的指责：大家都想到犯罪人，但没有人想到被害人。[1]因此，如果换个角度，从被害人的角度检视现行的刑事诉讼制度，将会发现被害人权利保护立法较之被告人权利保障立法一直没有取得应有的平衡，刑事诉讼制度在被害人权利保护方面的确存在诸多的局限，其中被害人的精神损害救济问题尤为突出。

传统观念认为，我们应当不断修改和完善刑事诉讼制度以应对这些问题。但是，《刑事诉讼法》从 1979 年制定并于 1996 年首次修正以来，又经历了2012 年和 2018 年两次修正，这个问题仍然没有得到解决。对此我们应当反思，用修正《刑事诉讼法》的方式来强化刑事被害人权利保护的途径是否可行，是否现实？如果答案是否定的，原因何在？从《刑事诉讼法》的性质来看，它是一部兼具打击和保护功能的法律。所谓打击，即通过打击犯罪来保护国家、社会和被害人。所谓保护，是指在打击犯罪的过程中保护犯罪嫌疑人、被告人的合法权利。由此可见，被害人并非《刑事诉讼法》的首要关注对象，被害人的权利保护问题很难通过修正《刑事诉讼法》这一途径得到解决。也正因为如此，国家在对被告人判处财产刑时，没收的财产不归被害人，而是收归国有。就传统观念而言，对被害人权利的最佳保护方式就是打击犯

---

[1] 参见胡铭："审判中心与被害人权利保障中的利益衡量"，载《政法论坛》2018 年第 1 期。

罪，即通过对犯罪人进行刑事制裁而在精神上抚慰被害人，由国家公权力或暴力机器替被害人"复仇"，从而实现刑事司法正义。既然如此，如果国家已经对犯罪人判处刑罚，则意味着国家已经尽到保护被害人权利的义务，被害人理应感到满足。正因为如此，《刑事诉讼法》虽几经修正，却一直没有给予被害人向被告人提出精神损害赔偿的空间。

既然被害人的精神损害救济难以寄希望于通过修正《刑事诉讼法》而达到目的，则可以另辟蹊径——建立和完善对刑事被害人的社会救助制度，通过社会救助平复被害人的精神损害。

一、被害人的精神损害

关于何为精神损害，现行法律并未作出具体而明确的规定，学界的看法也不一致。有刑法学者认为，精神损害是因暴力、恐惧、伤残、悲哀等外在原因所引起的受害人精神上的失常和痛苦。[1]有民法学者认为，精神损害是指自然人因其人格权受到侵害而遭受的生理上、心理上的痛苦及其他不良情绪，即精神痛苦。[2]有行政法学者认为，精神损害就是精神痛苦，损害体现为痛苦，痛苦即为损害。[3]当然，也有学者概不同意上述各种观点，认为精神损害并非精神痛苦，而是附随先存权利受到侵害而在精神上产生的后果，即侵害行为对自然人本人或其他权利主体所造成的精神压力状态。[4]还有学者认为，精神损害不限于精神痛苦，还包括法律或司法解释规定可以金钱赔偿作为救济方式的其他严重精神反常情况。[5]综合来看，尽管学者们都对精神损害的涵义作了不同的探索，但主要把精神损害定位于纯粹的主观感受或具体的表现形式，如"不良情绪""痛苦""压力"等。事实上，精神损害的具体表现形式多种多样，在性质上既有主观的一面也有客观的一面。对于有

---

〔1〕　参见皮纯协、冯军主编：《国家赔偿法释论》，中国法制出版社 2010 年版，第 56 页。

〔2〕　参见王利明等编著：《人格权法》，法律出版社 1997 年版，第 223 页。

〔3〕　参见马怀德、张红："论国家侵权精神损害赔偿"，载《天津行政学院学报》2005 年第 1 期。

〔4〕　参见赵玄："论精神损害赔偿在国家赔偿中的定位与司法适用"，载《中南大学学报》（社会科学版）2014 年第 5 期。

〔5〕　参见张新宝主编：《精神损害赔偿制度研究》，法律出版社 2012 年版，第 17 页。

的精神损害，比如因受犯罪刺激而导致的癔症、精神错乱或精神分裂，刑事被害人自己可能并不觉得痛苦，也不大可能感到压力，难道能因为自然人没有产生这样的主观感觉而否定它的存在？由此可见，精神损害除了主观的一面，也有客观的一面，其表现形式不限于精神痛苦，还包括精神痛苦之外的其他精神反常情况。综上，大体可以把精神损害界定为自然人因受不法行为侵害而在精神层面产生的不良状态。

刑事被害人的精神损害应当符合上述一般精神损害的共性特征：其一，它是一种不良状态。其二，它是一种异常状态，这种异常状态可有不同层面的外在表现，如情绪上的异常、心理上的异常、与心理有关的功能性精神疾患。其三，具有外因性，即由外因导致。刑事被害人患有的先天性精神疾病不属于救助范围。其四，具有心因性，即和心理有关。和心理有关的功能性精神损害可以纳入救助范围，但纯粹的器质性精神损害只能通过医学治疗得到解决，不属于刑事被害人精神救助的客体范围。其五，具有法律相关性，即损害是因受不法行为侵害而导致的法律后果。其六，既有主观性，也有客观性，刑事被害人的主观感受不是判断精神损害是否存在的唯一依据。[1]

除了以上共性，刑事被害人精神损害也有以下不同于一般精神损害的个性：其一，在主体上的特殊性。刑事被害人精神损害以刑事被害人为承受主体，这不同于民法上的侵权行为受害者以及国家赔偿法上的受害人。其二，在肇因上的特殊性。刑事被害人精神损害属于犯罪行为侵害引发的结果，非因犯罪行为导致的精神损害不属于精神救助的客体范围。据此，以下两类精神损害可予以排除：一是犯罪行为以外的原因导致的精神损害，如自然灾难、意外事件或失恋所致的精神损害。二是虽与犯罪行为有关但侵害主体非犯罪人或与犯罪人无特定法律关系的精神损害，如目睹血淋淋的凶杀或交通事故现场所致的精神损害。其三，对精神救助的依赖程度上的特殊性。正如下文将会论及的那样，刑事被害人遭受的精神损害难以通过判处犯罪人刑罚得到

---

〔1〕 参见任克勤主编：《被害人心理学》，警官教育出版社 1997 年版，第 27～35 页；曾绪承主编：《司法精神病学》，群众出版社 2002 年版，第 11～17 页；马俊骥："论精神损害的可赔偿性"，载《时代法学》2019 年第 1 期。

解决，其在现行法律体系下也无法通过其他司法途径得到解决，故而需要得到社会救助。相对而言，尽管民法意义上的受害者以及国家赔偿法意义上的受害人也会遭受精神损害，但现行法律框架下的侵权之诉或精神损害赔偿诉讼已经足以使之得到解决，一般无需精神救助。

在实践中，对轻微的精神损害可以不予救济，故可予以救济的精神损害还需达到严重的程度。对其严重程度的判断可以从主客观两个方面进行把握。就主观层面而言，可以采取中性第三人标准，即由被害人或被告人之外的第三人判断精神损害是否达到可予救济的严重程度。[1]在具体操作中，司法机关、司法行政机关、具体救助机构以及刑事被害人所在的社区或村组可以根据具体情况选择相关的专业人士作为中性第三人，由该中性第三人作出判断。就客观层面而言，如果采用中性第三人标准仍不足以对被害人精神损害的严重程度作出相对准确的判断，可以由上述机构或组织委托专业机构进行定性或定量的鉴定。通常，精神损害的性质不同，严重程度也不相同。例如，精神疾患的严重程度通常高于心理障碍，而心理障碍的严重程度通常高于情感障碍。

综上，可予救济的精神损害大体上可以分为以下三种情况：一是达到严重程度的情感障碍，如紧张、焦虑、偏执、沮丧、绝望、愤怒、仇恨，等等。[2]二是达到严重程度的心理障碍，既包括自闭症、焦虑症、适应性抑郁症等适应性心理障碍，也包括躁狂症、恐惧症、反应性抑郁症、极端的反社会心理以及性犯罪导致的性厌恶等反应性心理障碍。[3]三是达到严重程度的与心理有关的功能性精神疾患，如因犯罪刺激导致的癔症和精神分裂症。[4]

二、被害人精神损害救济的正当性

对刑事被害人的权利保护范围不能局限于生命权、人身权和财产权，除

---

[1] 参见郭强、陈斌："刑事精神损害赔偿法律制度研究"，载《经济研究导刊》2011年第20期。

[2] 参见沈渔邨主编：《精神病学》，人民卫生出版社2009年版，第301页。

[3] 参见沈渔邨主编：《精神病学》，人民卫生出版社2009年版，第382页。

[4] 参见沈渔邨主编：《精神病学》，人民卫生出版社2009年版，第290页。

此之外还应涵盖精神上的权利。以下从规范依据、理论基础以及现实需要三个层面剖析被害人精神损害救济的正当性。

（一）对被害人精神损害进行救济具有规范层面的正当性

从国内法来看，我国《宪法》第 2 章对公民基本权利作了比较全面的规定：第 33 条规定国家尊重和保障人权；第 38 条规定公民的人格尊严不受侵犯。这些规定从根本大法的高度确认国家对包括被害人在内的全体公民的生命、健康、自由、财产等基本权利的保障责任。其中，对健康权利的保障当然包含了对刑事被害人精神损害的救济。同时，相关部门法也直接或间接地涉及被害人的精神损害救济问题。2021 年开始施行的《中华人民共和国民法典》（以下简称《民法典》）第 1183 条明确规定，侵害自然人人身权益造成严重精神损害的，被侵权人有权请求精神损害赔偿。因故意或者重大过失侵害自然人具有人身意义的特定物造成严重精神损害的，被侵权人有权请求精神损害赔偿。一般来说，犯罪行为导致的精神损害较之侵权行为导致的精神损害应更为严重，既然民事侵权行为造成的精神损害都应得到救济，犯罪行为导致的精神损害当然更应得到救济。从国际法来看，自 20 世纪被害人运动兴起之后，相关国际组织制定了诸多有关提高被害人地位、改善被害人待遇的国际公约，为各国被害人权利保障机制的构建提供了"底线正义"标准。[1]1985 年第七届联合国预防犯罪和罪犯待遇大会通过的《宣言》要求各国社会保障被害人获得必要的心理或精神的救济权利，把被害人获得精神损害救济的权利置于首要位置（本宣言的 A 部分第 1 条）予以规定。[2]1998 年，为了明确《宣言》的实施方针和注意事项，联合国颁布了《执行〈宣言〉的决策人员指南》和《使用和适用〈宣言〉手册》，明确规定刑事被害人享有从所在国家或社会获得心理损害救助、社会关系损害救助和二次被害救助等与精神损害救济相关的权利。

（二）对被害人精神损害进行救济具有理论层面的正当性

首先，对被害人精神损害进行救济是司法公正的重要体现。司法公正应

---

〔1〕 参见江国华等："困境与出路：中国刑事被害人权利保障之检视"，载《学习与实践》2014 年第 9 期。

〔2〕 参见田思源：《犯罪被害人的权利与救济》，法律出版社 2008 年版，第 31 页。

当兼顾对犯罪人的处罚和对被害人的救济。在刑事诉讼中对犯罪人处以刑罚是司法公正在公法上的价值追求，犯罪人承担的是公法上的不利后果，其主要目的在于维护社会秩序。而对被害人遭受的精神损害进行救济则是司法公正在私法上的价值追求，犯罪人承担的是私法上的不利后果，其主要目的在于保护被害人的个人权利。作为司法公正的内在要求，既不能因为对犯罪人处以刑罚就免除或减轻其民事责任，也不能因犯罪分子多赔一些钱就可以免除或减轻其刑事责任。[1] 反之，如果以刑事处罚代替对刑事被害人精神损害的救济，虽然可以达到追求"公法优位"效果，却在很大程度上牺牲了被害人本该享有的权益，这无论如何都有悖于司法公正的要求。其次，对被害人精神损害进行救济是现代人权保护理论的题中应有之义。现代人权保护思想坚持全面保护的观点，这反映在刑事司法或刑事政策方面就是既要重视对被害人遭受的物质损害进行救济，也要重视对被害人遭受的精神损害进行救济。以强奸罪为例，物质损害主要是指犯罪人在犯罪过程中因使用暴力而使被害人遭受的身体伤害，精神损害主要是指被害人由于暴力行为和身体伤害而在心理上产生恐惧、绝望、羞耻等不良反应，甚至长期处于噩梦般的被害经历记忆中。[2] 如果这种精神损害没有得到及时救济，严重的还会进一步导致抑郁症、自闭症等心理障碍或心因性精神疾患。由此可见，精神损害对被害人的影响甚至较之物质损害更为深重，片面地关注对被害人遭受的物质损害的保护而忽视对被害人遭受的精神损害的救济不仅侵蚀人权保护的全面性和完整性，而且有悖于在此类案件中的人权保护的主要目标。最后，对被害人精神损害进行救济是被害人作为人的本质属性的要求。在马克思主义观点看来，人的本质属性集中地体现为人的社会性，但人的社会性又以人的主体性为条件。人的主体性表现为人的自觉能动性，只有具备主体性的人才能独立参与并有效处理社会关系。[3] 相较而言，西方启蒙运动的思想家们则普遍认为人

---

〔1〕　参见崔晓娟："论刑事被害人精神损害赔偿"，载《人民司法》2013 年第 1 期。

〔2〕　参见江国华等："困境与出路：中国刑事被害人权利保障之检视"，载《学习与实践》2014 年第 9 期。

〔3〕　参见李秀林等主编：《辩证唯物主义和历史唯物主义原理》，中国人民大学出版社 1995 年版，第 428 页。

的本质属性在于人的"理性"，正因为人具备这种"理性"，才能摆脱"神"或"上帝"的支配而成为独立存在的个体。[1]康德则进一步把人的理性视为构筑契约社会的基础，认为由于人类具有理性，所以能够通过缔结社会契约来建立国家，人们又按法律所规定的一种秩序进行生活，并通过法律来调节相互之间的关系，这就是文明社会。[2]显然，无论两种思想对人的本质属性的具体表述存在多大差异，但都肯定人的本质属性存在于人的精神层面并对建立社会关系或社会秩序具有决定作用。既然如此，具体到刑事法学领域，对被害人精神损害救济的忽视或放弃也就意味着对被害人作为人的一般本质属性的忽视或背反，这有害于建立良好的社会关系或社会秩序。

（三）对被害人精神损害进行救济具有现实层面的正当性

首先，对被害人精神损害进行救济是打击犯罪和激励被害人同犯罪作斗争的需要。具体而言，精神损害救济有助于激励被害人主动报案，揭露犯罪人，积极配合警方逮捕犯罪人，从而增强社会防卫功能，形成强有力的社会防卫体系。相反，如果漠视被害人在精神上的被害状态，疏于对被害人进行精神救助，则势必在追诉犯罪过程中削弱被害人配合的积极性。[3]其次，对被害人精神损害进行救济也是防止被害人发生"恶逆变"并变成犯罪人的需要。被害人之所以发生"恶逆变"并成为犯罪人，精神损害救济的缺失是一个非常重要的因素。在个案中，被害人遭受犯罪侵害后有惩罚犯罪和赔偿损失等的心理需求。当这两个愿望不能得到满足时，被害人的挫败感就会增强，物质资源日益紧张，精神状态每况愈下，此时无论在物质上还是精神上都亟需来自社会的帮助和救济。[4]反之，如果被害人的精神损害得到应有的救济，其结果将有助于被害人形成对社会正义的积极理解并自动消解报复性犯罪的冲动。最后，对被害人精神损害进行救济有助于被害人恢复主体人格和回归正

---

〔1〕 参见潘洪林："西方人本主义的沉浮"，载《云南社会科学》2000年第1期。

〔2〕 参见张宏生、谷春德主编：《西方法律思想史》，北京大学出版社1990年版，第262页。

〔3〕 参见任克勤：《被害人学基本理论研究》，中国人民公安大学出版社2018年版，第406页。

〔4〕 参见兰跃军、廖建灵："作为一种犯罪现象的被害人'恶逆变'"，载《上海法学研究》（集刊）2019年第3卷。

常的社会生活，从而以量变或质变的方式促进社会共同体的存续和发展。[1] 对此，美国犯罪学家弗兰西斯·卡伦曾经指出，精神救济具有缓冲器的功能，它能培养一个人利他的观念或行为；在刑事被害人得到足够的社会支持时，对减少其心理创伤，增强其守法意识具有重要作用，这将刑事被害人带入守法的良性环境。[2]

三、刑事诉讼在被害人精神损害救济上的局限

关于刑事被害人精神损害是否可以通过刑事诉讼得以解决，学界一直存在三种不同的观点。否定说认为，被害人的精神损害完全可以通过判处犯罪人刑罚而得到解决，故对于被害人因犯罪行为遭受精神损失而提起附带民事诉讼或者单独提起精神损害赔偿民事诉讼的，人民法院应不予受理。[3] 肯定说认为，刑事附带民事诉讼本质上属于民事诉讼，理应适用有关民事方面的法律规定；既然民法规定可以对精神损害诉请赔偿，对于被害人因犯罪行为遭受精神损害而附带或单独提起民事诉讼的，人民法院就应当予以受理，否则破坏法律实施的统一性。[4] 折中说则认为，在刑事附带民事诉讼中，被害人请求精神损害赔偿的，人民法院不予受理，但可告知当事人按照民事诉讼程序另行起诉；被害人另行提起民事诉讼要求精神损害赔偿的，人民法院应当依法予以受理。有学者为折中说给出的理由是考虑到前述两种意见各有道理，为兼顾两者意见，当事人在附带民事诉讼中不能提起精神损害赔偿，在单独的民事诉讼中可以提起精神损害赔偿，这样（的安排）既符合《刑法》《刑事诉讼法》的规定，也符合民事法律的规定。[5]

尽管学界分歧很大，但我国刑事诉讼立法在事实上支持了否定说的观点。为此，《刑诉解释》第 175 条第 2 款规定，因受到犯罪侵犯，提起附带民事诉

---

〔1〕 参见袁曙光、杨帆："刑事被害人精神损害国家救助的学理基础及制度规范"，载《济南大学学报》（社会科学版）2015 年第 6 期。

〔2〕 参见曹立群、任昕主编：《犯罪学》，中国人民大学出版社 2008 年版，第 94 页。

〔3〕 参见李洪江："刑事附带民事诉讼若干争议问题研究"，载《法制资讯》2008 年第 2 期。

〔4〕 参见刘广三、汤春乐："附带民事诉讼中精神损害赔偿问题研究"，载《烟台大学学报》（哲学社会科学版）2000 年第 3 期。

〔5〕 参见刘广三："从精神损害赔偿看附带民事诉讼"，载《法治研究》2010 年第 7 期。

讼或者单独提起民事诉讼要求赔偿精神损失的，人民法院一般不予受理。[1]
作为上述文件规定的结果，在现行刑事诉讼制度框架下，不管是在刑事附带
民事诉讼还是事后单独提起的精神损害民事诉讼程序中，也不管是针对刑事
责任人还是刑事责任人以外的保险公司，只要受害人的精神损害是犯罪行为
造成的，其诉请的精神损害赔偿均无法获得司法救济，这是刑事诉讼在被害
人精神损害救济立法上的局限，是一种外在的局限。

在司法实践中，反映上述立法局限的案例并不鲜见。在 2020 年发生的王
振华涉嫌猥亵女童案中，被害人及其代理律师之所以没有向法庭提出民事赔
偿请求，也是因为律师认识到向加害人提出精神损害赔偿所要面临的上述法
律障碍。[2]具体而言，按照被害人代理律师的解释，是因为按照刑事附带民
事诉讼的相关规定，附带民事诉讼是不能主张精神损失费的。而附带民事诉
讼索赔的钱也只是直接经济损失。该案中，受害女童的验伤等费用都是国家
出钱的，相关心理辅导的费用来自公诉机关，该女童作为被害人几乎没有直
接的经济损失。再说，在这起性侵案件中，女孩连衣服等都没有被撕坏，所
以只赔经济损失的话，可能只有一两千元。[3]而更早反映上述立法局限的案
例是深圳市中级人民法院审结的一个强奸案。该案始发于 1998 年 8 月，被害
人张某在深圳某英语俱乐部与持澳大利亚护照的被告人刘某相识，后应邀到
刘某在深圳罗湖区的住处与刘某一起吃晚餐，被刘某使用暴力手段多次奸淫，
并被刘某禁锢在住处长达 4 个小时。1999 年 9 月，深圳市中级人民法院对刘
某强奸案进行审理，被害人张某在庭审中对刘某提起刑事附带民事诉讼，请
求判令被告人刘某赔偿其精神损失费 10 万美元。同年 10 月，深圳市中级人
民法院以张某在刑事附带民事诉讼中提出的精神损害赔偿诉讼请求不符合我
国《刑事诉讼法》的规定为由，驳回该诉讼请求。2000 年 8 月，广东省高级

---

〔1〕 需要指出的是，2012 年修订的《中华人民共和国国家赔偿法》（以下简称《国家赔偿
法》）在第 35 条中增加了关于精神损害赔偿的规定，从而在行政赔偿与刑事赔偿中正式确立了精神
损害赔偿制度，但它仍不涉及刑事犯罪导致的精神损害赔偿问题。

〔2〕 参见"专访受害女童律师：王振华的律师要求对其无罪释放，并恢复上海市政协委员、全国
劳模等荣誉"，载中国新闻周刊，网址 http://www.inewsweek.cn，最后访问日期：2021 年 7 月 31 日。

〔3〕 参见"专访受害女童律师：王振华的律师要求对其无罪释放，并恢复上海市政协委员、全国
劳模等荣誉"，载中国新闻周刊，网址 http://www.inewsweek.cn，最后访问日期：2021 年 7 月 31 日。

人民法院以强奸罪终审判处刘某有期徒刑 12 年。在刘某入狱后，张某于 2000 年 11 月向深圳罗湖区人民法院另行提起关于精神损害赔偿的民事诉讼。罗湖区人民法院经审理后认为：（1）被告的犯罪行为实质是一种严重的侵权行为；（2）被告的犯罪行为严重侵害了原告张某的"贞操权"和"生命健康权"，给原告造成了终生的精神痛苦和部分可得精神利益的丧失，并由此导致原告社会评价的降低；（3）被告的犯罪情节恶劣，持续时间长，原告又系"处女"，受损害结果严重。据此，该院判令被告刘某向原告张某赔偿精神损害赔偿金人民币 8 万元。一审判决后，张某认为 8 万元的精神损害赔偿数额太少，刘某及其代理律师则认为判决于法无据，双方均提出上诉。深圳市中级人民法院在经过一年多的审理之后，最终依据上述最高人民法院《关于人民法院是否受理刑事案件被害人提起精神损害赔偿民事诉讼问题的批复》作出终审裁定，撤销本案一审有关精神损害赔偿的判决，驳回原告张某要求被告刘某赔偿其精神损害的诉讼请求。[1]

上述深圳案的判决显然受到上述否定说的影响。根据上述否定说的观点，现行刑事诉讼法以及刑事司法实践之所以对被害人精神损害诉请不予支持，主要是出于两个方面的理由：其一，基于刑罚报应主义的考量。在民事侵权案件中，如果不让侵权人承担精神损害赔偿责任，就难以对侵权人的侵权行为作出有效的制裁。而在刑事诉讼中，对被告人进行定罪处刑本身就可以达到从精神上对被害人"平复"和"抚慰"的效果。因此，既然有了对被告人的刑事处罚，也就无需再用精神损害赔偿的手段制裁被告人和安抚被害人了。[2]如果被害人仍然感到义愤难平，除非存在司法腐败问题，要么是被害人要得太多，要么是定罪处刑的严峻程度不够。对于后者，唯一有效的方法只能是对犯罪人进行更严厉的追诉，直至对犯罪人判处死刑，而不是其他。[3]因此，在否定说的影响下，精神损害赔偿很难进入立法者的考虑范围。其二，基于实践操作难度的考虑。凡在有被害人的刑事案件中，犯罪行为都会不可避免地给被害人造成一定的精神损害。并且，这种损害具有不同于物质损害或经

---

〔1〕　参见褚福民："刑事附带民事诉讼制度之反思"，载《刑事法判解》2012 年第 2 期。

〔2〕　参见刘广三："从精神损害赔偿看附带民事诉讼"，载《法治研究》2010 年第 7 期。

〔3〕　参见孙立红："论报应主义刑罚的积极价值"，载《环球法律评论》2015 年第 5 期。

济损害的无形性和抽象性，难以通过具体数额进行衡量。如果立法允许被害人因此而提起精神损害赔偿之诉，则意味着绝大多数刑事案件都会面临精神损害赔偿诉讼的问题，其不但涉及的范围太大，而且也会极大地增加人民法院的诉累。[1]因此，在否定说看来，从我国当前司法实践和社会状况的现实角度出发，为了兼顾刑事司法的效益原则，人民法院还是不宜受理被害人提起因犯罪行为而引起的精神损害赔偿诉讼。[2]

笔者认为，上述第二个理由是站不住脚的。从世界范围来看，可以通过刑事诉讼主张精神损害赔偿的国家很多。以法国、德国和意大利为代表的大陆法系国家均支持刑事被害人在被害后就其精神上所遭受的损害提起附带民事诉讼。其中，法国《刑事诉讼法》第 3 条规定，民事诉讼可以与刑事诉讼一同进行，并由同一法院管辖审理，一切由犯罪行为人的犯罪事实所导致的包括物质上的、身体上的、精神上的损害损失而提起的诉讼，法院均应受理。[3]显然，大陆法系国家的附带式诉讼模式并不排斥刑事被害人向被告人主张精神损害赔偿，被害人完全可以通过附带民事诉讼得到精神损害救济。与大陆法系国家不同，以美国为代表的英美法系国家并未在刑事诉讼中设置附带民事诉讼程序，而是采取刑民分立的诉讼模式来解决犯罪行为引起的精神损害赔偿问题——刑事诉讼就犯罪人所犯罪行进行定罪处刑，民事诉讼就犯罪人给被害人及其家庭所带来的精神损害进行定纷止争。[4]为了保证刑事审判与民事审判的相互独立，英美法系国家的分立模式要求民事诉讼等到刑事审判结束后再行提起，刑事审判结果不能影响民事判决。在具体个案中，即使在先前的刑事诉讼中判处被告人无罪，也不影响法院在后续的民事诉讼中判决被告人为被害人承担精神损害赔偿责任。以美国 20 世纪 90 年代著名的"辛普森杀妻案"为例，加州地方法院对辛普森涉嫌谋杀其妻妮可的刑事审判结束于 1995 年 10 月，民事赔偿诉讼则始于 1996 年 2 月，即刑事判决完

---

〔1〕 参见刘广三："从精神损害赔偿看附带民事诉讼"，载《法治研究》2010 年第 7 期。

〔2〕 参见李洪江："刑事附带民事诉讼若干争议问题研究"，载《法制资讯》2008 年第 2 期。

〔3〕 参见任韧："关于建立刑事被害人精神损害赔偿制度的探析"，载《江西警察学院学报》2016 年第 1 期。

〔4〕 参见任韧："关于建立刑事被害人精神损害赔偿制度的探析"，载《江西警察学院学报》2016 年第 1 期。

成的 4 个月之后，二者完全分开进行。在该案中，尽管辛普森在刑事诉讼中被判无罪，但在民事诉讼中却被判向其妻子一家承担包括精神损害赔偿在内的民事责任，并为此支付总计高达 3350 万美元的赔偿金。[1]由此可见，在美国的分立诉讼模式下，被害人完全可以通过提起独立的民事诉讼解决精神损害赔偿问题。

　　我国的刑事诉讼之所以排除精神损害赔偿，主要还是立法界持上述第一个理由使然。与此相关的一个较具代表性的论述就是：从理论上讲，犯罪行为确实会给被害人造成精神损害，但行为人的行为被确认为犯罪并判处行为人承担一定的刑罚，这本身就是对受害人的一种抚慰。[2]但是，通过刑事诉讼对被告人进行追诉真的能解决被害人的精神损害问题吗？对这个问题应当从两个方面进行分析。一方面，不能否认的是，对犯罪人定罪处刑的确能在一定程度上对被害人起到安抚伤痛和平息仇恨、愤怒的效果。但这种安抚和平息只具有 "一定程度" 的效果。另一方面，如前所述，被害人因犯罪行为侵害产生的精神损害范围很广，绝不限于 "痛苦""愤怒" 和 "仇恨" 之类的情感问题，除此之外还有其他更为深层次的精神损害问题，如心理障碍、心因性精神疾患等因犯罪刺激而导致的精神损害。[3]以强奸案为例，假若被害人因遭到强奸而出现抑郁、自闭或其他心因性精神疾患，能因为犯罪人被定罪处刑而自愈吗？再以现实中的李文斌杀医案为例，犯罪人李文斌已于 2020 年的 4 月 3 日（清明节前）被执行死刑，这虽然可以在一定程度上消减被害人杨文医生家人（间接被害人）对犯罪人李文斌的 "愤怒" 和 "仇恨"，但能解决被害人一家失去亲人的 "痛苦" 吗？显然，在刑事诉讼中，无论对被告人定何种 "罪" 或判何种 "罚"，也难以弥补被害人遭受的精神损害，这是刑事诉讼除立法局限之外的功能上的局限。

　　综上，刑事诉讼在被害人精神损害救济方面既存在立法上的局限，也存

---

　　[1]　参见任韧："关于建立刑事被害人精神损害赔偿制度的探析"，载《江西警察学院学报》2016 年第 1 期。

　　[2]　参见汪治平：《人身损害赔偿若干问题研究》，中国法制出版社 2001 年版，第 131~132 页。

　　[3]　参见任韧："关于建立刑事被害人精神损害赔偿制度的探析"，载《江西警察学院学报》2016 年第 1 期。

在功能上的局限。功能上的局限是天然的，是内在的局限，是由刑事诉讼的本质属性决定的，不可能通过法律修改得到解决。相对而言，尽管立法上的局限在理论上是可以通过修改刑事诉讼法加以解决的，但至少目前没有这种可能。一方面，如前所述，学界本身就对此存在不同看法，支持修改刑事附带民事诉讼制度的学者也就这个问题呼吁了多年，但问题一直没有解决。[1]另一方面，从上述三个文件连续而递进的规定来看，最高人民法院在这个问题上的态度是很坚决的。由此看来，既然对被害人精神损害的救济难以通过刑事诉讼得到解决，就只能把目光投向诉讼外的被害人救济途径，通过诉讼外的被害人救济途径解决被害人的精神损害问题。

四、社会救助在被害人精神损害救济问题上对刑事诉讼的弥补

根据性质的不同，可以在诉讼外为被害人提供救济的途径可以分为司法救助和社会救助。根据我国现行法规政策的规定，符合条件的被害人在申请获得司法救助的同时，也可以申请获得社会救助。[2]从目前来看，由于司法救助的功能所限，尽管被害人可以在一定程度上借助司法救助解决暂时面临的生活困难，但难以借此平复遭受的精神损害。[3]而根据《办法（2019 修订）》第 55 条的规定，社会救助不但能进一步为被害人提供经济救助，而且可以为救助对象提供社会融入、能力提升、心理疏导等专业服务，从而在一定程度上帮助被害人平复其遭受的精神损害。正因为具备司法救助所不具备的精神损害平复功能，社会救助可以在诉讼外弥补刑事诉讼在被害人精神损害救济方面的局限。

---

〔1〕 参见刘广三："从精神损害赔偿看附带民事诉讼"，载《法治研究》2010 年第 7 期。

〔2〕 相关法规政策包括：2009 年《意见》第 5 条、2014 年《意见（试行）》第 6 条以及《办法（2019 修订）》第 2 条。

〔3〕 司法机关的主业是办案，对被害人提供经济（货币）形式的司法救助相对简单快捷，但不可能把大量精力投放到复杂而耗时的精神救助之中。根据 2009 年《意见》第 1 条的规定，在刑事被害人遭受犯罪行为侵害，无法及时获得有效赔偿的情况下，由国家给予适当的经济资助。根据 2014 年《意见（试行）》第 3 条的规定，国家司法救助以支付救助金为主要方式。

（一）对于在刑事诉讼中不予受理的被害人精神损害赔偿诉请，在社会救助中可以慰问金或精神抚慰金的形式进行一定程度的弥补

慰问金或精神抚慰金不同于被告人支付的精神损害赔偿金，二者皆可由一定的社会主体向被害人提供，在性质上都是以一定数额的金钱为载体的精神损害救济方式。在 2017 年发生于湖南省郴州市的一起故意杀人案中，被害人胡某的死亡给其家人，特别是其妻罗某，带来沉重的精神打击，罗某对生活一度感到绝望。了解这一情况的郴州市检察院副检察长曹迎春、北湖区检察院副检察长何涛等人代表郴州市检察机关在春节前对被害人一家进行看望和慰问，同时还协同北京博爱妇女发展慈善基金会一起送上慰问金 1 万元，既让被害人一家感受到国家的关心，也在一定程度上帮助被害人一家树立了生活的信心。[1]

（二）对于被害人遭受的愤怒、仇恨等情绪异常，可以在通过刑事诉讼对犯罪人进行刑事制裁之后，通过社会救助予以进一步安抚

在社会救助中，心理疏解和心理抚慰是适用于被害人情绪异常的主要方式，二者都能从量上消减犯罪行为在情感上给被害人留下的创伤。但二者也稍有不同。心理疏解主要通过分散被害人对精神损害的主观感受而达到救助目的，如开导、劝勉，以及为之转移生活环境。心理抚慰主要通过降低被害人对精神损害的感受程度而达到救助目的，如安抚、慰问。在救助实践中，后者的运用更为常见，其形式可以是语言、文字的，也可以是行为的，如默默的陪伴，等等。在运用上述救助方式时，救助主体需要耐心倾听和深刻理解被害人的精神需求，尽可能与之保持语言和心灵的沟通、交流，这样才能达到良好的救助效果。

（三）对于刑事诉讼难以解决的被害人因犯罪侵害而导致的心理障碍问题，可以通过社会救助进行治疗

在这个方面，社会救助的主要方式是心理咨询、心理辅导或心理治疗。心理咨询适用于心智清醒的被害人。如果被害人心智清醒，可以主动前往心

---

〔1〕　参见陈国庆："慰问救助被害人，岁寒情深暖人心"，载郴州北湖区人民检察院官网，网址为：http://www.chenzhoubh.jcy.gov.cn. 最后访问日期：2020 年 3 月 10 日。

理咨询机构寻求救助，提供救助的机构或人员也可以帮助其主动前往心理咨询机构寻求救助。[1]如经心理咨询发现被害人精神损害严重，可以为之提供进一步的精神救助，包括"社会与心理资源的协助""心理支持与治疗""心理陪伴"，等等。[2]对于意识不到自身存在心理障碍的被害人，可以为之提供心理辅导，即由专业人员帮助被害人调适心理异常状况。[3]心理辅导分为适应性心理辅导、克服性心理辅导、发展性心理辅导。适应性心理辅导可以帮助被害人减轻心理压力，改善适应能力。对于有的心理障碍，比如因性侵害导致的性厌恶，由于心理咨询和心理辅导往往难以发挥救助作用，可以为被害人提供有针对性的心理治疗，借助于认知疗法、行为疗法、生物反馈疗法、精神分析疗法等心理治疗方法对被害人进行救助。[4]同时，接受心理治疗的被害人可能需要服用一定的药物，如抗抑郁药物、抗焦虑药物、抗躁狂药物，等等。

（四）被害人可能因为犯罪侵害而遭受与心理有关的功能性精神疾患，对于这种通过刑事诉讼完全无法解决的问题，社会救助具有更大的救助优势

众所周知，犯罪行为的刺激是功能性精神疾患的诱因之一，其中比较常见的此类精神疾患主要有癔症和精神分裂症。有学者对4例故意伤害案的被害人作过统计研究，发现故意伤害行为可以导致癔症。[5]另有学者曾对146例强奸案的被害人作过统计分析，结果显示其中15例的被害人患有精神分裂症。[6]对于此类因受犯罪侵害而导致精神损害的刑事被害人，一般的精神辅导或心理治疗尚难奏效，需要进一步借助精神医学治疗方式进行救助。所谓精神医学治疗，是由专业的精神科医师实施的治疗。接受精神医学治疗的被害人往往需要服用一定的药物，如心境稳定剂、精神振奋药物及改善神经细胞代谢的脑代谢药物，等等。根据《精神卫生法》第28条的规定，被害人可

---

〔1〕 参见陶勑恒主编：《心理咨询与辅导（一）》，北京大学医学出版社2007年版，第46页。

〔2〕 参见秦颖慧："刑事被害人国家救助制度研究"，载《西部法律评论》2010年第3期。

〔3〕 参见陶勑恒主编：《心理咨询与辅导（一）》，北京大学医学出版社2007年版，第49页。

〔4〕 参见王仕民编著：《心理治疗方法论》，中山大学出版社2005年版，第86页。

〔5〕 参见徐榴圆："伤害案件中被害人癔病表现的鉴定"，载《法医学杂志》1990年第2期。

〔6〕 参见郭新宇等："146例强奸案受害者的案例分析"，载《中国健康心理学杂志》2011年第10期。

以自行到医疗机构寻求精神疾患诊断，被害人的近亲属也可以将其送往医疗机构进行精神疾患诊断。医疗机构接到送诊的疑似精神障碍患者，不得拒绝为其作出诊断。根据《精神卫生法》第 30 条的规定，必要时救助机构还应考虑帮助被害人在医疗机构接受住院治疗，这样可以取得更佳的救助效果。在确定接受此种治疗前，救助机构通常需要帮助被害人在医疗机构接受必要的医学检查，以对被害人的精神健康状况作出基本判断，这样才能使被害人获得有针对性的救助。[1]

综上，在被害人精神损害救济问题上，社会救助较之刑事诉讼具有许多不可替代的优势。一方面，社会救助可以达到刑事诉讼难以达到的"走心"的效果。无论针对情绪障碍的心理抚慰、心理疏解，还是针对心理障碍的心理咨询、心理辅导、心理治疗，抑或针对精神疾患的精神医学治疗，都是针对被害人遭受的具体精神损害进行救助，这是精神损害赔偿难以具有的功能。另一方面，社会救助包含的人文关怀也是刑事诉讼难以具备的。作为社会救助的具体方式，无论沟通、交流、安慰、倾听，还是劝勉、看望、慰问和陪护，它们本身就是具有独立价值的人文关怀形式。在社会救助实施过程中，救助主体对刑事被害人的关心、鼓励、心理辅导和精神治疗都蕴含丰富的人文关怀内容，其目的是帮助刑事被害人恢复的健全人格，使之融入社会并在终极意义上实现自我发展。

五、结语

尽管社会救助在被害人精神损害救济方面可以弥补刑事诉讼的局限性，但我国目前并未充分重视社会救助的这一功能。一方面，现行《办法（2019 修订）》对精神损害救助的规定仅有一个比较笼统的条文，整部法规没有对精神损害救助的涵义、主体、方式、机制和资金筹集等重要内容作出任何具体表述。另一方面，现行《办法（2019 修订）》没有把刑事被害人作为独立的救助对象，难以凸显被害人在精神损害救助方面不同于低收入者、特困人口、失业人员、受灾人员等其他社会弱势群体的特殊性。正是由于立法上存

---

〔1〕 参见沈渔邨主编：《精神病学》，人民卫生出版社 2009 年版，第 182 页。

在的这些模糊性或局限性，我国对刑事被害人精神损害的社会救助一直存在自发的、无序的发展现象。

鉴于此，为了进一步发挥社会救助在被害人精神损害平复方面的功能并借此更好地弥补刑事诉讼在被害人精神损害救济上的局限，我国应在将来修订《办法（2019 修订）》时重点考虑以下几个方面：在定义上，立法应对"精神损害"作出明确规定，以为社会力量参与针对被害人精神损害救济的社会救助提供更具体的指引。例如，加拿大就在 2001 年制定的《犯罪被害人救助法》（Crime Victim Assistance Act）中对被害人的"精神损害"作了明确规定。根据该法规定，精神损害是一种对人的"精神健康（spiritual health）"和"精神舒适（spiritual comfort）"产生影响的"非短暂性的（more than merely transient）"或"非轻忽性的（more than merely trifling）"异常状态，遭受精神损害的被害人有权获得相应的社会救助。[1]在主体方面，立法应进一步提倡和鼓励社会力量参与被害人精神损害救助服务。对于普通的情绪损害，可以鼓励被害人所在村委会、社区居委会等基层自治组织以及妇联、青联、共青团等社会团体参与救助，发挥它们在被害人精神损害救助方面的积极性。对于复杂的精神损害，为了增强救助主体的专业性，立法可以要求各地建立针对被害人精神损害救助的专业机构和专家库，通过专家和专业机构对被害人提供精神损害救助。此外，立法也可以鼓励相关的高等院校和医疗机构利用自身的人力、物力、财力参与被害人精神损害救助服务，从而发挥它们在被害人精神损害救助方面的专业优势。在救助方式上，立法应鼓励探究和发展针对被害人精神损害救助的技术和手段。在国外，专门的精神抚慰犬已被引入社会救助领域，对此我国也应予以发展。精神抚慰犬是经过特殊训练的犬种，能帮助被害人缓解紧张、孤独的精神状态，对于抚慰那些被犯罪夺去亲人的间接被害人尤其有效。在救助机制方面，立法应当建立和完善与被害人精神损害救助相关的制度衔接机制和信息共享机制，不仅要进一步完善司法救助和社会救助之间的制度衔接，而且可以参考域外经验建立"被

---

〔1〕 参见该法第 3 条第（1）款（b）项的规定。

害人精神损害救助网络系统"[1]，在全国范围内实现被害人精神损害救助的信息共享。司法机关对刑事被害人受到的精神损害情况比较了解，应当成为上述制度衔接机制和信息共享机制的关键一环。在资金筹集方面，立法应倡导和鼓励社会资金的进入，鼓励成立被害人精神损害救助基金或类似于美国的"PTSD"[2]之类的刑事被害人精神损害救助"资助项目"，从而为被害人精神损害救助提供可持续的资金支持。

总之，西方两大法系的一些国家，在确保刑事被害人精神损害能够通过司法途径得到救济的情况下，尚且能重视社会救助对被害人精神损害的平复功能及其立法保障，如果我国在刑事被害人精神损害无法通过司法途径得到救济的情况下，仍不重视这一问题并不在立法上作出相应的努力，无论如何都有悖于社会公平正义的理念和人权保护入宪的初衷。

---

〔1〕　参见［加］欧文・沃勒著，曹菁译：《被遗忘的犯罪被害人权利——回归公平与正义》，群众出版社 2017 年版，第 97 页。

〔2〕　即"被害人创伤后应激障碍咨询项目"。参见［加］欧文・沃勒著，曹菁译：《被遗忘的犯罪被害人权利——回归公平与正义》，群众出版社 2017 年版，第 91 页。

第九章

从道义性到法定性：被害人救助的
社会责任及其立法构建

  对刑事被害人的救助不仅是国家的责任，也是社会的责任。在此，"社会"是"责任"的主体，"责任"是"社会"的客体。所谓社会，尽管在马克思主义语境下是指以一定的物质生产活动为基础而相互联系的人们的总和，但这个抽象的"总和"在现实中仍然要通过具体而生动的个体体现出来。[1]所谓责任，根据《辞海（词语分册）》的解释，是指权限所及的范围。[2]根据《现代汉语词典》，责任则有两种含义：一是分内应做之事，即基于某种特定的属性、身份或岗位而应做的事情，其涵义与"义务""任务"大体相同。二是因未做好分内应作之事而应承担的不利后果。[3]所谓"不利后果"，又可以从两个方面加以理解：一是应该承受的或实际承受的惩罚；[4]二是应该承受谴责或惩罚的状态，其涵义相当于"过错""过失"。[5]显然，被害人救助的社会责任是就"责任"的第一层意义而言的，在抽象层面是指社会作为整体在被害人救助领域应当完成的任务，在具体层面是指一定的社会主体基于其属性、身份或岗位而应为被害人救助事业尽到的义务。

  在性质上，刑事被害人救助的社会责任一直存在道义责任或法定责任之争。笔者认为，在前法治社会，这种社会责任主要是道义责任，但在法治社

---

〔1〕 参见《辞海》（词语分册），上海辞书出版社 1988 年版，第 1393 页。

〔2〕 参见《辞海》（词语分册），上海辞书出版社 1988 年版，第 1099 页。

〔3〕 参见《现代汉语词典》，商务印书馆 1995 年版，第 1444 页。

〔4〕 例如，对这起事故应当严厉追究责任，律师因过错导致当事人损害应当承担赔偿责任。

〔5〕 例如，大家对这次意外事故都有责任，不掩饰责任是一个党员的基本素质，等等。

会有必要从道义责任上升到法定责任，使之成为社会力量的义务或被害人的权利。[1]在当今中国法治语境下，尽管被害人救助的社会责任在应然层面理当实现法定化，但在实然层面远未实现法定化。本书的任务就是对被害人救助的社会责任及其性质之争进行梳理，结合残疾人社会救助责任法定化的成功经验阐述被害人社会救助从道义责任转变为法定责任的必要性，并在此基础上提出被害人救助社会责任法定化的合理路径，以期实现被害人救助社会责任的立法构建。

一、被害人救助社会责任的缘起

关于刑事被害人救助的责任，我国学界经历了从单一国家责任说到国家和社会的双重责任说的过程。在 20 世纪 80 年代刑事被害人救助进入学界关注视野之初，学者们普遍认为被害人救助纯粹属于国家责任的范围。[2]有学者认为，从国家本质的角度出发，国家担负着维护公民生命、财产安全的义务，只要是一国公民，不管是否已经承担了对国家的义务，其依法享有的权利都应受到国家的全面维护，而犯罪是严重危及国家统治根基和侵犯公民基本人权的行为，一旦公民的基本权利受到犯罪行为的侵犯，就意味着国家没有对公民权利尽到保护责任，是一种国家保护职能的缺位，因为此时国家并未充分履行其国家治理的功能并兑现对公民权益进行保障的承诺。[3]在这种情况下，该学者进一步认为，刑事被害人要么选择"以牙还牙"，要么借助国家力量对犯罪人进行打击。然而根据社会契约论，这种"以牙还牙"的救助方式已被明令禁止，故被害人只能假手于国家力量。因此一旦出现国家不能履行其义务而又禁止使用私刑的情形，在被害人无法从犯罪人处得到合理赔

---

〔1〕　换言之，"从道义责任到法定责任的转化"并非意味着被害人救助的社会责任不再具有道义属性。相反，在"转化"实现之后，被害人社会救助的道义属性仍在，只不过已经被其法定属性所涵摄。

〔2〕　参见袁曙光、杨帆："刑事被害人精神损害国家救助的学理基础及制度规范"，载《济南大学学报》（社会科学版）2015 年第 6 期。

〔3〕　参见袁曙光、杨帆："刑事被害人精神损害国家救助的学理基础及制度规范"，载《济南大学学报》（社会科学版）2015 年第 6 期。

偿时，国家就必须要担负起对其进行救助的责任。[1]也有学者认为，宪法是保障公民的人身权利和财产安全不受侵犯的根本大法，公民只要依法履行了对国家的义务，就应拥有受到国家保护的权利。国家负有为公民提供安宁、太平的生活环境、防止刑事犯罪发生的责任。如果公民的权益遭受犯罪的侵害，则说明国家对公民权益的保护不力，对犯罪的预防、打击不力。因此，国家理应对刑事被害人所遭受的损失承担适当补偿责任，即公民具有受国家补偿的正当权利。[2]此外，还有学者从福利国家角度阐述刑事被害人救助的国家责任，认为基于分配正义的理念并鉴于被害人无法从犯罪人处实现矫正正义，国家就应基于社会共同体生存和发展的考虑将被害人视为社会的弱势群体，通过再分配的方式对被害人一方施以经济上的救助，以实现社会层面的分配正义。[3]

不过，国家责任说的确具有诸多局限性：其一，国家对刑事被害人的救助既不是万能的，也不是无限的；国家作为救助主体主要应当关注对刑事被害人的必要的或最低限度的救助而不是充分救助或最广泛意义的救助。如果要求国家对刑事被害人提供充分救助或最广泛的救助，既不必要，也无可能。基于这种理念，由国家对被害人给予的司法救助和被告人对被害人的经济赔偿在 2009 年《意见》和 2014 年《意见（试行）》中都被置于相互冲突的地位，是"二选一"的关系，由国家对被害人提供救助只是最后的选择。有学者就曾指出：我国现行法律规定了刑事被害人因遭受犯罪侵害所造成的物质损失，主要是通过提起刑事附带民事诉讼，由被告人及其他赔偿义务人来赔偿。人民法院在依法惩处犯罪的同时，首先是要用足、用好现有的法律规定，充分发挥刑事附带民事诉讼制度的作用，完善调解工作机制，加大执行工作力度，促使被告人及其他赔偿义务人依法赔偿刑事被害人的经济损失。刑事被害人救助是在被害人无法通过诉讼途径获得有效赔偿的情况下，由国家给

〔1〕 参见袁曙光、杨帆："刑事被害人精神损害国家救助的学理基础及制度规范"，载《济南大学学报》（社会科学版）2015 年第 6 期。

〔2〕 参见秦颖慧："刑事被害人国家救助制度研究"，载《西部法学评论》2010 年第 3 期。

〔3〕 参见赵国玲、徐然："中国刑事被害人国家救助的现状、突围与立法建构"，载《福建师范大学学报》（哲学社会科学版）2015 年第 1 期。

予适当的经济资助，帮助其解决暂时困难的一种措施。[1] 其二，国家责任说具有加剧国家财政负担的倾向。毕竟，即便国家具备充分的财政基础，其所要关注和保障的领域太多，基础设施、国防建设和社会保障都需要巨大的投入。即使在美国，国家责任同样面临这个问题。不只被害人的需求没有得到满足，就连被害人服务提供者的需求也未能得到满足。当社区被害人援助机构需要依赖于年度拨款才能得以为继时，往往很难留住那些熟练的工作人员。因为当这些经费预算低于实际所需时，随之社会出现人员不足和高强度工作所导致的现有员工劳累过度。虽然工作人员是在这些机构中接受的专业培训，但当他们发现自己的专业技能并不能使他们获得合理薪酬，或者他们的工作无法得到保障时，这些员工就会跳槽到薪水更高的其他行业中。一个令人遗憾的现实情况是，这些为被害人提供服务的工作人员，其薪资竟然远不如那些直接或间接为罪犯提供服务的专业人员，如警察、律师、法官、狱警等。[2] 其三，国家责任说体现"家长主义"的分配正义，但这种"家长主义"的分配正义容易抑制社会力量对刑事被害人救助的关注和为之提供救助的积极性。

正因为如此，学界开始对单一的国家责任说进行反思并在此基础上提出社会责任说，以弥补国家责任的不足。一方面，社会责任的覆盖面广，可以涵盖经济方面、日常生活方面、法律服务方面和心理咨询等诸多方面的被害人救助服务。另一方面，社会责任的践行方面灵活，社会力量在沟通、创新、配置资源和接触被害人等方面具有政府难以企及的优势，可以克服国家责任的诸多局限性，如程序繁琐、审批严苛和效率低下，等等。[3] 同时，从国际上来看，其他国家在被害人救助方面大多经历了从国家责任为主到社会责任为主的转向，从而力图通过发展刑事被害人社会救助制度来弥补国家救助的

---

[1]　参见沈亮："正确把握开展刑事被害人救助工作的若干问题"，载《人民司法》2009年第11期。

[2]　参见［加］欧文·沃勒著，曹菁译：《被遗忘的犯罪被害人权利——回归公平与正义》，群众出版社2017年版，第93页。

[3]　参见王飔："论我国社会救助中非政府组织的参与"，载《中国青年政治学院学报》2008年第2期。

不足。〔1〕例如，在美国，"小政府大社会"的观念深入人心，学界的主流观点认为社会救助不应依靠政府，而应依靠慈善组织和私人捐赠，甚至认为对刑事被害人的救助完全属于社会责任，国家应从这一领域完全退出，故而体现在制度层面就是对包括刑事被害人在内的特殊群体的救助主要由社会力量承担，联邦政府很少直接介入这一领域，联邦政府也没有这一领域的专门预算。〔2〕

不过，总体而言，学界的反思结果并非主张否定国家对被害人的救助责任，而是主张在探索和完善国家救助制度的同时，重视被害人救助社会责任的价值并加强社会力量在被害人救助中的作用，从而构建一个多元化、系统化的被害人救助制度。〔3〕当然，在此基础上，学界对国家责任和社会责任在这一制度中的关系尚有进一步的争论。大多数学者认为，国家责任是第一位的责任，在被害人救助次序上应当先于社会责任，只有当刑事被害人不能从国家得到救助时，社会力量才从幕后走上台前，代替国家发挥被害人救助作用。〔4〕也有学者认为，社会责任应当处于主导地位或支配地位，国家责任是社会责任的补充，只有在刑事被害人不能从社会上获得救助的情况下，才由国家或具有行政主权之地区政府基于法律规定的"替偿"义务，以给付刑事被害人或其他法定权利人一定形式的救助。〔5〕还有学者认为，国家责任和社会责任不分伯仲，虽然在被害人救助制度的建立中国家确实应当起到一定的作用，但被害人救助制度不仅仅是国家应当承担的责任，社会也应当为之分担一定的责任，可谓是国家责任和社会责任的综合体现。〔6〕此外，也有学者

---

〔1〕 参见孙晓飞："刑事被害人社会救助法律制度的完善"，载《河北青年管理干部学院学报》2008 年第 5 期。

〔2〕 参见廖鸿："美国的社会救助"，载《中国民政》2002 年第 9 期。

〔3〕 参见周登谅："中国刑事被害人救助的社会化研究"，载《华东理工大学学报》（社会科学版）2013 年第 6 期。

〔4〕 参见王飚："论我国社会救助中非政府组织的参与"，载《中国青年政治学院学报》2008 年第 2 期。

〔5〕 参见陈彬："由救助走向补偿——论刑事被害人救济路径的选择"，载《中国法学》2009 年第 2 期。

〔6〕 参见李洪江："被害人权益保障：思索中的制度改革——关于被害人救助制度的若干思考"，载《法制资讯》2008 年第 9 期。

认为，国家责任在本质上其实也是一种社会责任，国家基于管理社会的权力而对刑事被害人进行的补偿或救助内含了为保障社会成员共同利益而代表全体社会成员履行的社会互助责任，这就是国家责任的社会属性。这一属性为国家动用主要来源于纳税人贡献的政府财政经费补偿、救助刑事被害人提供了"正当性"解释。同时，这也是一些国家要求非政府公职人员的社会人士（律师、教授等）介入补偿、救助决定程序并分享、监督决定权的理论依据。[1]

笔者认为，在被害人救助领域，社会责任是对国家责任的延伸和发展，也是对国家责任的重要补充，无论国家还是社会都不应缺席于被害人救助事业。正因为如此，构建一个系统化的、以社会和国家为双重责任主体的被害人救助制度更有利于被害人权益的保障。至于在被害人救助制度中到底以国家责任为主还是以社会责任为主，这取决于一个国家的社会治理理念。如果坚持"小政府大社会"的治理理念，则被害人救助制度自然应以社会责任为主。反之，如果坚持"大政府小社会"的理念，则被害人救助制度自然应以国家责任为主。就我国而言，尽管目前仍然处于"大政府小社会"的状态，但"小政府大社会"是社会治理发展的方向。既然如此，就应未雨绸缪，积极培育被害人救助的社会力量，不断促进和发展被害人社会救助事业。

二、被害人救助社会责任的性质之争

关于被害人救助社会责任的性质，一直存在争议。如果被害人救助社会责任属于道义责任，则对被害人提供救助不是社会的法定义务，任何社会主体即使拒绝被害人的救助请求，也不必因此而承受除道义谴责之外的任何不利后果。反之，如果被害人救助的社会责任是一种法定责任，则拒绝对被害人施以救助的社会主体可能承担一定的法律上的不利后果。

古典刑法学者大多认为对被害人提供救助的社会责任是一种道义责任。例如，犯罪实证学派既承认犯罪人的主观因素在犯罪形成中的作用，也承认

---

〔1〕　参见赵国玲、徐然等：《社会救助视野下的犯罪被害人救助实证研究》，北京大学出版社2016年版，第6页。

客观的自然因素和社会因素在犯罪形成中的影响。换言之，既然社会对犯罪的产生负有责任，则意味着刑事被害人在一定程度上是承受了来自社会的侵害。[1] 再如，犯罪社会学派则主要从客观的社会因素中寻找犯罪产生的根源，纯粹的社会学派甚至把犯罪的根源完全归于社会。在该派学者看来，既然社会应为犯罪负责，法律就不能仅仅惩罚犯罪人，而要让社会也承担一定责任。[2] 总之，无论在犯罪实证学派看来还是在犯罪社会学派看来，既然犯罪的产生可以归咎于社会，则社会对遭受犯罪侵害的被害人当然具有救助的道义责任。

及至现代，无论国内还是国外，仍有许多学者坚持被害人救助社会责任的道义论。有学者基于古典刑法学者的研究成果而对社会负有被害人救助道义责任的基础作了更为深入的分析，认为社会之所以对被害人负有提供救助的道义责任，是因为社会对被害人受到的犯罪侵害具有亏欠。此种亏欠是如何产生的呢？这要从犯罪的社会危害性谈起。有的犯罪的社会危害性是间接的，比如人身伤害型犯罪；有的犯罪的社会危害性是直接的，比如反社会型的犯罪、危害公共安全犯罪以及妨害社会管理秩序犯罪。就反社会型犯罪而言，犯罪侵害的对象并非个人，而是社会。被害人对犯罪的发生没有任何过错，危害的后果却由刑事被害人承担。就危害公共安全犯罪或妨害社会管理秩序犯罪而言，犯罪侵害的对象也不一定直接针对被害人，甚至被害人对犯罪的发生也没有任何过错，危害的后果同样由刑事被害人承担。显然，就这些类型的犯罪而言，社会对被害人具有一定亏欠，因为刑事被害人在一定程度上是"代人受过"或者"代整个社会受过"。在危害社会主义市场经济秩序罪中，例如电信诈骗犯罪、集资诈骗犯罪和非法吸收公众存款犯罪，即使被害人具有一定过错，但其在为自身过错付出代价的同时也在为社会的问题买单。因此，无论上述何种情况，既然被害人以自己的生命、人身或财产为社会付出代价，社会就应在道义上对被害人予以适当救助，这样才符合正义原则。[3]

---

〔1〕　参见马克昌主编：《近代西方刑法学说史略》，中国检察出版社 2004 年版，第 217 页。

〔2〕　参见马克昌主编：《近代西方刑法学说史略》，中国检察出版社 2004 年版，第 259 页。

〔3〕　参见王圆圆："报复社会型犯罪的概念及特征分析"，载《法制与社会》2014 年第 35 期。

　　与之相反，也有学者认为被害人救助的社会责任不是道义责任，而是法定责任。有学者从人权理论的视角论证被害人救助社会责任的法定属性，认为社会救助是一项基于公民生存权发展而来的基本人权，是人权保护原则在社会救助领域的具体体现。[1]有学者从宪法权利的视角论证被害人救助的社会责任的法定属性，并在此基础上把被害人救助的社会责任和我国的"低保"责任进行比较——根据《宪法》第45条关于"中华人民共和国公民在年老、疾病或丧失劳动能力的情况下，有从国家和社会获得物质帮助的权利"的规定，既然"低保"属于法定责任，则被害人救助的社会责任同样属于法定责任，而且是宪法层面的法定责任。[2]还有学者认为，尽管在目前仍然存在权利实现的困境，但不能因此而否定被害人享有从社会上获得救助的法律权利。就解决权利实现的困境而言，只有在国家、公民与社会组织之间建立起平等的公共协商机制，建构合适的协商形式、协商主体与协商制度，才能有效防止对被害人社会救助权利实现的偏导、遮蔽与弱化。[3]加拿大刑法学者欧文·沃勒从司法改革的视角论证社会和国家一样负有对被害人提供救助的法定责任。该学者认为，各国现行的司法制度运作仅注重赋予犯罪人各种诉讼权利，却忽略了被害人在诉讼中应有的地位，对被害人权益的轻视则造成司法不公。因此，为了扭转现行司法制度对被害人的不公，应将被害人社会救助作为维护被害人权益的一个重要保障。[4]

　　不仅如此，随着社会的发展和法治的进步，对道义责任论的质疑也越来越多。在域外，有学者认为，"道义责任说"使公民从社会契约论中的"契约当事人"沦落为"臣民"，从主张权利到乞求恩惠，有导致被害人人格贬损的危险。[5]也就是说，即使在可以从社会主体那里得到救助的情况下，被害人

---

〔1〕　参见杨思斌："社会救助权的法律定位及其实现"，载《社会科学辑刊》2008年第1期。

〔2〕　参见田思源：《犯罪被害人的权利与救济》，法律出版社2008年版，第139页。

〔3〕　参见李文祥、欧炜："救助的权利与权利的救助"，载《中共中央党校学报》2016年第5期。

〔4〕　参见［加］欧文·沃勒著，曹菁译：《被遗忘的犯罪被害人权利——回归公平与正义》，群众出版社2017年版，第85~86页。

〔5〕　See Elias Robert Alan, *Impact of Compensation on Crime Victims*, *Criminal Justice*, *and Government*, University Park：The Pennsylvania State University, 1981. p. 34.

虽然不必付出具体有形的物质代价，但也难免付出人格贬损的代价。然而，以人格为代价的社会救助会是被害人想要的吗？显然不是。在国内，被害人社会救助的道义责任论同样受到质疑，不过质疑的角度有所不同。有学者认为，现代社会的救助制度建立在公民人权保障的基础上，与我国传统的消极、单向、恩赐式的"救济"内涵大不相同，如果被害人救助的社会责任仍局限于道义责任，实际上就是免除了社会的责任。[1] 换言之，既然对被害人的社会救助是一种道义责任，则是否向被害人提供救助以及提供多少救助完全取决于社会主体的主观意愿或道义感的高低，如果被害人求助的社会主体欠缺道义感或救助意愿，被害人从社会获得救助的可能性就没有任何保障。

笔者认为，对被害人社会救助的责任属性的分析、判断和认定不能采取形而上学的一刀切，而应把它置于社会历史发展的背景下辩证地看待。在前法治社会，由于欠缺法律的引导和规范，对被害人的社会救助是人们受到朴素道义感自发驱动的结果，故而完全属于道义责任的范畴。及至现代社会，尽管这种基于道义驱动的被害人社会救助仍然具有其自身的价值和存在的必要性，但它的个体性、零散性、低水平性和不可持续已经难以满足被害人对社会救助的需求。一方面，在经济贫困地区，由于人们的物质生活水平较低，个人和家庭的经济能力有限，即使人们基于强烈的道义感而有心对被害人提供救助，也可能心有余而力不足。在这种情况下，通过法律引导其他地区的救助力量参与当地救助或对全国的被害人社会救助资源进行分配（如建立被害人社会救助基金）就显得非常重要。另一方面，在经济发达地区，即使人们的物质生活水平很高，仍有可能缺乏对被害人施以救助的道义感。在这种情况下，通过法律对人们进行必要的鼓励、引导或通过法律为人们设定一定的救助义务同样显得非常重要。

总之，在当下中国建设社会主义和谐社会的时代，对被害人的社会救助不能仍停留于道义层面，而应实现从道义责任到法定责任的转化和提升，以此进一步促进我国的被害人社会救助事业。

---

〔1〕 参见林嘉、陈文涛："论社会救助法的价值功能及其制度构建"，载《江西社会科学》2013第2期。

三、被害人救助的社会责任应当法定化

如上所述，在前法治社会，被害人救助的社会责任主要是一种道义性的责任，但在现代法治社会则有必要上升到法定化的责任，从而使之成为社会力量的义务或被害人的权利，这就是被害人救助的社会责任从道义性到法定化的转变。在具体操作上，对被害人的社会救助完全可以比对对残疾人的社会救助，后者也经历了一个从道义责任到法定责任的长期转化过程。如今，从世界范围来看，已经在很大程度上实现了残疾人救助社会责任的法定化。既然对残疾人救助的社会责任可以上升到法定责任，把对被害人救助的社会责任上升到法定责任同样可以实现。

那么，在应然层面，这种转变的理由何在呢？它至少在于以下几个方面：

（一）从道义责任上升到法定责任有助于维护被害人的主体地位

主体地位是和客体地位相对而言的，是一种富于理性和尊严、具有主观能动性的自觉状态。在法定责任的语境下，被害人对获得社会救助不必再持"乞求"的姿态，其完全可以基于法定的"权利"而向相关部门提出获得救助的申请或向相关社会力量提出获得救助的要求。[1] 不仅如此，在法定责任论的语境下，被害人不再是乞求恩惠或被动接受救助的"臣民"，而是社会契约论中的"契约当事人"[2]。作为"契约当事人"，被害人可以基于自身的"权利"和理性而参与社会救助的决定、组织和实施。此外，在法定责任的语境下，对被害人的救助也不再是一种非常随意的"临时性安排"。毕竟，稳定的法定责任相较于不具有可期待性的"道义责任"而言，要更为可靠。[3] 在这种情况下，负责为被害人提供救助的相关部门不可以随意调整乃至取消法定的救助计划或方案，被害人完全可以对从社会获得救助维持稳定的、可持

---

〔1〕　参见杨立雄："社会保障：权利还是恩赐——从历史角度的分析"，载《财经科学》2003 年第 4 期。

〔2〕　See Elias Robert Alan, *Impact of Compensation on Crime Victims*, *Criminal Justice*, *and Government*, University Park: The Pennsylvania State University, 1981. p. 34.

〔3〕　参见孟永恒："被害人国家补偿制度的两个理论基础"，载《长沙大学学报》2008 年第 1 期。

续的期待。[1] 显然，从道义责任上升到法定责任以后，被害人不再处于理性、尊严和权利被忽视的客体地位，其主体地位也会相应地受到极大的彰显。

（二）从道义责任上升到法定责任是人权保护观念的要求

在现代法治国家，人权保护不再是一种道义责任，而是法定责任。正因为如此，现代法治国家无不通过制定宪法或其他法律以加强对公民的人权保护。换言之，在人权保护成为一种法定责任的现实下，对被害人的人权保护不能停留于道义责任的层面，只有通过立法确保被害人遭受的人身损害、精神损害或经济损害获得最大可能的救济之后，被害人的人权才可谓获得了充分的保护。具体到刑事司法领域，犯罪嫌疑人、被告人的人权保护已有刑事诉讼法为之作了相对完善的规定，而对被害人的人权保护却远远不足。特别是在犯罪嫌疑人、被告人不能或拒不对被害人遭受的经济损害和精神损害进行赔偿而被害人又可能因此而陷入生活困境的情况下，我国现行《刑事诉讼法》存在极大的局限。在这种情况下，鉴于司法救助在救助功能和救助范围上的局限性，目前只能寄望发展专门针对被害人的社会救助。而为了确保被害人获得必要的社会救助，基于道义责任的社会救助显然是不够的，必须使之成为一种法定责任。事实上，联合国于 1985 年通过《宣言》也反映了这一理念。该宣言确认各国社会对刑事被害人的救助责任至少涵盖以下几个方面：（1）能从政府、志愿机构、社区及地方等途径，获得必要的物资、医疗、心理等方面的社会救助。（2）能有一定途径获知可供使用的医疗和社会服务，以及其他有关的社会救助，并且能够利用这些服务和救助。（3）各国应对警察、司法、医疗保健、社会服务以及其他有关机构的人员进行培训，使之认识到被害人的需要，从而能够为被害人提供及时而适当的社会救助。[2] 从上述联合国文件的规定来看，被害人社会救助是人权保护的重要内容，把被害人救助的社会责任从道义责任上升到法定责任是法治发展和社会进步的应然选择，也是衡量一个国家法治水平的重要标志。

（三）从道义责任上升到法定责任有助于社会正义的实现

社会正义的基本涵义是分配正义，而分配正义的核心意旨又在于付出和

---

[1] See Home Office, *Compensation for Victims of Crimes of Violence.* Cmnd. 2323. London：1964.

[2] 参见田思源：《犯罪被害人的权利与救济》，法律出版社 2008 年版，第 31 页。

所得之间的公平性。无论基于前述的西方古典报应刑罚思想还是基于现代社会分配理论，如果社会对被害人具有亏欠，社会就应向被害人作出一定的补偿，否则就难以谓之为符合社会正义的要求。根据上述理论，社会对被害人的亏欠主要在于两个方面：一者，尽管犯罪具有一定的必然性，但在现实中某一具体社会成员遭受犯罪的侵害则又有一定的偶然性，绝大多数被害人都是犯罪人或加害人在特定场景下所作的随机选择的对象。即使在某些存在"报应"因素的犯罪中，被害人的过错也不是导致犯罪发生的全部原因。特别是在前述的反社会型犯罪中，犯罪侵害的对象并非个人，而是社会，被害人对犯罪的发生没有任何过错，但危害的后果却由刑事被害人承担。从这个意义上来说，被害人为整个社会承担了犯罪的后果，而这种后果本应由整个社会"买单"。二者，一定社会成员被害所产生的警示效应还必然会降低其他社会成员遭受侵害的概率，一定社会成员被害所形成的法律事实还将成为打击、遏止犯罪的必要理由。从这个意义上讲，被害人为预防和打击犯罪付出了代价，而这种代价同样本应由整个社会"买单"。综上可见，既然刑事被害人的确为社会作出了特别的牺牲，社会对刑事被害人提供救助就不应该局限于道义层面。相应地，对刑事被害人的救助也绝对不是什么"恩惠"或对"全体社会成员共同财富的挥霍"。[1]

（四）从道义责任到法定责任的转化也是世界各国法治发展的趋势

早在公元前 1776 年左右的古巴比伦时期，《汉谟拉比法典》的第 23 项及第 24 项就规定，在强盗犯或杀人犯未被逮捕的情况下，犯罪行为发生的所在城镇及该镇镇长对于犯罪被害人负有赔偿义务。[2] 当然，古代的被害人社会救助实践完全处于自发状态，人们之所以提供或参与被害人救助，完全是出于道义的驱使。目前，世界上大多数国家都已把刑事被害人救助的社会责任从道义层面提升到法定层面，使之变成一种法定责任。在西方，欧洲理事会（Council of Europe）先后为此制定了两个比较有代表性的国际文件：一个是于

---

〔1〕　参见陈彬："由救助走向补偿——论刑事被害人救济路径的选择"，载《中国法学》2009 年第 2 期。

〔2〕　参见赵国玲、徐然等：《社会救助视野下的犯罪被害人救助实证研究》，北京大学出版社2016 年版，46 页。

1985 年通过的《关于改善刑事法和刑事程序中被害人地位的建议》。该文件确保在刑事程序的任何阶段对被害人提供所需救助，包括但不限于情报的提供、损害的补偿以及防止"二次伤害"的措施，以维护被害人的合法权益。[1]另一个是 1987 年通过的《关于被害人援助和防止犯罪被害的部长委员会建议》。该文件旨在掌握刑事被害人在获得社会救助上的愿望和要求，以及如何启发和引导社会对这些愿望或要求的普遍认同，从而加强对刑事被害人的社会援助并发展犯罪被害预防的对策。[2]在美国，"全美伤害人援助组织（NOVA）"于 20 世纪 80 年代发布了一项立法指南，将美国 50 个州各自的被害人立法汇编成一份文件，以便于对比各州在这一领域所取得的进展。1984 年，美国国会通过《犯罪被害人法案》，该法对被害人社会救助的程序和标准作了具体规定，并在此基础上建立了全国性的被害人社会救助基金。[3]英国在接受 1985 年联合国《宣言》以及 1987 年由欧洲议会提出的《关于对被害人的援助和防止被害人化的倡议》的同时，于 1990 年 2 月发布《宣言》，大力提倡刑事司法机关在刑事程序中应充分考虑被害人的要求，切实保护被害人的权利。[4]在此基础上，英国又于 1996 年制定《关于犯罪被害人的支援基准的宪章》，对被害人保护的基本方针和政策作了更为具体的宣示。[5]在亚洲，日本于 1980 年制定《犯罪被害人等给付金支付法》并于第二年实施，同年设立了全国性的被害人社会救助基金。[6]2004 年，日本又制定《犯罪被害人法案》，该法案规定政府有义务帮助被害人寻求损害赔偿并确保被害人获得包括心理康复和情绪复原等服务在内的被害人社会救助服务。同时，为使社会救助得到落实，该法案要求"被害人社会援助机构与综合卫生部门以及福利部门进行整合"。之后，日本政府又在 2005 年制定《被害人基本方案》，通过引入一则

---

〔1〕 参见廖鸿："美国的社会救助"，载《中国民政》2002 年第 9 期。

〔2〕 参见廖鸿："美国的社会救助"，载《中国民政》2002 年第 9 期。

〔3〕 参见廖鸿："美国的社会救助"，载《中国民政》2002 年第 9 期。

〔4〕 参见田思源：《犯罪被害人的权利与救济》，法律出版社 2008 年版，第 61 页。

〔5〕 该宪章并不具有法的效力。即便如此，它明确规定司法机关在刑事程序的不同阶段对犯罪被害人提供救助服务的具体内容以及犯罪被害人在不能得到这些服务时提出申诉的程序。参见田思源：《犯罪被害人的权利与救济》，法律出版社 2008 年版，第 61 页。

〔6〕 参见田思源：《犯罪被害人的权利与救济》，法律出版社 2008 年版，第 48 页。

能确保各项原则得以实施的策略，该方案得以将法定责任的"立法言辞"转化为"具体行动"。[1] 除上述国家之外，法国、德国、加拿大、澳大利亚等主要西方国家以及亚洲的韩国也都制定通过相应的被害人社会救助法律，从而在各该国实现被害人救助社会责任从道义责任到法定责任的跃进。[2]

综上，无论从理论还是实践来看，把被害人救助的社会责任上升到法定责任具备完全的合理性、必要性和正当性。

四、被害人救助的社会责任在中国当前并未实现法定化

被害人救助社会责任的法定化是社会主义法治建设以及社会共同体和谐发展理论的必然要求。按照马克思主义的观点，社会是一个人与人之间相互联系和相互协作的系统整体，是共同生活的个体通过各种各样关系联合起来的共同体。在这个共同体中，有的成员会犯罪，有的成员会成为犯罪的受害者。受到犯罪侵害的刑事被害人往往会因为生活状况的剧变而变成社会的弱者，而为了维持共同体的良性存续状态，国家有义务通过立法的形式把被害人救助的社会责任从道义层面提升到法制层面，以更好地保障被害人的宪法权利和维护社会的和谐发展。在现实中，尽管民间社会一直不乏对刑事被害人提供救助的道义责任传统，但如果不对其进行规范、引导和提升，对被害人的救助将一直处于一盘散沙的自发发展状态，社会力量的责任感也难以得到激发。更为重要的是，被害人救助的社会责任的法律化是建设社会主义法治国家的要求，如果不把被害人救助的社会责任上升为法定责任，就难以保障被害人从社会获得必要的救助。

正因为如此，我国宪法较早地涵盖或间接涉及被害人社会救助问题。我国《宪法》第 45 条规定，中华人民共和国公民在年老、疾病或者丧失劳动能力的情况下，有从国家和社会获得物质帮助的权利。根据该规定，似乎可以从逻辑上推断出这样一个结论：被害人在因受犯罪侵害而丧失劳动能力的情

---

〔1〕　参见［加］欧文·沃勒著，曹菁译：《被遗忘的犯罪被害人权利——回归公平与正义》，群众出版社 2017 年版，第 98 页。

〔2〕　参见田思源：《犯罪被害人的权利与救济》，法律出版社 2008 年版，第 67~69 页。

况下，也有从国家和社会获得物质帮助的权利。但是，上述规定是否意味着中国社会对被害人负有法定的救助义务或被害人社会救助在中国已经成为一种法定责任了呢？笔者认为不尽然。一方面，《宪法》的确规定公民（包括被害人）在年老、疾病或丧失劳动能力的情况下有从国家和社会获得物质帮助的权利，但这种规定是相对抽象的，它需要具体的法律规定进行具体的落实。另一方面，被害人不同于一般意义上的公民，对被害人的救助不应以"年老、疾病或者丧失劳动能力"为条件，救助的内容也不仅仅限于物质救助，还包括精神救助、医疗救助、就业救助、法律救助等诸多方面的救助。因此，仅仅根据上述《宪法》规定就认为被害人社会救助已经实现从道义责任到法定责任的转化未免太过乐观。

不过，21 世纪初以后，我国在地方和中央层面的确制定了一些关于被害人社会救助的文件，从而开始了被害人救助社会责任法定化的尝试。在地方层面，笔者经不完全检索，总计已有 20 多个省或市发布与被害人救助有关的规范性文件，其中山东省和宁夏回族自治区获得的相关新闻报道较多。2004 年 2 月，山东省淄博市政法委与淄博市中级人民法院联合印发《关于建立刑事被害人经济困难救助制度的实施意见》，从而在全国范围内最早开启对刑事被害人实施救助的实践探索。[1] 同年 11 月，青岛市政法委协同青岛市中级人民法院、青岛市财政局联合印发《青岛市刑事案件受害人生活困难救济金管理办法》，要求结合本地区经济社会发展状况，建立刑事被害人救济金制度。2009 年 11 月，宁夏回族自治区人大常委会通过《宁夏回族自治区刑事被害人困难救助条例》，该文件虽然提倡和鼓励企业、事业单位、社会团体和公民为有特殊生活困难的刑事被害人提供捐助，但其中涉及的"被害人救助"在总体上而言仍属于国家救助责任或司法救助责任的性质。在中央层面，中央政法委、最高人民法院、最高人民检察院、公安部、民政部、司法部、财政部、人力资源和社会保障部等八部门于 2009 年 3 月联合发布《意见》，该《意见》第 4 条和第 5 条对被害人救助的社会责任作了规定：鼓励社会捐助，要求发

---

〔1〕 参见杨树明："彰显人文关怀，化解社会矛盾——最高人民法院推动刑事被害人救助制度改革综述"，载《人民法院报》2012 年 6 月 11 日，第 2 版。不过，对于该文件的具体内容，笔者尝试通过百度网进行搜索，但没有任何显示。

挥社会力量的救助作用，要求各地将开展刑事被害人救助工作与落实其他社会保障制度结合起来；对于暂时未纳入救助范围的刑事被害人或者实施救助后仍然面临生活困难的，要通过社会救助途径解决其生活困难；符合城乡低保、农村五保条件的刑事被害人，刑事被害人户籍所在地的民政部门要及时将其纳入低保、农村五保范围；对于参加社会养老、工伤、医疗保险的刑事被害人，刑事被害人参保地的社会保险经办机构要按规定及时向其支付社会保险待遇。但遗憾的是，该文件对被害人社会救助的规定仅具有宣示意义，没有具体的落实措施和保障手段。在上述 2009 年《意见》发布之后，经过推广试点，中央政法委、财政部、最高人民法院、最高人民检察院、公安部、司法部等六部门于 2014 年 1 月联合发布《意见（试行）》，对 2009 年《意见》作了实质性的整合。尽管该文件旨在建立和完善国家司法救助制度，但也对被害人救助的社会责任作了进一步的规定。其内容主要包括：（1）司法救助应与法律援助、诉讼救济相配套，与其他社会救助相衔接。（2）有条件的地方，积极探索建立刑事案件伤员急救"绿色通道"、对遭受严重心理创伤的被害人实施心理治疗、对行动不便的受害人提供社工帮助等多种救助方式，进一步增强救助效果。（3）坚持政府主导、社会广泛参与的资金筹措方式，对个人、企业和社会组织捐助救助资金的，应当告知救助的具体对象，确保资金使用的透明度和公正性。（4）各地要采取切实有效的政策措施，积极拓宽救助资金来源渠道，鼓励个人、企业和社会组织捐助。（5）对于未纳入国家司法救助范围或者实施国家司法救助后仍然面临生活困难的当事人，符合社会救助条件的，办案机关协调其户籍所在地有关部门，纳入社会救助范围。（6）对于通过社会救助措施已经得到合理补偿、救助的，一般不再给予司法救助。在上述文件之外，中国迄今为止尚未制定任何类似于西方国家那样的专门针对被害人社会救助的法律文件或行政法规，国务院在 2019 年发布的《办法（2019 修订）》中也没有任何专门针对被害人社会救助的规定。

总的来看，上述文件虽然直接或间接地促进被害人社会救助事业的发展，但仍然没有完全实现被害人救助社会责任的法定化。就内容而言，这些文件以宣示被害人救助的国家责任为主，对被害人救助的社会责任欠缺明确认识，基本没有对被害人社会救助作出任何有强制性的规定。[1] 就效力而言，这些文件在一定程度上被作为"内部文件"管理，是各级政法委和相关部门进行内部把控的依据而不是由被害人据以寻求社会救助的依据，有的甚至在一定程度上处于"秘而不宣"[2] 的状态，故难以对社会主体和相关个人形成任何拘束力。就保障措施而言，这些文件也没有规定被害人在申请社会救助而无法获得的情况下是否有权寻求救济或如何寻求救济。综上，不难得出两点结论：其一，我国的被害人司法救助制度业已经历长足的发展，但被害人社会救助制度并未得到有效建立。其二，上述文件在性质上属于政策而不是法律，被害人救助的社会责任尚未实现法定化。

被害人救助的社会责任尚未实现法定化意味着它仍然停留于道义责任阶段。这种状况必然导致两个消极后果：其一，它不利于依法对社会主体参与被害人救助进行引导。经过 40 余年的改革开放，我国已经出现了许多实力雄厚的公司、企业，居民的生活水平和经济收入有了较大增长，这些社会主体或多或少都具备一定的承担被害人救助社会责任的能力。如果有意识地通过立法使这种社会责任去道义化，上述个人、公司、企业和个体工商户的社会责任感完全可以得到进一步的发挥，其践行社会责任的能力也完全可以得到进一步的激发。其二，它不利于依法对社会主体参与被害人救助进行督促。在现实中，尽管许多社会主体具备承担被害人救助社会责任的能力，但也存在社会责任意识淡薄、逃避或拒绝承担被害人救助社会责任、无视或消极对待被害人救助的情形。机关、事业单位和社会团体也存在类似的情况，普遍缺乏对被害人提供社会救助的意识。从媒体报道来看，极少见到事业单位和社会团体利用自有资金为刑事被害人提供救助的事迹。

---

〔1〕 参见赵国玲、徐然："中国刑事被害人国家救助的现状、突围与立法建构"，载《福建师范大学学报》（哲学社会科学版）2015 年第 1 期。

〔2〕 赵国玲、徐然："中国刑事被害人国家救助的现状、突围与立法建构"，载《福建师范大学学报》（哲学社会科学版）2015 年第 1 期。以淄博市的《关于建立刑事被害人经济困难救助制度的实施意见》和青岛市的《刑事案件受害人生活困难救济金管理办法》为例，两个文件的完整文本在网上未有上载，只有在当地政法委的办公室才能查到。

五、立法构建：被害人救助社会责任从道义性到法定化的转变

如前所述，为了避免上述不利后果并维护、发展被害人获得社会救助的权利，被害人救助的社会责任应当实现从道义性到法定性的转变。在具体操作上，这一转变可以从下述几个方面展开：

（一）被害人救助社会责任法定化的参照模式

把被害人救助的社会责任上升到法定责任是必要的，也是可行的。上文已经论述其必要性，此处论述其可行性。在我国，把道义责任上升到法定责任是有先例的，其中的代表就是残疾人社会救助。以残疾人社会救助为例，在《残疾人保障法》制定前，它无疑属于道义责任，而在 1990 年制定和通过《残疾人保障法》之后，这一道义责任由此上升为法定责任。既然残疾人救助的社会责任能够实现从道义责任到法定责任的转化，刑事被害人救助的社会责任同样可以实现从道义责任到法定责任的转化，二者之间并无本质的不同。

（二）被害人救助社会责任法定化涵盖的权利义务关系

根据被害人受到犯罪行为侵害的情形和后果，被害人救助社会责任法定化涉及的权利和义务主要应涵盖以下几个方面：其一，对社会的总体要求。全社会应当发扬人道主义精神，理解、尊重、关心、帮助被害人，支持被害人事业。国家鼓励社会组织和个人为被害人提供捐助和服务。国家机关、社会团体、企业事业单位和城乡基层群众性自治组织，应当做好所属范围内的被害人工作。从事被害人工作的国家工作人员和其他人员，应当依法履行职责，努力为被害人服务。其二，在物质救助方面，各级政府应当鼓励社会各界对生活确有困难的被害人，通过多种渠道给予生活、教育、住房和其他社会救助，对享受最低生活保障待遇后生活仍有特别困难的被害人家庭，应当采取其他措施保障其基本生活。其三，在医疗救助方面，各级政府应当鼓励社会主体参与被害人的基本医疗、康复服务并为之提供必要的捐助或资助，包括为因受犯罪行为侵害而致伤的被害人提供必要的治疗，以及为因受犯罪行为侵害而致残的被害人提供辅助器具的配置和更换。其四，在精神救助方面，社会主体应当采取相应的措施，为被害人提供必要的精神救助，具体包

括心理咨询、心理辅导以及对因受犯罪行为侵害而导致的心因性精神疾患进行治疗。各级人民政府应当鼓励和扶持社会力量兴办被害人康复机构，地方各级人民政府和有关部门应当组织和指导城乡社区服务组织、医疗预防保健机构、被害人组织、被害人家庭和其他社会力量，开展社区康复工作。其五，在就业救助方面，国家机关、社会团体、企业事业单位、民办非企业单位等社会主体应当按照一定的比例安排就业困难的被害人就业，未按规定安排刑事被害人就业的机关、团体、企业、事业单位和民办非企业单位应当缴纳相应的保障金。其六，在教育救助方面，包括学校在内的社会主体应当采取有效措施，解决贫困被害人或其子女就学存在的实际困难，帮助其完成义务教育。其七，在法律救助方面，被害人除可以依法向国家（法律援助机构）申请法律援助之外，还可以向高等法学院校、律师事务所及其他法律服务机构请求获得相应的法律救助。其八，政府应当建立和完善社会各界为被害人捐助和服务的渠道，建立被害人救助社会基金，鼓励和支持发展被害人救助事业，鼓励志愿者和非政府组织承担被害人救助责任或参与被害人救助事业。

（三）被害人救助社会责任法定化所需设置的救济途径

既然是法定责任，在制度设计上就应当为被害人寻求社会救助设置法律上的救济途径。如果被害人认为自己应当从社会获得救助而实际上并未获得救助，就可以寻求法律救济。在这个方面，英国的经验值得借鉴。早在1988年，英国就把被害人社会救助制度建立在法律的基础之上。该国议会在其时通过的《刑事司法法案》中规定，从国家和社会获得补偿是被害人的法定权利；对于负有被害人救助责任而怠于施以救助的基金等财团法人，被害人有权诉请获得救助；被害人也可以诉请政府履行督促社会力量向被害人施以救助的责任；如果被害人不服"犯罪被害补偿委员会（Committee of Victims Compensation）"作出的决定，有权起诉到法院。[1]及至1990年，英国进一步发布《犯罪被害人权利宣言》，要求刑事司法机关在刑事程序中应充分考虑被害人的要求，切实保护被害人"获得救助的权利（Right of Obtaining Social

---

　　〔1〕　See Duff Peter. "Criminal Injuries Compensation: The Scope of the NewScheme", *The Modern Law Review*, 1989, Vol. 52, No. 4.

Aid）"。[1]

在救济途径的立法表述上，可以参照我国的《残疾人保障法》。第一，对刑事被害人通过诉讼维护其合法权益的，应当给予支持。第二，刑事被害人的合法权益受到侵害的，可以向负责刑事被害人救助的司法行政机关投诉，司法行政机关应当维护被害人的合法权益，有权要求相关部门查处或者要求有关单位改正。第三，违反法律规定，对侵害刑事被害人权益行为的申诉、控告、检举，推诿、拖延、压制不予查处，或者对提出申诉、控告、检举的被害人进行打击报复的，由其所在单位、主管部门或者上级机关责令改正，并依法对直接负责的主管人员和其他直接责任人员给予处分。第四，用人单位未按照规定缴纳被害人保障金的，由财政部门给予警告，责令限期缴纳；逾期仍不缴纳的，除应当补缴欠缴数额外，还应当自欠缴之日起缴纳一定比例的滞纳金并依法向社会公示。第五，刑事司法机关在刑事程序中应充分考虑被害人的要求，切实保障被害人获得社会救助的权利。

（四）被害人救助社会责任法定化所需配置的保障机构

被害人救助社会责任的法定化需要一定的主管机关和辅助机关作为保障机构。主管机关负责被害人社会救助的协调、管理和监督执法工作，宜由司法行政机关而非民政部门担当。这样安排的理由主要在于两个方面：其一，就专业属性而言，刑事被害人社会救助兼具社会属性和司法属性，后者并非民政部门的专长。作为参照，我国现行的刑满释放人员社会救助工作也一直由司法行政部门负责管理。[2]既然刑满释放人员社会救助能采用这种机制，对刑事被害人的救助当然也能采用这种机制，二者在专业属性上并无不同。其二，被害人不同于贫困人口，对被害人的社会救助遵循补偿原则而不是贫困原则，而民政部门主管的社会救助恰恰是针对贫困人口而言的。[3]比如，对于一个房屋被纵火焚毁的被害人，尽管其可能并未因此而陷入贫困状态，

---

〔1〕　参见田思源：《犯罪被害人的权利与救济》，法律出版社2008年版，第61页。

〔2〕　参见中国法律年鉴编辑部编辑：《中国法律年鉴》（2018年），中国法律年鉴社2018年版，第213页。

〔3〕　尽管如此，对于符合《办法（2019修订）》规定的贫困标准的被害人，民政部门仍然可以主动或依申请为之提供必要的社会救助。

社区居民仍然可以为之提供经济救助；对于一个独生子女被杀害的被害人，尽管其家境并不符合贫困标准，民政部门仍然可以为之提供精神抚慰金形式的精神救助；对于一个购买伪劣种子的被害人，尽管其并不符合当地的贫困线，村民仍然可以为之提供相应的物资（种子）救助。辅助机关主要包括公安司法机关以及被害人所在的乡镇、村委会或街道办、社区居委会。公安司法机关较先接触被害人，对被害人的情况也比较了解，可以对需要救助的被害人进行初步的了解和登记，为司法行政机关提供必要的救助信息。此外，司法行政部门、公安司法机关和被害人所在的乡镇、村委会或街道办、社区居委会之间应当建立刑事被害人救助信息沟通机制，由司法机关把需要救助的刑事被害人及其具体情况通报司法行政部门，然后由司法行政部门通报被害人所在的乡镇或街道。乡镇或街道在接到通报后，通知被害人所在的村组或居委会进行救助，或者通知和组织其他社会救助力量进行救助。

六、余论

被害人救助的社会责任从道义责任上升为法定责任以后，社会主体将会面临如何协调处理被害人社会救助与残疾人社会救助、贫困人口社会救助之间关系的问题。

对于因受犯罪行为侵害而致残的被害人，除可以接受被害人社会救助之外，还可以通过《残疾人保障法》获得救助。根据《残疾人保障法》第4条的规定，对残疾人的社会救助主要并不在于直接为其提供经济救助，而是在于对残疾人给予特别扶助，减轻或者消除残疾影响和外界障碍，保障残疾人权利的实现。当然，如果刑事被害人因受犯罪行为侵害而致残，也可以按照《残疾人保障法》接受社会救助，反之亦然。不过，被害人毕竟不同于残疾人，二者是两个完全不同的概念。被害人是指直接或间接受到犯罪行为侵害的人，包括直接被害人的受养人。残疾人是指在心理、生理、人体结构上，某种组织、功能丧失或者不正常，全部或者部分丧失以正常方式从事某种活动能力的人。对残疾人的社会救助主要在于肢体功能方面的保障和康复，但对被害人的社会救助主要是平复其受到的侵害，使之从犯罪行为侵害的后果中恢复过来。

对于因受犯罪行为侵害而致贫的被害人，除可以接受被害人社会救助之外，还可以通过《办法（2019 修订）》予以救助。该办法本身就是一部促进贫困人口福利的行政法规，被害人在事实上被涵盖于一般贫困人口之中。换言之，如果被害人因陷入贫困而需要救助，也可以和一般贫困人口一样，依据该办法向民政部门申请社会救助。同时，根据该办法第 1 条和第 2 条的规定，这种救助的目标是"保障公民的基本生活"，而在我国现行立法语境下，"保障公民的基本生活"正是社会福利的核心涵义。但是，需要指出的是，被害人社会救助不同于一般的社会救助。毕竟，被害人在很大程度上不同于普通的贫困人口，更不同于因失业、懒惰或患病而致贫的贫困人口，将遭受犯罪侵害的被害人视为社会福利救济的对象，不太符合被害人的心理感受，甚至还可能使被救助者感到被羞辱。[1] 同时，对一般贫困人口的社会救助实际上局限于经济层面，但对被害人的社会救助不限于经济层面，还包括经济层面之外的其他多种形式，如物资救助、精神救助、医疗救助、庇护救助、福利救助，法律救助，其中精神救助对被害人尤其重要。

综上，对被害人的社会救助不同于对残疾人的社会救助，也不同于针对一般贫困人口的社会救助，故而对被害人救助的社会责任的立法主要应关注于其不同于残疾人或一般贫困人口的上述特殊性。

---

〔1〕 参见任克勤：《被害人学基本理论研究》，中国人民公安大学出版社 2018 年版，第 403 页。

第十章

中外被害人社会救助制度比较研究

多数欧美国家以及亚洲的日本、韩国都比较重视被害人的社会救助问题，并较早建立了相对完备的被害人社会救助制度。相对而言，被害人社会救助问题当前仍未受到应有的重视，我国迄今为止仍未对被害人社会救助问题进行必要的立法，国务院于 2019 年发布的《办法（2019 修订）》也未对被害人社会救助作出任何明确的规定。鉴于此种现状，探究其他国家和地区在被害人社会救助领域的发展状况并总结其中的有益经验，对于促进我国的被害人社会救助事业发展具有重要的现实意义。

一、其他国家和地区的被害人社会救助制度发展状况

出于人权保护的要求和社会正义的需要，多数欧美国家以及亚洲的日本、韩国先后以立法的形式把社会救助纳入被害人的权利体系，欧盟和联合国等国际组织也确认了被害人享有获得社会救助的权利。对这些国家和地区的立法以及这些国际组织的文件进行梳理和研究可以总结其中的有益经验并为我国建立被害人社会救助制度提供参考。

（一）美国

美国是较早确认被害人享有获得社会救助权利的国家。为了在全美范围内加强对被害人的权利保护和救助服务，国会在 1984 年就通过了一部联邦层面的法律——《犯罪被害人法案》（Victims of Crime Act，VOCA），其中第 3 章明确规定被害人依法享有获得社会救助的权利。为了确保这一权利的实现，美国联邦司法部依据这一法案成立了"犯罪被害人办公室（Office for the Victims of Crime，OVC）"负责统筹、推进和管理被害人社会救助事务。[1] 不仅如此，美国联邦政府还根据该法案成立了"犯罪被害人基金（Crime Victims Fund）"，该基金是全美最重要的被害人社会救助资金来源之一。[2] 此外，与被害人社会救助相关的立法还包括：（1）1983 制定的《关于被害人和证人的援助的司法长官的指导方针》（Attorney General Guidelines for Victim and Witness Assistance）。该法规定了联邦司法当局对被害人进行救助的相关政策。（2）1990 年制定的《被害人权利法》（Victims' Rights Act）。该法规定了被害人的基本权利以及对被害人进行救助的措施。（3）1994 年制定的《控制暴力犯罪和法律实施法》（Violent Crime Control and Law Enforcement Act）。该法对各种类型暴力犯罪的被害人社会救助措施作了规定。[3]

美国各州也有自身的被害人社会救助立法。加州《刑事被害人权利法案》在其中第 1 条、第 12 条和第 16 条对包括社会救助在内的刑事被害人救助方式作了原则性的规定。[4] 在此基础上，加州《刑法典》第 679 条第 8 款（b）项对被害人获得社会救助的权利作了保障性规定，即执法者（the law enforcement officer）在执法过程中应当向刑事被害人提供"被害人权利告知卡（Victim's Rights Card）"，卡片应当明确告知被害人有权获得物质的或精神的救助服务。[5] 由此可见，美国加州把刑事被害人获得社会救助的权利规定在宪法性文件中并由相关部门法提供保障，可谓宪法权利模式。

"全美被害人援助组织（National Organization of Victim Assistance，NOVA）"是一个位于美国但覆盖整个北美地区的民间被害人救助机构。该机构的主要成就包括：（1）于 20 世纪 80 年代发布一项立法指南，将美国 50 个州各自的被害人立法汇编成一份文件，以便对比各州在这一领域所取得的进展。（2）集

---

〔1〕　参见［加］欧文·沃勒著，曹菁译：《被遗忘的犯罪被害人权利——回归公平与正义》，群众出版社 2017 年版，第 30 页。

〔2〕　参见田思源：《犯罪被害人的权利与救济》，法律出版社 2008 年版，第 58 页。

〔3〕　参见田思源：《犯罪被害人的权利与救济》，法律出版社 2008 年版，第 58~59 页。

〔4〕　这些原则性的规定主要有：第 1 条刑事被害人关于个人尊严和司法公正的精神需求应当得到保障；第 12 条警方和司法机关应当考虑刑事被害人关于宽慰和安全的关切，依请求向其通报案件的进程，包括被告人的监禁情况、定罪情况、判决情况以及犯罪人获释或逃跑的情况，等等；第 16 条执法机关在对犯罪人作出保释或释放的决定之前，必须考虑被害人及其家人的安全和关切。

〔5〕　详见该法第 679 条第 8 款（b）的规定。

中分析了所有的开创性项目，以强调此类项目设置的基准和不足之处。（3）组织年会，深入探讨如何完善救助人员的专业技能，如何游说相关改革以及如何让那些在职业生涯中每天必须直面各种惨剧的被害人救助工作者获得情绪复原和心理康复。（4）通过开设相关课程和组织有独特技能的专业人士开展培训活动，将以往抽象的危机干预转变为易于掌握的具体技能培训。（5）在国际范围内为应对普遍的犯罪被害现象，辅佐国家级犯罪被害人项目，培训警员、被害人支持工作者、基层被害人组织和其他相关人士，发挥了至关重要的作用。[1]直到今天，"全美被害人援助组织"仍活跃于北美地区，竭力为这些国家搭建互动网络，提供宣传、培训以及危机干预。美国之所以能在满足犯罪被害人核心需求的道路上不断前行，其背后最主要的动力支持以及专业知识储备正是来源于全美被害人援助组织，该组织也是那些负责在社区、法院以及包括禁止暴力侵害妇女在内的特殊机构中应对被害人的工作人员的核心组织。[2]

"安全地平线"是美国另一个较为著名的民间被害人精神救助机构。该机构位于纽约，最初是一所被害人心理健康咨询中心，但目前已经发展成为一个全国性的被害人精神救助机构并拥有一大批心理专家，其主要救助业务包括：（1）帮助被害人进行应激预防训练；（2）在心理、生理或情绪上帮助感到不知所措的被害人；（3）在一些健康问题上对被害人进行辅助，如食欲上的显著改变，失眠、悲恸、惊跳反应，意识分离或梦魇，饮酒量剧增，等等；（4）为那些处于挣扎边缘的被害者们推荐一些力所能及的应对措施，例如，让他们尽量多休息，放轻松，学会原谅自己，与信任的人谈谈自己的感受，等等。[3]

（二）英国

英国的被害人社会救助服务起步较早。早在 1974 年，英国就在布里斯托尔建立起一个名为"被害人支援协会（Victim Support，VS）"的被害人民间救助组织。其后，该组织逐渐在英国全境发展并开展被害人救助活动，并于 1979 发

---

〔1〕 参见［加］欧文·沃勒著，曹菁译：《被遗忘的犯罪被害人权利——回归公平与正义》，群众出版社 2017 年版，第 95 页。

〔2〕 参见［加］欧文·沃勒著，曹菁译：《被遗忘的犯罪被害人权利——回归公平与正义》，群众出版社 2017 年版，第 95 页。

〔3〕 参见［加］欧文·沃勒著，曹菁译：《被遗忘的犯罪被害人权利——回归公平与正义》，群众出版社 2017 年版，第 93 页。

起一个名为"被害人支持计划"的被害人救助运动。20 世纪 80 年代，该救助组织率先在牛津大学举办了一场以"被害人社会救助"为主题的会议，与会的被害人救助领域的志愿者和专家在经费筹集、人员招聘与培训以及扩大自身影响等方面达成共识。[1] 到 1997 年，该组织已经拥有不包含本部在内的 470 个地方组织，约 900 人的从业人员，以及经过培训了的 1.6 万人左右的志愿者，其能为被害人提供的救助服务包括但不限于以下几个方面：（1）被害事件发生后的危机介入；（2）恳谈或劝告；（3）心理医生的介绍；（4）被害人情感支持或精神损害平复；（5）向被害人报告案件及刑事程序的进展状况；（6）出庭的帮助等。[2] 特别值得一提的是，在被害人支援会提供救助的案件中，95% 以上来自于警方提供的信息。办案警察将需要救助的被害人的姓名和住所以及其他相关信息提供给该组织，由该组织根据具体情况对被害人提供有针对性的救助。[3]

在立法方面，英国在接受 1985 年联合国《宣言》以及 1987 年由欧洲议会提出的《关于对被害人的援助和防止被害人化的劝告》的同时，于 1990 年 2 月发布被害人宪章——《犯罪被害人权利宣言》，大力提倡刑事司法机关在刑事程序中应充分考虑被害人的要求，切实保护被害人的权利。[4] 在此基础上，英国又于 1996 年制定《关于犯罪被害人的支援基准的宪章》，对被害人保护的基本方针和政策作了更为具体的宣示。[5]

（三）德国

德国较早建立被害人社会救助制度。1976 年，德国制定《暴力犯罪被害人补偿法》，被害人据此享有从国家和社会获得医疗费、康复费和补偿费的权利。[6] 同时，作为欧盟及其前身（欧共体）的核心成员国，德国全面接受并

[1]　牛津大学的这次评估工作被誉为"被害人支持计划"发展过程中的里程碑事件。See Mike Maguire，Claire Corbett，*The Effects of Crime and the Work of Victims Support Schemes*，Aldershot，UK：Gower，1987.

[2]　参见田思源：《犯罪被害人的权利与救济》，法律出版社 2008 年版，第 113 页。

[3]　参见田思源：《犯罪被害人的权利与救济》，法律出版社 2008 年版，第 113 页。

[4]　参见田思源：《犯罪被害人的权利与救济》，法律出版社 2008 年版，第 61 页。

[5]　该宪章并不具有法的效力。即便如此，它明确规定司法机关在刑事程序的不同阶段对犯罪被害人提供救助服务的具体内容以及犯罪被害人在不能得到这些服务时提出申诉的程序。田思源：《犯罪被害人的权利与救济》，法律出版社 2008 年版，第 61 页。

[6]　参见田思源：《犯罪被害人的权利与救济》，法律出版社 2008 年版，第 63 页。

适用欧盟及其前身制定的被害人社会救助法律。在此方面，欧洲理事会（Council of Europe）先后通过两个比较有代表性的文件，以供各成员国适用或参考适用：一个是于1985年通过的《关于改善刑事法和刑事程序中被害人地位的建议》。该文件旨在从被害人立场出发，确保在刑事程序的任何阶段对被害人提供所需救助，包括但不限于情报的提供、损害的补偿以及防止二次被害的措施。[1] 另一个是1987年通过的《关于被害人援助和防止犯罪被害的部长委员会建议》。该文件旨在确认被害人在获得社会救助上的愿望和要求，以及如何启发和引导社会对这些愿望或要求的普遍认同，从而加强对被害人的社会援助并发展犯罪被害预防的对策。[2]

德国的民间被害人救助组织比较发达。1976年，一个名为"白环组织"（Weisser Ring，也译为"白圈"）的民间被害人救助团体在德国成立。"白环"意为该组织是由清白的、无过错的被害人所组成的团体，其宗旨是协助被害人康复心理和重建生活，提供的救助服务主要包括：（1）对犯罪被害人的人道救助；（2）对被害人出庭时予以关照；（3）犯罪被害人和法院等机关之间的联系；（4）有必要由民间团体援助时的中介；（5）因犯罪被害而导致的经济困难的生活救助；（6）律师费、医疗费以及为了得到被害人补偿法所规定的补偿而需要的法律援助费用的救助；（7）召集市民集会，征求市民对国家被害人补偿制度的意见和要求，并向政府提出改进的建议。[3] "白环组织"的救助经费主要来源于会员的会费、社会的捐款以及区法院对交通案件所征收的罚金的一部分。在德国，即便是在小的银行的窗口，也有"白环组织"关于资金募集和会员征集的宣传资料。[4] 到21世纪初，"白环组织"已在全国配置了18个中心事务所和约400个联络所，拥有2500人的志愿者，先后为7万名被害人提供社会救助服务，对在德国确立和发展被害人社会救助事业起了重要的作用。[5]

---

[1] 参见田思源：《犯罪被害人的权利与救济》，法律出版社2008年版，第31页。
[2] 参见田思源：《犯罪被害人的权利与救济》，法律出版社2008年版，第32页。
[3] 参见田思源：《犯罪被害人的权利与救济》，法律出版社2008年版，第114页。
[4] 参见田思源：《犯罪被害人的权利与救济》，法律出版社2008年版，第114页。
[5] 参见田思源：《犯罪被害人的权利与救济》，法律出版社2008年版，第114页。

（四）加拿大

加拿大的社会救助立法始于 20 世纪 80 年代。其时，各省通过立法促进被害人的社会救助服务工作，如阿尔伯塔省、不列颠哥伦比亚省的《犯罪被害人法案》（Victims of Crime Act）、《刑事伤害补偿法案》（Criminal Injury Compensation Act）以及埃德蒙顿省的《家庭暴力、犯罪和被害人法案》（Domestic Violence, Crime and Victims Act），等等。2012 年，加拿大通过《恐怖主义被害人公正法案》（the Justice for Victims of Terrorism Act），其中规定恐怖主义犯罪的被害人享有从社会获得救助的权利。2015 年，加拿大制定并通过《被害人权利法案》，规定每个被害人都有向相关刑事司法部门陈述其受到犯罪侵害的事实和后果并获得社会救助的权利。[1]

加拿大设有专门的"全国被害人办公室（National Office for Victims, NOV）"负责全国的刑事被害人救助事务，包括动员社会力量对被害人进行救助。为方便被害人寻求救助，该办公室设立专门的救助电话：613-941-3498（一般救助）、613-952-1110（经济救助），和电子邮箱：NationalOfficeforVictims@ps-sp.gc.ca。为使救助落到实处，加拿大还设立了一个全国性的"被害人救助资源中心（Canadian Resource Center for Victims of Crime）"。根据该中心在其网页上的描述，该中心负责运营全国性的"被害人救助基金（Victims Fund）"并对全国乃至全球的加籍被害人提供必要的经济救助。[2] 为方便被害人求助，该中心设有专门的救助电话：1-877-232-2610 或 613-208-0747（短信）。除了国家层面的被害人救助机构，加拿大各省和各地区也设有不同的被害人社会救助项目。此类项目的内容包括直接或间接地向被害人提供救助以及志愿者的招聘和培训。此类项目的运营以各省或各地区的规则和标准为根据，经费主要来源于犯罪人支付的罚金以及政府投入、社会筹资。[3]

同时，加拿大也重视民间救助机构在被害人救助中的作用。2008 年，

---

〔1〕　参见该法第 15 条的表述。

〔2〕　该中心的网址为：https://crcvc.ca/for victims/financial-assistance/，最后访问日期：2020 年 6 月 30 日。

〔3〕　该中心的网址为：https://crcvc.ca/for victims/financial-assistance/，最后访问日期：2020 年 6 月 30 日。

加拿大统计局对全国的被害人服务提供者做了一项全面的摸底调查。在884家被害人社会救助服务机构中，该调查的覆盖范围达90%左右。调查结果显示，在所调查的救助机构中，有40%依托于警务部门，有8%依托于司法机关，有23%设立于社区之中，还有17%属于性侵害危机中心。[1] 从整体而言，加拿大的这些机构为儿童、原住民、妇女、老人以及那些患有精神病或身体残疾的人群提供了一系列专业化服务。这份调查显示，所有服务机构在满足被害人核心需求方面都做到了提供情感支持和提供基本信息这两项，每年有3000多名雇员与志愿者一起为超过40万人次的被害人群体提供服务。[2]

（五）日本

日本是被害人权利保护立法较为领先的亚洲国家，被害人获得社会救助的权利体现在该国的多部法律中。1980年公布并于次年实施的《犯罪被害人等给付金支付法》正式确立被害人获得经济救助的权利。[3] 2000年制定的《关于在刑事诉讼程序中保护犯罪被害人等的附带措施的法律》对性犯罪被害人以及出庭作证的被害人的精神救助和安全庇护救助作了明确规定。[4] 2000年制定的《犯罪被害人保护法》规定该法以尊重被害人心情并确定被害恢复措施为立法目的，对被害人获得经济救助、精神救助以及法律救助的权利作了系统规定。[5] 2001年公布的《配偶的暴力防止及被害保护法》明确规定家庭暴力犯罪被害人享有获得社会救助的权利，国家及地方公共团体负有防止来自配偶的暴力并帮助家庭暴力犯罪被害人获得社会救助的职责。[6] 2004年制定《犯罪被害人法案》，规定国家和社会负有救助被害人的义务，国家和社会应当帮助被害人寻求损害赔偿并落实包括"心理康复服务"和"情绪平复服务"在内的被害人救助服务。[7] 2005年，日本制定《被害人基本方

---

[1] 参见［加］欧文·沃勒著，曹菁译：《被遗忘的犯罪被害人权利——回归公平与正义》，群众出版社2017年版，第98页。

[2] 参见［加］欧文·沃勒著，曹菁译：《被遗忘的犯罪被害人权利——回归公平与正义》，群众出版社2017年版，第98页。

[3] 参见田思源：《犯罪被害人的权利与救济》，法律出版社2008年版，第75页。

[4] 参见田思源：《犯罪被害人的权利与救济》，法律出版社2008年版，第76~77页。

[5] 参见田思源：《犯罪被害人的权利与救济》，法律出版社2008年版，第79~80页。

[6] 参见田思源：《犯罪被害人的权利与救济》，法律出版社2008年版，第75页。

[7] 参见［加］欧文·沃勒著，曹菁译：《被遗忘的犯罪被害人权利》，群众出版社2017年版，第98页。

案》，将中央政府关于被害人救助的立法言辞转化为具体行动，确保被害人社会救助的法律和政策得以实施。[1]

日本早在 1981 年就开始建立被害人社会救助基金体系。同年 5 月，根据首相和文部大臣的设立许可，日本设立全国性的"被害人救助基金"，基金的性质属于财团法人，资金以政府投入为主。[2] 该基金的救助宗旨和救助范围：基于社会连带互助的精神，对因侵害人的生命和身体的犯罪行为而死亡、严重残疾的犯罪被害人的子女，因经济原因致使其上学困难者，给予奖学金，以及进行与犯罪被害人有关的支援事业，如残疾慰问金给付。[3]

2001 年以后，受"池田惨案"[4]的影响，日本开始加快推动被害人社会救助服务。仅仅用了 2 年左右的时间，截止到 2004 年 6 月 1 日，日本全国就有 34 个都道府县设立以志愿者为中心的、与"全国被害人支援网"有关系的民间被害人援助团体。[5]

（六）韩国

韩国也建立了比较完备的被害人社会救助制度。早在 1987 年，韩国就制定了《犯罪被害人救济法》，对被害人获得社会救助的权利作了全面规定。之后，为了预防性暴力、保护性暴力犯罪被害人，韩国又专门制定了《关于性暴力犯罪的处罚及其被害人保护的法律》，对性暴力犯罪被害人获得经济和精神的社会救助作了特别规定。1997 年，为了维护健康的家庭关系，特别是为了恢复因家庭内暴力犯罪而被破坏的家庭关系的和睦和安定，韩国又先后制定了《关于家庭内暴力犯罪的处罚等的特例法》和《关于家庭内防止暴力以及保护被害人等的法律》。这两部法律均对家庭内暴力犯罪的被害人获得社会救助的权利作了相应规定。[6]

---

〔1〕 参见〔加〕欧文·沃勒著、曹菁译：《被遗忘的犯罪被害人权利》，群众出版社 2017 年版，第 98 页。

〔2〕 参见田思源：《犯罪被害人的权利与救济》，法律出版社 2008 年版，第 118 页。

〔3〕 参见田思源：《犯罪被害人的权利与救济》，法律出版社 2008 年版，第 118 页。

〔4〕 2001 年 6 月 8 日，一名罪犯闯入大阪教育大学附属池田小学，在教室里杀死 8 名、刺伤 23 名一二年级小学生。参见田思源：《犯罪被害人的权利与救济》，法律出版社 2008 年版，第 202 页。

〔5〕 参见田思源：《犯罪被害人的权利与救济》，法律出版社 2008 年版，第 116 页。

〔6〕 参见田思源：《犯罪被害人的权利与救济》，法律出版社 2008 年版，第 69~70 页。

在社会救助实施方面，韩国的特色是注重被害人商谈所的建设。商谈除为被害人提供咨询、临时保护、帮助被害人诉请赔偿之外，还可以为被害人提供身体康复、精神安抚以及复归社会和家庭的帮助。[1]

二、我国的被害人社会救助制度发展状况

我国对被害人救助的关注始于 21 世纪初。2004 年，山东省淄博市政法委与淄博市中级人民法院联合印发《关于建立刑事被害人经济困难救助制度的实施意见》，在全国范围内最早开启对刑事被害人实施社会救助的实践探索。在此之前，我国的被害人社会救助完全以民间自发形式存在。

我国被害人社会救助的进一步发展与中央政法委主导发布的两个文件具有一定关系。2009 年，中央政法委、最高人民法院、最高人民检察院、公安部、民政部、司法部、财政部、人力资源和社会保障部等八部门联合发布《意见》，对包括社会救助在内的各种形式的刑事被害人救助问题作了比较全面的规定。但是，根据条文内容可以判断，该文件规定的被害人救助在性质上主要属于司法救助，但也在社会救助方面有所涉及。一方面，该文件鼓励社会组织和个人捐助被害人救助事业。另一方面，该文件要求司法救助与社会救助进行衔接，即对于暂时未纳入救助范围的刑事被害人或者实施救助后仍然面临生活困难的，要通过社会救助途径解决其生活困难。2014 年，在2009 年《意见》经过推广试点之后，中央政法委、财政部、最高人民法院、最高人民检察院、公安部、司法部等六部门联合发布《意见（试行）》，要求建立司法救助制度。以此为标志，我国的刑事被害人救助在国家层面被完全纳入"司法救助"的范畴并成为司法救助的一部分。

与此同时，为了保障公民的基本生活，促进社会公平和维护社会和谐稳定，国务院也正式发布《办法（2019 修订）》，符合条件的被害人可以根据《办法（2019 修订）》获得社会救助。具体情形包括：（1）共同生活的家庭成员人均收入低于当地最低生活保障标准，且符合当地最低生活保障家庭财产状况规定的被害人家庭，可以获得最低生活保障救助。对批准获得最低生

---

[1] 参见田思源：《犯罪被害人的权利与救济》，法律出版社 2008 年版，第 121 页。

活保障的被害人家庭，县级人民政府民政部门按照共同生活的家庭成员人均收入低于当地最低生活保障标准的差额，按月发给最低生活保障金。（2）无劳动能力、无生活来源且无法定赡养、抚养、扶养义务人，或者其法定赡养、抚养、扶养义务人无赡养、抚养、扶养能力的老年被害人、残疾被害人以及未满16周岁的未成年被害人，可以获得特困人员供养救助。对获得最低生活保障后生活仍有困难的老年被害人、未成年被害人、重度残疾被害人和重病患被害人，县级以上地方人民政府应当采取必要措施给予生活保障。（3）基本生活受到自然灾害严重影响的被害人，可以获得生活救助。（4）除了最低生活保障救助、特困人员供养救助和基本生活救助，上述被害人还可以申请获得医疗救助、教育救助、住房救助、就业救助和临时救助。

　　不过，被害人之所以能够获得该种社会救助，并非因为其身份是被害人，而是因为其身份是贫困人口。换言之，我国的被害人虽在实质意义上可以根据《办法（2019修订）》获得社会救助，但在形式上并不属于《办法（2019修订）》语境下的社会救助的对象。[1]首先，从立法目的来看，该《办法（2019修订）》并不是为了维护被害人的合法权益或解决被害人的各种困难，而是为了促进贫困人口的社会保障问题。在立法文本中，无论是已经修订并生效的《办法（2019修订）》，还是之前未能通过生效的"社会救助法"，都没有把被害人作为立法关注的对象。其次，从立法表述来看，该《办法（2019修订）》的救助对象明确涉及两个类型：一是家庭，即低于当地最低生活保障标准的家庭和暂时出现严重困难的家庭；二是个人，即特困人员和受灾人员，通篇没有提到"被害人""被害人救助"或"被害人社会救助"。再其次，被害人救助的确具有不同于贫困人口社会救助的特殊性，也难以被贫困人口社会救助涵盖。对此，2009年《意见》文中有意作了说明：一方面，该《意见》指出，开展刑事被害人救助工作是在当前相关法律制度尚未建立的特殊时期，为解决刑事被害人特殊困难而采取的一种过渡性安排，既不同于国家赔偿，也有别于现行其他社会救助。另一方面，该《意见》要求，各地要将开展刑事被害人救助工作与落实其他社会保障制度结合起来。对于暂时未纳入救助范围的刑事被

---

　　〔1〕　参见刘灿华："刑事被害人救助和社会救助关系之省思"，载《法治社会》2016年第6期。

害人或者实施救助后仍然面临生活困难的，要通过社会救助途径解决其生活困难。显然，两个条文均认为被害人救助与其他社会救助或社会保障制度是并列关系，二者互不隶属。最后，在实践中，被害人救助也不是民政部门实施社会救助的关注对象，更不是民政部门社会救助统计的内容。

但是，对被害人适用针对一般贫困人口的社会救助制度是值得怀疑的。其理由是：其一，对被害人的社会救助不同于对一般贫困人口的社会救助，在被害人社会救助中过多强调生活困难的要素，会模糊被害人社会救助在价值目标上与针对一般贫困人口社会救助的区别，从而弱化被害人社会救助的重要性。[1]其二，被害人毕竟不同于普通的贫困人口，更不同于因失业、懒惰或患病而致贫的贫困人口，将遭受犯罪侵害的被害人视为贫困人口社会救助的对象，不太符合被害人的心理感受，甚至还可能使被救助者感到羞耻。[2]其三，在救助标准上，贫困人口社会救助主要采用最低保障标准，未陷入经济困难的刑事被害人往往被排斥在救助范围之外，而被害人社会救助主要采用补偿标准，即使被害人不属于贫困人口（甚至富裕的被害人）也可以获得相应的救助。其四，在审批程序上，既然对被害人适用针对贫困人口的社会救助制度，则被害人在实际获得这种救助之前通常需要接受严苛的资格审查，在资格审查合格之后还要经过繁复的申请程序，这些环节都可能为被害人带来"二次伤害"，甚至使其产生悲观或反社会的情绪。其五，在救助方式上，贫困人口社会救助主要采用经济救助，一般不适用精神救助。而在被害人社会救助中，精神救助同样重要。在许多情况下，被害人遭受的精神损害更为严重，精神救助较之经济救助更为重要。在有的案件中，如强奸案和虐待案，被害人主要遭受精神损害，经济救助并非重点。综上可见，对被害人的社会救助相较于对贫困人口的社会救助具有很大差异，二者在价值目标、心理期待、救助标准、审批程序、救助方式等诸多方面都是不同的。既然如此，我国仍需在现行针对贫困人口的社会救助制度之外建立专门的被害人社会救助制度，不能因为有了针对

---

[1] 对一般贫困人口的社会救助旨在实现分配公正，对被害人的社会救助主要关注司法公正。参见赵国玲、徐然："中国刑事被害人国家救助的现状、突围与立法建构"，载《福建师范大学学报》（哲学社会科学版）2015年第1期。

[2] 参见任克勤：《被害人学基本理论研究》，中国人民公安大学出版社2018年版，第403页。

贫困人口的社会救助而忽视或怠于建立被害人社会救助制度。然而，令人遗憾的是迄今为止我国并未建立这一适用于被害人的社会救助制度。

当然，在我国民间一直不乏被害人社会救助的实践。这种实践一旦和影响性案件结合在一起，更容易使人们越来越多地关注和思考刑事被害人的社会救助问题，如 2006 年的邱兴华报复杀人案、2011 年发生的安徽中学女生周岩毁容案、2016 年发生的中国留日学生江歌被杀案、2017 年发生于杭州的保姆莫焕晶纵火案、2019 年发生于大连的未成年人蔡某某强奸杀人案以及 2020 年破获的南医女生遇害案。在这些案件中，社会力量不仅为被害人提供经济救助，而且为被害人提供精神救助和其他形式的救助，既取得良好的救助效果，也在一定程度上弥补了现行司法救助制度和一般社会救助的不足。在 1992 年发生的南京医学院女生林伶遇害案破获之前，林伶的父母一直处于精神伤痛之中，对身体健康也造成了很大影响，林伶生前就读的南京医学院（后改为南京医科大学）一直关注案件的进展，林伶父母每年 3 月 20 日（案发日）前后赴学校现场祭奠时其班主任予以接待，林伶的一些同学、老乡有时去无锡看望、劝勉和安慰她的父母，其中一个在江苏省人民医院工作的同级同学还经常给林伶母亲提供诊疗方面的帮助，逢年过节也会代表同学向他们打电话表示关心，这些联系、看望、关心、劝勉、安慰、接待和各方面的帮助无疑都在一定程度上起到了平复林伶父母精神伤痛的效果。在 2017 年发生于湖南郴州的一起故意杀人案中，被害人胡某的死亡给其家人，特别是其妻罗某，带来沉重的精神打击，罗某对生活一度感到绝望。了解这一情况的郴州市检察院副检察长曹迎春、北湖区检察院副检察长何涛等人代表郴州市检察机关在春节前对被害人一家进行看望和慰问，同时还协调北京博爱妇女发展慈善基金会一起送上慰问金 1 万元，既让被害人一家感受到国家的关心，也在一定程度上帮助被害人一家树立了生活的信心。[1] 2011 年发生的安徽中学女生周岩毁容案中，被害人周岩惨遭毁容，头面部、颈部、胸部严重烧伤，烧伤程度达 2 度、3 度，烧伤面积超过 30%，经抢救治疗脱离危险后留下严重的恐惧症、抑郁症和一定

---

〔1〕 参见陈国庆：“慰问救助被害人，岁寒情深暖人心”，载于郴州北湖区人民检察院官网，网址为：http://www.chenzhoubh.jcy.gov.cn，最后访问日期：2020 年 3 月 10 日。

程度的自闭症，后在心理专家的辅导下培养兴趣爱好，包括音乐、绘画和开办网店等，最终得以重启社会生活，逐渐摆脱心理障碍。[1]

三、被害人社会救助制度的发展经验及其对我国的借鉴价值

从上文对被害人社会救助的发展状况的梳理可以发现，无论欧美国家还是亚洲的日韩等国家或地区，不但已经建立起比较完备的被害人社会救助制度，而且在实践上积累了一定的经验。归纳起来，这些经验主要在于以下几个方面：

（一）立法方面

重视被害人社会救助立法是上述国家和地区的一个共同点。加拿大把被害人社会救助规定于 2001 年制定的《犯罪被害人救助法》（Crime Victim Assistance Act）中，作为刑事被害人救助制度整体的一部分，可谓刑事被害人救助立法统摄模式。[2] 英国则把被害人社会救助问题规定于 2012 年制定的《健康与社会照护法》（Health and Social Care Act）中。该法规定，社会救助包括经济救助和精神救助，刑事被害人可以作为一般救助对象得到精神救助。[3] 在美国加州，刑事被害人社会救助制度在该州《刑事被害人权利法案》（California Victims' Bill of Rights）和《刑法典》（California Penal Code）中均有体现。加州《刑事被害人权利法案》在其中第 1 条、第 12 条和第 16 条对包括精神救助在内的刑事被害人救助方式作了原则性的规定。[4] 在此基础上，加州《刑法典》第 679 条第 8 款（b）项对被害人获得社会救助的权利作了保障性规定，即执法者（the law enforcement officer）在执法过程中应当向刑事被害人提供"被害人权利告知卡（Victim's Rights Card）"，卡片应当明确告知被害人有权获得物质的或精神的救助服务。[5] 由此可见，美国加州把刑事被害

---

〔1〕 参见杨璐："青春不能承受之痛：周岩毁容事件"，载《三联生活周刊》2012 年第 10 期。

〔2〕 参见该法第 3 条第（1）款（b）项的规定。

〔3〕 参见该法第 9 条第（2）款的规定。

〔4〕 这些原则性的规定主要有：第 1 条刑事被害人关于的个人尊严和司法公正的精神需求应当得到保障；第 12 条警方和司法机关应当考虑刑事被害人关于宽慰和安全的关切，依请求向其通报案件的进程，包括被告人的监禁情况、定罪情况、判决情况以及犯罪人获释或逃跑的情况，等等；第 16 条执法机关在对犯罪人作出保释或释放的决定之前，必须考虑被害人及其家人的安全和关切。

〔5〕 详见该法第 679 条第 8 款（b）的规定。

人获得精神救助的权利规定在宪法性文件中并由相关部门法提供保障，可谓宪法权利模式。1985 年，联合国通过《宣言》，在很大程度上反映了上述国家和地区的立法成果，也进一步促进了被害人社会救助服务国际化并使之成为一种国际趋势。

反观我国，迄今为止尚未建立真正的被害人社会救助制度。早在 2008 年，国务院就发布《中华人民共和国社会救助法（征求意见稿）》公开征求意见的通知，但该法最终并未出台。究其原因，据知情人士透露，主要是部分立法者认为《中华人民共和国社会救助法（征求意见稿）》不成熟，这部法律牵扯问题比较大，国家财力难以承受。[1]2014 年，作为社会救助立法的替代和过渡，国务院发布《办法（2019 修订）》，对相关贫困人口或低收入群体的社会救助问题作了规定，但该《办法（2019 修订）》全文未对被害人社会救助问题作出任何明确规定。从长远来看，我国应当借鉴上述国家和地区的经验，在现行社会救助立法之外制定单独的被害人社会救助法。这既是我国现实国情和法治发展的要求，也是被害人人权保护和社会和谐稳定的要求。

（二）民间机构参与方面

坚持"小政府大社会"的理念，并且把这一理念贯彻到被害人社会救助服务中。具体而言，就是在被害人社会救助活动中弱化政府的职能，充分地发挥社会力量的自我组织能力，突出社会的作用。民间机构在社会事务中的作用往往是"小政府大社会"的集中体现，民间机构对被害人社会救助服务的参与程度最能反映一个国家在被害人社会救助方面的成熟程度或发达程度。从上文的梳理来看，普遍重视社会力量在被害人社会救助中的作用，也为此鼓励民间机构的发展，如美国的"全美被害人援助组织（NOVA）"和"安全地平线"、英国的"被害人支援协会（Victim Support，VS）"和"被害人支持计划"、德国的"白环"（Weisser Ring，或称"白圈"）、加拿大的性侵害危机中心、日本的"全国被害人支援网"以及相关的民间被害人救助团体、韩国的被害人救助商谈所，等等。

在我国，民间机构是对社会团体和民办非企业单位的总称，是重要的被

---

〔1〕　参见郭之纯："社会救济法为何遭遇难产尴尬"，载《重庆时报》2010 年 11 月 26 日，第 11 版。

刑事被害人社会救助研究

害人社会救助力量。总的来看，尽管《办法（2019 修订）》在其中的第 7 条规定国家鼓励、支持社会力量参与社会救助，但由于该《办法（2019 修订）》并未把被害人社会救助作为立法关注的对象，故我国迄今为止并未在政府引导下建立任何民间的被害人社会救助机构，民间也未自发建立起为人所知的民间被害人社会救助组织。由于民间被害人社会救助机构的缺乏，被害人社会救助主要依靠被害人的亲属、所在的村委会、社区居委会等基层自治组织以及妇联、青联、共青团等带有官方色彩的社会团体。当然，高等院校、医疗机构也可以利用自身条件为被害人提供一定的救助服务，但此类机构大多亦非民间机构。

然而，被害人救助的确需要社会力量的参与，光靠政府支持是不够的。为了切实支持社会力量参与被害人社会救助服务，我国应当在未来的被害人社会救助立法中作出类似于现行《办法（2019 修订）》的规定，鼓励和引导社会力量参与被害人救助事业。不仅如此，未来的被害人社会救助立法还应特别强调民间机构在被害人社会救助中的地位和作用。一方面，国家应当通过立法鼓励民间成立被害人救助社会团体，把被害人救助作为社会团体会员的共同意愿，按照其章程开展被害人社会救助。另一方面，国家还应通过立法鼓励民间成立以被害人救助为主业的民办非企业单位，从事被害人社会救助服务以及相关的培训、宣传或信息收集服务。作为过渡，在未来的被害人社会救助立法实现之前，国家可以在现行《办法（2019 修订）》的框架之下进行试点，在经济发达的地区和城市引导民间先行成立一些类似于美国的"全美被害人援助组织"（NOVA）和"安全地平线"、英国的"被害人支援协会（Victim Support，VS）"和"被害人支持计划"、德国的"白环"（Weisser Ring，或称"白圈"）、加拿大的性侵害危机中心以及日本的"全国被害人支援网"之类的民间被害人社会救助机构。

（三）专业性与人员培训方面

注重被害人社会救助的专业性，因而也注重对救助人员的培训。在美国，"全美被害人援助组织（NOVA）"每年都会对其成员进行专业培训，专业培训是每年年会的重要内容。培训的方式主要分为两种：一是开设相关的培训课程；二是专业人士现身说法，将以往抽象的危机干预转变为易于掌握的具体技能培训。[1]在英国，"被害人支援协会（VS）"于 1979 发起一个名为"被害人支持计划"的被害人救助运动，救助培训是该运动值得称道的一个方面。20 世纪 80 年代，该救助组织率先在牛津大学举办了一场以"被害人社会救助"为主题的会议，人员培训是该次会议的重要内容。[2]加拿大各省和各地区设立的被害人社会救助项目除了直接或间接地向被害人提供救助，也负责志愿者的招聘和培训。[3]

专业性欠缺是我国被害人社会救助的一大弱势。通常情况下，被害人在遭遇犯罪侵害后会在第一时间求助于与其共同生活的人，而这个人往往是其家人、朋友、同事或邻居。此时，被害人的主要需求是：在情感上给予支持，免受进一步侵害的安全感，帮助其厘清思路，以明确下一步该怎么做。[4]除此之外，被害人所在村组、社区、居委会等组织和妇联、残联等社会团体也是传统的救助主体。在现实中，这些救助力量的确在被害人社会救助方面发挥了重要作用。但是，这些救助主体也带有一定的自发性和非专业性。在国家层面，各级民政部门一直没有专门的被害人社会救助培训计划，村委会、社区居委会等基层自治组织以及妇联、青联、共青团等社会团体为被害人提供的社会救助大多是自发的，并且存在一定的盲目性。高等院校、医疗机构虽然具有一定的专业性，但这种专业性是由自身职能决定的，仅限于心理或精神的救助。一旦超出这种专业性，比如利用自身条件为被害人提供物资救助或经济救助，仍需接受一定的专业培训。

专业性欠缺是我国被害人社会救助的一大弱势，我国应当重视对被害人社会救助机构及其人员的专业培训，以加强被害人救助的自觉性和专业性。培训内容主要应着眼于两个方面：一是观念方面的培训，即把被害人作为主

---

〔1〕　参见［加］欧文·沃勒著，曹菁译：《被遗忘的犯罪被害人权利——回归公平与正义》，群众出版社 2017 年版，第 95 页。

〔2〕　参见［加］欧文·沃勒著，曹菁译：《被遗忘的犯罪被害人权利——回归公平与正义》，群众出版社 2017 年版，第 97 页。

〔3〕　参见［加］欧文·沃勒著，曹菁译：《被遗忘的犯罪被害人权利——回归公平与正义》，群众出版社 2017 年版，第 97 页。

〔4〕　参见［加］欧文·沃勒著，曹菁译：《被遗忘的犯罪被害人权利——回归公平与正义》，群众出版社 2017 年版，第 85 页。

体对待，学会尊重被害人并照顾被害人的情感，避免在救助过程中使被害人受到"二次伤害"。二是技能方面的培训。其中，精神救助技能尤其重要。精神救助不像经济救助那样简便易行。经济救助主要是资金的问题，只要解决资金问题，其他问题都迎刃而解。精神救助不仅涉及资金的问题，而且涉及技术问题、方法问题和人文关怀的问题，如果缺乏长期的坚持、充分的耐心和更加娴熟的专业救助技术手段，资金再多也难以达到预期的救助效果。

（四）资金筹集方面

被害人社会救助资金主要由政府投入和社会筹集两个部分组成。其中，社会资金筹集的主要形式是成立被害人基金或被害人救助计划。在美国，"全美被害人援助组织（NOVA）"曾设立过一些关于被害人救助的开创性项目，在培训警员、被害人支持工作者、基层被害人组织和其他相关人士方面发挥了至关重要的作用。〔1〕加拿大建立全国性的"被害人救助基金（Victims Fund）"并对全国乃至全球的加籍被害人提供必要的经济救助。〔2〕日本于1981 年 5 月根据首相和文部大臣的设立许可设立全国性的"被害人救助基金"，基金的性质属于财团法人，资金以政府投入为主。〔3〕

我国在被害人司法救助领域已有政府投入建立的基金，但在被害人社会救助领域尚无国家建立任何基金的报道见诸媒体，民政部门对被害人社会救助的资金投入也欠缺相应的统计数据。不过，近年来民间已经自发建立了一些与被害人救助相关的基金，如北京博爱妇女发展慈善基金会。在 2017 年发生于湖南省郴州市的一起故意杀人案中，被害人胡某的死亡给其家人，特别是其妻罗某，带来沉重的精神打击，罗某对生活一度感到绝望。了解这一情况的郴州市检察院副检察长曹迎春、北湖区检察院副检察长何涛等人代表郴州市检察机关在春节前对被害人一家进行看望和慰问，同时还协调北京博爱妇女发展慈善基金会一起送上慰问金 1 万元，既让被害人一家感受到国家的

---

〔1〕 参见 ［加］欧文·沃勒著，曹菁译：《被遗忘的犯罪被害人权利——回归公平与正义》，群众出版社 2017 年版，第 95 页。

〔2〕 该中心的网址为：https://crcvc.ca/for victims/financial-assistance/，最后访问日期：2020 年 6 月 30 日。

〔3〕 参见田思源：《犯罪被害人的权利与救济》，法律出版社 2008 年版，第 116 页。

关心，也在一定程度上帮助被害人一家树立了生活的信心。[1]

相对上述国家和地区来说，我国在被害人救助资金筹集方面还需作出两个方面的努力。一方面，政府应当引导和鼓励社会力量捐助被害人救助事业并为此建立适当的激励机制。例如，对提供捐助的企业，可适当减免税收；对提供捐助的个人，可以予以表彰。另一方面，政府应当引导和鼓励社会力量成立被害人社会救助基金。在这个方面，我国完全可以借鉴加拿大和日本的做法，在国家层面建立一个全国性的被害人救助基金。在此基础上，各地也可以因地制宜，由地方政府主导或引导建立地方性的被害人社会基金。

四、余论：扬长避短，尽快启动被害人社会救助的立法进程

对其他国家和地区被害人社会救助经验的借鉴固然重要，但这种借鉴应当建立在科学分辨的基础上。事实上，他们在被害人社会救助方面有经验也有不足，其中的主要表现为以下方面：（1）救助机制整合不足的问题。尽管其他国家和地区的被害人社会救助机制相对于发展中国家和地区已经比较成熟，但各地区和各部门的沟通和联动仍然有待进一步完善和发展。以加拿大为例，尽管该国为犯罪被害人提供的服务数量在持续增长，但这些举措在很大程度上仍然是东拼西凑而成的，在提供对整个犯罪被害人群体的支持上，依然任重而道远。[2]（2）救助数量不充分的问题。尽管其他国家和地区在被害人社会救助方面起步较早，并且业已取得令人瞩目的成绩，但社会上仍然存在大量亟待获得救助的被害人。例如，在加拿大，只有不到10%的成年被害人寻求过相关服务。尽管并不是所有的被害人都需要或想要获取服务，但可以肯定的是能从情绪复原和心理康复服务中受益的被害人比例绝不止这区区的10%。[3]不过，上述不足在性质上属于过程中的不足或发展中的不足，

---

〔1〕 参见陈国庆："慰问救助被害人，岁寒情深暖人心"，载于郴州北湖区人民检察院官网，网址为：http://www.chenzhoubh.jcy.gov.cn，最后访问日期：2020年3月10日。

〔2〕 参见［加］欧文·沃勒著、曹菁译：《被遗忘的犯罪被害人权利》，群众出版社2017年版，第98页。

〔3〕 参见［加］欧文·沃勒著、曹菁译：《被遗忘的犯罪被害人权利》，群众出版社2017年版，第98页。

很难避免。在将来建立被害人社会救助制度之后，我国也将面临同样的挑战。

除了借鉴其他国家和地区的有益经验之外，我国还存在一些与国情相关的被害人社会救助弱项。其一，在资金投入方面，从我国近年来国家对社会救助的总体投入来看，数值并不高。以 2016 年为例，该年度国家投入社会救助的资金总额为 1938.8 亿元，人均社会救助资金投入为 138.5 元。[1] 如果把有限的数值摊到被害人社会救助领域，数值应该更少。当然，有学者指出，任何国家都不可能使用财政拨款填补全体被害人的经济损失。即使在建立刑事被害人补偿制度的国家，这种补偿也是有限的，一般不超出医疗费、康复费、丧葬费和基本生活保障费的范围。[2] 笔者认为，国家投入有限固然是一个重要原因，但现行社会救助制度在救助资金的来源和筹集上的局限也是不可忽视的因素。其二，在救助理念方面，我国社会总体上存在"重打击轻保护"的传统。所谓"保护"，其意义应当是双方面的，既要保护犯罪嫌疑人、被告人或犯罪人的合法权益和基本人权，更要保护被害人的合法权益和基本人权。为此，国家应当重视被害人社会救助的调研和宣传，一方面要致力于改变理论界和实务界忽视被害人权利保护的传统观念，另一方面要使社会公众理解被害人的处境以及社会对犯罪负有的责任，让更多的人加入被害人社会救助事业中来。

更为重要的是，我国应当尽快启动被害人社会救助的立法进程，在现行针对贫困人口的一般社会救助制度之外建立专门适用于被害人的社会救助制度。在救助标准上，未来的被害人社会救助立法应当坚持损害补偿的理念，不宜强调生活困难的要素，即使被害人不属于贫困人口（甚至富裕的被害人）也可以获得相应的救助。在救助方式上，未来的被害人社会救助立法应当兼顾精神救助和经济救助，把精神救助置于同等重要的地位。此外，在救助管理机制上，未来的被害人社会救助立法应当突出其不同于贫困人口社会救助的司法性，由国务院司法行政部门负责被害人社会救助的统筹和管理。

---

〔1〕 参见潘跃："社会救助体系日益完善 政府投入持续增加"，载《人民日报》2017 年 7 月 17 日，第 13 版。

〔2〕 参见熊秋红："从刑事被害人司法救助走向国家补偿"，载《人民检察》2013 年第 21 期。

参考文献

一、著作

1. 麻国安：《被害人援助论》，上海财经大学 2002 年版。

2. 田思源：《犯罪被害人的权利与救济》，法律出版社 2008 年版。

3. 赵国玲、徐然等：《社会救助视野下的犯罪被害人救助实证研究》，北京大学出版社 2016 年版。

4. 郭建安主编：《犯罪被害人学》，北京大学出版社 1997 年版。

5. 朱景文主编：《对西方法律传统的挑战——美国批判法律研究运动》，中国检察出版社 1996 年版。

6. 康树华主编：《犯罪学通论》，北京大学出版社 1992 年版。

7. 康树华：《犯罪学——历史·现状·未来》，群众出版社 1998 年版。

8. 马克昌主编：《近代西方刑法学说史略》，中国检察出版社 2004 年版。

9. 高铭暄、马克昌主编：《刑法学》，北京大学出版社 2016 年版。

10. 汤啸天等：《犯罪被害人学》，甘肃人民出版社 1998 年版。

11. 曹立群、任昕主编：《犯罪学》，中国人民大学出版社 2008 年版。

12. 皮纯协、冯军主编：《国家赔偿法释论》，中国法制出版社 2010 年版。

13. 陈彬等：《刑事被害人救济制度研究》，法律出版社 2009 年版。

14. 王利明等编著：《人格权法》，法律出版社 1997 年版。

15. 马怀德主编：《完善国家赔偿立法基本问题研究》，北京大学出版社 2008 年版。

16. 张新宝主编：《精神损害赔偿制度研究》，法律出版社 2012 年。

17. 王仕民编著：《心理治疗方法论》，中山大学出版社 2005 年版。

18. 任克勤主编：《被害人心理学》，警官教育出版社 1997 年版。

19. 陶勑恒主编：《心理咨询与辅导（一）》，北京大学医学出版社 2007 年版。

20. 张莉：《论隐私权的法律保护》，中国法制出版社 2007 年版。

21. 沈渔邨主编：《精神病学》，人民卫生出版社 2009 年版。

22. 曾绪承主编：《司法精神病学》，群众出版社 2002 年版。

23. 李秀林等主编：《辩证唯物主义和历史唯物主义原理》，中国人民大学出版社 1995 年版。

24. 汪治平：《人身损害赔偿若干问题研究》，中国法制出版社 2001 年版。

25. 张宏生、谷春德主编：《西方法律思想史》，北京大学出版社 1990 年版。

26. 朱雪玲：《抑郁症脑网络影像学研究》，湖南科学技术出版社 2013 年版。

27. 任克勤：《被害人学基本理论研究》，中国人民公安大学出版社 2018 年版。

28. 中国法律年鉴编辑部编辑：《中国法律年鉴》（2018 年），中国法律年鉴社 2018 年版。

29. 国家统计局编：《中国统计年鉴》（2019 年），中国统计出版社 2019 年版。

30. ［德］汉斯·约阿希姆·施奈德著，许章润等译：《国际范围内的被害人》，中国人民公安大学出版社 1992 年版。

31. ［加］欧文·沃勒著，蒋文军译：《有效的犯罪预防——公共安全战略的科学设计》，中国人民公安大学出版社 2011 年版。

二、论文

1. 郑功成："从慈悲到正义之路：社会保障的发展"，载《人大复印报刊资料（社会保障制度）》2002 年第 8 期。

2. 任何勤："浅析强奸不报的被害人心理"，载《公安论坛》1992 年第 2 期。

3. 李锋敏："中国历史上的社会保障思想与实践"，载《甘肃社会科学》2007 年第 3 期。

4. 谢军、钱一一："论被害人救助语境下的保辜制度"，载《政法学刊》2015 年第 2 期。

5. 秦颖慧："刑事被害人国家救助制度研究"，载《西部法学评论》2010 年第 3 期。

6. 钟玉英："当代国外社会救助改革及其借鉴"，载《中国行政管理》2012 年第 12 期。

7. 石时态、张坤世："刑事被害人权利保护机制之反思与完善"，载《中国刑事法杂志》2010 年第 12 期。

8. 童陈琛："再论刑事附带民事赔偿中精神损害赔偿制度的构建——立足被害人‘权利’本身"，载《湖北文理学院学报》2018 年第 9 期。

9. 李景国、李艳磊："论制度公正在促进人的全面发展中的意义"，载《理论界》2011 年第 4 期。

10. 李艾明："社会如何实现正义补偿——基于罗尔斯与诺齐克之争"，载《学理论》2017年第 10 期。

11. 李奋飞："刑事被害人的权利保护——以复仇愿望的实现为中心"，载《政法论坛》2013年第 5 期。

12. 李科："刑事被害人报复犯罪的预防与实现路径"，载《湖北警官学院学报》2014 年第10 期。

13. 陈彬："由救助走向补偿——论刑事被害人救济路径的选择"，载《中国法学》2009 年第 2 期。

14. 沈志先、徐世亮："贯彻司法为民 彰显人文关怀——关于刑事被害人救助制度若干问题研究"，载《犯罪研究》2009 年第 6 期。

15. 杨立雄："社会保障：权利还是恩赐——从历史角度的分析"，载《财经科学》2003 年第 4 期。

16. 林嘉、陈文涛："论社会救助法的价值功能及其制度构建"，载《江西社会科学》2013第 2 期。

17. 赵国玲、徐然："中国刑事被害人国家救助的现状、突围与立法建构"，载《福建师范大学学报》（哲学社会科学版）2015 年第 1 期。

18. 王利明："建立和完善多元化的受害人救济机制"，载《中国法学》2009 年第 4 期。

19. 杜永浩、石明磊："论刑事被害人的界定"，载《湖北警官学院学报》2003 年第 2 期。

20. 刘根菊："关于公诉案件被害人权利保障问题"，载《法学研究》1997 年第 2 期。

21. 田鹏辉："构建我国刑事被害人社会保障制度之思考"，载《法商研究》2008 年第3 期。

22. 田思源："论犯罪被害人的社会支援"，载《法制与社会发展》2002 年第 4 期。

23. 井世洁、徐昕哲："针对性侵犯被害人的司法社工介入：域外经验及启示"，载《华东理工大学学报》（社会科学版）2016 年第 2 期。

24. 余海洋："权利的来源——评《你的权利从哪里来》"，载《湖北警官学院学报》2014年第 12 期。

25. 尹奎杰："权利发展与法律发展的关系论略"，载《河北法学》2010 年第 10 期。

26. 邱国樑："我国犯罪学理论的几个问题"，载《刑侦研究》1999 年第 1 期。

27. 王圆圆："报复社会型犯罪的概念及特征分析"，载《法制与社会》2014 年第 35 期。

28. 王道春："论我国刑事被害人社会援助制度的构建"，载《时代法学》2006 年第 6 期。

29. 兰跃军："刑事被害人救助立法主要问题及其评析"，载《东方法学》2017 年第 2 期。

30. 赵玄："论精神损害赔偿在国家赔偿中的定位与司法适用"，载《中南大学学报》（社会科学版）2014 年第 5 期。

31. 马俊骥："论精神损害的可赔偿性"，载《时代法学》2019 年第 1 期。

32. 郭强、陈斌："刑事精神损害赔偿法律制度研究"，载《经济研究导刊》2011 年第 20 期。

33. 袁曙光、杨帆："刑事被害人精神损害国家救助的学理基础及制度规范"，载《济南大学学报》（社会科学版）2015 年第 6 期。

34. 任韧："关于建立刑事被害人精神损害赔偿制度的探析"，载《江西警官学院学报》2016 年第 1 期。

35. 徐榴圆："伤害案件中被害人癔病表现的鉴定"，载《法医学杂志》1990 年第 2 期。

36. 郭新宇等："146 例强奸案受害者的案例分析"，载《中国健康心理学杂志》2011 年第 10 期。

37. 熊秋红："从刑事被害人司法救助走向国家补偿"，载《人民检察》2013 年第 21 期。

38. 胡平仁、鞠成伟："人文关怀的法律与法学话语"，载《中南大学学报》（社会科学版）2009 年第 1 期。

39. 刘世友、赵向鸿："刑事附带民事诉讼中精神损害赔偿问题研究"，载《法律适用》2010 年第 7 期。

40. 孙立红："论报应主义刑罚的积极价值"，载《环球法律评论》2015 年第 5 期。

41. 王戬："论我国刑事被害人的权利保障——中日法律的实效分析"，载《河北法学》2007 年第 8 期。

42. 胡铭："审判中心与被害人权利保障中的利益衡量"，载《政法论坛》2018 年第 1 期。

43. 周维德："我国精神障碍患者群体社会救助适用研究"，载《理论月刊》2015 年第 8 期。

44. 周光燕等："精神病人救助体系研究"，载《中国民康医学》2012 年第 11 期。

45. 吴思远："我国重罪协商的障碍、困境及重构——以'权力—权利交互说'为理论线索"，载《法学》2019 年第 11 期。

46. 谭常赞等："女性精神障碍 45 例被性侵害案例分析"，载《临床心身疾病杂志》2008 年第 1 期。

47. 谭志君："论刑事被害人权利救济的社会保障"，载《甘肃社会科学》2010 年第 3 期。

48. 蔡国芹："刑事被害人获得社会援助权之论纲"，载《法学论坛》2007 年第 5 期。

49. 张向阳："精神分裂症认知功能损伤的三个方面"，载《中华医学信息导报》2017 年第 19 期。

50. 杨杰辉："美国刑事诉讼中强奸被害人的保护及其启示"，载《宁波大学学报》（人文科学版）2011 年第 6 期。

51. 杨杰辉："被歧视的被害人：刑事诉讼中的强奸案被害人"，载《刑事法评论》2012 年第 1 期。

52. 金泽刚、朱严谨："性犯罪被害人特征实证研究"，载《广西大学学报》（哲学社会科学版）2013 年第 4 期。

53. 袁锦凡："性犯罪被害人权利保护的域外经验"，载《西南政法大学学报》2010 年第 4 期。

54. 李洪江、李晓艳："大数据时代个人信息保护研究"，载《人民司法》2020 年第 1 期。

55. 罗大华等："论刑事被害人的心理损害及其援助"，载《政法学刊》2001 年第 5 期

56. 薛丽婷："从检察角度分析刑事被害人救助制度的几点思考"，载《法制与社会》2011 年第 27 期。

57. 叶普万："贫困概念及其类型研究述评"，载《经济学动态》2006 年第 7 期。

58. 王福成、郭玉："检察环节刑事被害人国家补偿问题探讨"，载《中国检察官》2007 年第 11 期。

59. 李红辉："国家为何要救济刑事被害人——对东莞地区重大刑事案件的调查分析"，载《中国刑事法杂志》2008 年第 5 期。

60. 马怀德、张红："论国家侵权精神损害赔偿"，载《天津行政学院学报》2005 年第 1 期。

61. 江国华等："困境与出路：中国刑事被害人权利保障之检视"，载《学习与实践》2014 年第 9 期。

62. 崔晓娟："论刑事被害人精神损害赔偿"，载《人民司法》2013 年第 1 期。

63. 潘洪林："西方人本主义的沉浮"，载《云南社会科学》2000 年第 1 期。

64. 兰跃军、廖建灵："作为一种犯罪现象的被害人'恶逆变'"，载《上海法学研究》（集刊）2019 年第 3 卷。

65. 李洪江："刑事附带民事诉讼若干争议问题研究"，载《法制资讯》2008 年第 2 期。

66. 刘广三、汤春乐："附带民事诉讼中精神损害赔偿问题研究"，载《烟台大学学报》（哲学社会科学版）2000 年第 3 期。

67. 刘广三："从精神损害赔偿看附带民事诉讼"，载《法治研究》2010 年第 7 期。

68. 褚福民："刑事附带民事诉讼制度之反思"，载《刑事法判解》2012 年第 2 期。

69. 王飏："论我国社会救助中非政府组织的参与"，载《中国青年政治学院学报》2008 年第 2 期。

70. 孙晓飞："刑事被害人社会救助法律制度的完善"，载《河北青年管理干部学院学报》2008 年第 5 期。

71. 廖鸿："美国的社会救助"，载《中国民政》2002 年第 9 期。

72. 周登谅："中国刑事被害人救助的社会化研究"，载《华东理工大学学报》（社会科学版）2013 年第 6 期。

73. 周世雄等："刑事被害人救助机制研究"，载《湖南社会科学》2010 年第 2 期。

74. 康伟、柳建华："刑事被害人救助社会福利说之提倡"，载《河北法学》2009 年第 12 期。

75. 杨思斌："社会救助权的法律定位及其实现"，载《社会科学辑刊》2008 年第 1 期。

76. 张红、董时华："刑事被害人救助制度的路径思考及选择——以社会保障法为视角"，载《西部法学评论》2014 年第 2 期。

77. 孟永恒："被害人国家补偿制度的两个理论基础"，载《长沙大学学报》2008 年第 1 期。

78. 刘灿华："刑事被害人救助和社会救助关系之省思"，载《法治社会》2016 年第 6 期。

79. 谢增毅："中国社会救助制度：问题、趋势与立法完善"，载《社会科学》2014 年第 12 期。

80. 沈亮："正确把握开展刑事被害人救助工作的若干问题"，载《人民司法》2009 年第 11 期。

81. 任法闻："你所不知道的杭州保姆纵火案细节"，载《吉林人大》2018 年第 2 期。

三、报刊文献

1. 刘亚、王丽："国家司法救助：温暖受伤灵魂"，载《检察日报》2019 年 6 月 19 日，第 5 版。

2. 尚黎阳等："去年省检察机关救助金额全国居首——办理司法救助案件 467 件 757 人，发放救助金 1600 余万元"，载《南方日报》2018 年 1 月 24 日，第 A07 版。

3. 汤媛媛："司法救助工作存在的问题及应对措施"，载《人民法院报》2015 年 1 月 7 日，第 8 版。

4. 杨杰妮、晏伟："低调运行的刑事被害人救助"，载《潇湘晨报》2011 年 12 月 14 日，第 A07 版。

5. 韩兵等："建立未成年被害人心理救助机制"，载《检察日报》2019 年 8 月 5 日，第 2 版。

6. 杨璐："青春不能承受之痛：周岩毁容事件"，载《三联生活周刊》2012 年第 10 期。

7. 杨树明："彰显人文关怀 化解社会矛盾——最高人民法院推动刑事被害人救助制度改革综述"，载《人民法院报》2012 年 6 月 11 日，第 2 版。

8. 潘跃：“社会救助体系日益完善 政府投入持续增加”，载《人民日报》2017 年 7 月 17
日，第 13 版。

9. 吴倩、乔良：“健全刑事被害人社会救助机制”，载《河南法制报》2013 年 3 月 7 日，
第 3 版。

10. 马岳君：“精神救助为刑事被害人注入希望”，载《法制日报》2011 年 7 月 5 日，第
5 版。

四、外国文献

1. Elias Robert Alan, *Impact of Compensation on Crime Victims*, *Criminal Justice*, *and Government*,
Universtty Park：The Pennsylvania State University, 1981.

2. Mike Maguire, Claire Corbett, *The Effects of Crime and the Work of Victims Support Schemes*,
Princeton：Avebury Publishing Co, 1987.

3. A. S. Regnery, 1979 *Victim Legislation in the US Congress*：*From Victim in International Per-
spective*, National Criminal Justice Reference Service, Hans Joachim Schneidered, 1982.

4. Duff Peter, "Criminal Injuries Compensation：The Scope of the New Scheme", *The Modern
Law Review*, Vol. 52, No. 4., 1989.

5. David Lee Wood, Andrew S. Garner, "The Lifelong Effects of Early Childhood Adversity and
Toxic Stress", *American Academy of Pediatrics Newsletter*, Vol. 129, 2012.

6. Gerald Spindler, Philipp Schmechel, "Personal Data and Encryption in the European General
Data Protection Regulation", *Journal of Intellectual Property*, *Information Technology and Elec-
tronic Commerce Law*, Vol. 7, 2016.

7. Christina D. Bethell, Paul Newacheck, Eva Hawes, and Neal Halfon, "Adverse Childhood Ex-
periences：Assessing the Impact on Health and School Engagement and the Mitigating Role of
Resilience", *American Journal of Education*, Vol. 33, No. 12, 2014.

8. Robyn L Bluhm, Peter C. Williamson, Elizabeth A. Osuch, Paul A. Frewen, Todd K. Stevens,
Kristine Boksman, Richard W. J Neufeld, Jean Théberge, Ruth A Lanius, "Alterations in De-
fault Network Connectivity in Posttraumatic Stress Disorder Related to Early-life Trauma", *Jour-
nal of Psychiatry &Neuroscience*, Vol. 34, No. 3., 2009.

后 记

    本书写作历经四年时间。期间我的硕士生曾乔雨、陈向和郭成龙参与项目调研并为本书写作查找文献；我的硕士生曾乔雨、唐燕莺、陈英熠、郭成龙、何莎莎、毕丛慧、王子琦、王姝雯、陈向为本书初稿作了有效的校对工作；我的博士生王翔仟对本书的修改，特别是其中的法条更新，作出重要贡献。中国政法大学出版社为本书编辑和出版付出大量心血，在此一并致谢。

刘晓兵

2021 年 8 月